JN099515

キャリア心理学から読み解く

女性とリーダーシップ

宗方比佐子［著］

ミネルヴァ書房

はじめに

　筆者は，女性のキャリア発達やリーダーシップを中心に，産業・組織心理学の領域で長らく研究と教育活動に携わってきました。まだ駆け出しの研究者であった1980年代後半には，大学院時代の恩師である若林満先生と女性リーダーや女性管理職に関する一連の研究を行いました。これらは女性リーダーと男性リーダーのリーダーシップ能力がどのようにイメージされているのかを，暗黙裡のリーダーシップ理論に基づいて検討するという斬新なアイデアでした。

　例えば宗方・若林（1987）による「女性リーダーに対する態度——二重の偏見」では，女性管理職はリーダーシップ能力を相対的に低く見積もられるという表面的で直接的な偏見に加え，女性は女性らしい行動によってのみリーダーとして評価されるという，より内面的で微妙なもう一つの偏見の存在が示唆されました。私たちの頭の中にあるリーダー像は，男性リーダーと女性リーダーでは違いがあり，その暗黙裡の推論にもとづいてリーダーは評価されるのです。この研究をするにあたり，米国で開発されたWAMS（Women as Managers Scale：女性管理職尺度）とLBDQ（Leadership Behavior Description Questionnaire：リーダー行動記述質問紙）の日本語版も作成し，日本における女性のリーダーシップ研究の先駆けになったと思います。

　その後，筆者自身は研究の軸足を女性のキャリア発達，女子大学生や女子高校生のキャリア意識，キャリア選択などに移しましたが，それは女性がリーダーをめざすための土台がキャリア教育にあると考えたからです。

筆者が女性リーダーや女性管理職の研究をしていた当時は，まさに日本が女子差別撤廃条約に批准し，男女雇用機会均等法を制定したばかりの時期でした。

　その頃の日本は，政治・経済・専門的職業のどの分野においても女性リーダーは極めて少なく，1980年の衆議院議員に占める女性の割合は1.8％（内閣府，2001），管理職割合は7.0％（労働省，1980）という状態でした。当時は筆者だけでなく多くの人々が，20年後つまり21世紀になる頃にはこれらは大幅に改善され，あらゆる分野で女性リーダーが2割〜3割を占める世の中になるだろうと想像していました。

　実際はどうでしょうか。2020年の時点でさえ，衆議院議員9.9％（内閣府，2020），女性管理職13.3％（内閣府，2021）に過ぎず，ジェンダー指数ギャップの順位を見るまでもなく，女性リーダーの少なさで日本は世界に大きく後れをとってしまいました。

　日本で女性リーダーや女性管理職がなぜ少ないままなのか，を扱った書籍は多数あります。その多くは啓蒙的なものであり，女性とリーダーシップに関する研究知見を系統立てて紹介するような学術書は殆ど見当たりません。研究でどのようなことが明らかになっているかを知ることは，このテーマに関連する様々な疑問への答えを考える上で非常に役立ちます。例えば，なぜ女性リーダーを増やす必要があるのか，なぜ女性はリーダー地位に到達しにくいのか，女性のリーダーシップに対する自己評価や他者評価はどのようなものか，男女リーダーのリーダーシップスタイル

は異なるのか，研究はこういった疑問に答えようとしています。

　本書では，こういった女性リーダーに関連する学術的な研究を，系統立てて整理することを試みました。この分野で歴史的に重要であると評価されてきた研究を，出来る限り詳細に紹介することを心がけ，同時に一般読者の方でも研究手続きや結果を理解しやすいように平易に解説することに努めました。

　本書で特に伝えたいのは，女性が置かれた社会的状況のなかで，女性の行動傾向と思われていることが，実はそうした状況によるものであるということです。女性自身がなにげなく考え，行動していることの背後に，文化や社会，組織に埋め込まれたステレオタイプやバイアス，偏見といったものが存在し，女性の意識や行動に強く影響を与えているということを多くの先行研究は検証しています。

　本書は，心理学と関連分野における重要文献を辿りながら，女性のリーダーシップを理解するための鍵となる概念や，女性のリーダーシップを阻害する要因，促進する要因などを紐解きます。日本社会は早急に大きく変化しなければなりません。性別にかかわらず，一人ひとりが自分の人生の道筋において何らかのリーダーの役割を果たしながら，それぞれの能力を十分にのびのびと開花させ，フラリッシュな人生を実現していくことを期待しています。そのような次世代を担う方々に，本書が一助となれば幸いです。

2023 年 1 月　宗方比佐子

目　　次

本文中の太字は各節に設けた「KEYWORDS」を参照のこと。
本文中に挙げられた書名は邦訳版があるものは邦題とし、邦訳版がないものは原題を記した。

序　章

女性とリーダーシップについての
学術的アプローチ

1 ── 本書のねらいと目的

　本節では本書を執筆した理由と目的について記します。どのような読者に向けて，どのように本書を活用していただきたいと考えているか，そして読者はどのような知識を得ることができるのかを説明します。

（1）女性とリーダーシップに関する研究知見を知りたい方へ

　昨今，女性リーダーを養成する講座や大学でのリーダーシップ教育は非常にさかんに行われています。本書はそういった講座や授業で役立つように，女性のリーダーシップに関する学術的な研究を系統的に紹介します。

　学術的な研究とは，基本的に学会などが発行する研究雑誌に投稿された論文と，それらに基づいて出版された書籍をさします。こういった文献を一般の方が目にする機会は少ないと思われますし，たとえ目にしたとしても海外の文献などは専門的知識や語学力の面で理解することが難しいかもしれません。そうしたハードルをできるだけ低くして，学術的な知見を一般の方にも広めたいというのが本書の狙いです。また，リーダーシップ研究は学際的（複数の学問領域にまたがる）であることから，心理学だけでなく，経済学，経営学，社会学，教育学などからの研究知見も盛り込みました。

本書では，女性のリーダーシップに関する主要な理論を紹介することに力を入れています。その理由は，理論を学ぶことによって女性のリーダーシップがもつ問題点を深く知ることができるからです。本書で紹介する5つの理論（ジェンダーステレオタイプ理論，役割不一致理論，暗黙裡のリーダーシップ理論，ジェンダー類似性仮説，組織の構造や制度に関する理論）は，いずれも女性のリーダーシップに関する本質的な課題や困難を指摘し，世に問いかけています。まずは，これらの理論について理解を深めていただきたいと思います。

（2）女性とリーダーシップに関する疑問を解決したい方へ

　なぜ女性リーダーが増えないのか，なぜ女性はリーダーになることを躊躇するのかなど，女性とリーダーシップにまつわる疑問に答えを見いだすためには，女性が置かれた状況を理解し社会の構造を読み解くことが役立ちます。この点で，社会心理学は女性とリーダーシップを理解する上での基礎的な知識を与えてくれます。

　本書では，女性のリーダーシップを理解するためのメタファー（喩）やキーコンセプト（鍵となる概念）を取りあげます。例えば，第二世代のジェンダーバイアス，潜在的なステレオタイプ，ステレオタイプ脅威，両面価値的性差別などについて，社会心理学の研究を積極的に紹介します。

　加えて，女性のリーダーシップを阻害する要因と促進する要因についても，研究知見に基づき系統的に紹介し，女性が活躍する社会を実現するための考え方や実際の方策について考察します。そして，日本が目指すべき女性活躍の姿について展望したいと思います。

2 —— 本書の構成

　本書は，3つの部から構成されています。以下に詳しく，各部と各章の内容を紹介します。

(1) 第Ⅰ部「女性リーダーシップに関する研究」

　第Ⅰ部は2つの章から構成され，心理学を中心としてこれまでリーダーシップ研究がどのような変遷をたどり，どのようなことを明らかにしてきたのかを概観します。

　第1章「リーダーシップ研究の変遷」では，まずリーダーシップの定義を明らかにし，定義の変遷をたどります。次にリーダーシップの主要理論として特性理論，行動理論，状況理論を取りあげ，加えて近年注目される理論として変革型リーダーシップとサーバントリーダーシップを取りあげます。また，リーダーシップをテーマにした論文の量的な変遷とリーダー像の変化についても分析します。特に，リーダー像がマッチョ（男性的）からアンドロジニー（両性的）になったという視点を打ち出します。

　第2章「女性とリーダーシップ」では，女性のリーダーシップに関する研究がいつ頃スタートし，その後どのように進展したのかを，量的な推移も含めて明らかにします。女性をとりまく社会の動向と女性リーダーシップ研究との関連や，女性のリーダーシップを考える視点についても言及します。

(2) 第Ⅱ部「女性のリーダーシップに関する主要理論」

　第Ⅱ部は5つの章から構成され，女性のリーダーシップに関する主要な理論または仮説を紹介します。1970年代から盛んになった女性のリーダーシップ研究は様々な理論をうみだしてきましたが，ここでは5つの観点から章を設けました。これらの中で，オリジナルの論文でTheoryとなっているものは「理論」と表記し，Hypothesisとなっているものは「仮説」と表記しています。

　第3章「ジェンダーステレオタイプ理論」では，一般的にステレオタイプとは何かを明らかにした上で，ジェンダーステレオタイプ，管理職に対するステレオタイプに関する研究を紹介し，ジェンダーステレオタイプがリーダー認知に与える影響を考察します。

　第4章「役割不一致理論」では，男女に期待される社会的役割とリーダーに期待される役割が不一致であるとする理論を紹介します。現代的なステレオタイプがより複雑で微妙なものであることを示した研究も紹介します。

第5章「暗黙裡のリーダーシップ理論」では，思い込みや先入観がリーダーの能力評価に与える影響について取り上げます。特に女性リーダーに対する評価が偏見によって歪められることを明らかにした研究に注目します。

　第6章「ジェンダー類似性仮説」では，性差心理学の代表的な研究を紹介し，心理特性における男女差がそれほど大きくないことを確認します。またジェンダー類似性仮説の内容を詳しく解説します。

　第7章「組織の構造や制度に関する理論」では，予言の自己成就やピグマリオン効果として知られているように，私たちの意欲や業績が周囲の期待の強さによっていかに影響を受けるかを明らかにします。さらに，トークン理論と社会的ネットワーク理論を取りあげます。

（3）第Ⅲ部「女性のリーダーシップを理解するための重要な概念」

　第Ⅲ部は5つの章から構成され，女性のリーダーシップを理解する上で役立つメタファー（喩）といくつかの新しい概念を取りあげます。

　第8章「女性リーダーに関するメタファー」では，「ガラスの天井」のようにガラスにまつわる様々なたとえを紹介し，ガラスのもつ意味を検討します。より新しいたとえとして，「キャリアの迷宮」も取り上げます。

　第9章「女性のリーダーシップを理解するキーコンセプト」では，近年注目されているアンコンシャスバイアス，ステレオタイプ脅威，両面価値的性差別を取りあげ，女性のリーダーシップに関する理解を深めます。

　第10章「女性のリーダーシップを阻害する要因」では，ジェンダーに基づくリーダーシップバリアについて，国内外の研究を紹介し，阻害要因への対処を検討します。

　第11章「女性のリーダーシップを促進する要因」では，個人・企業・政策レベルの促進要因を明らかにし，女性のリーダーシップを高める研修のあり方についても模索します。

　終章「日本における女性活躍と女性リーダー養成」では，日本における女性活躍の現状を明らかにし，女性活躍が進展することによりどのような効果があるのかを考察します。また女性活躍のために必要な変革についても論じます。

3 ── 本書の特徴

　本書の第1の特徴は，「ARTICLES」で重要論文を詳しく紹介していることです。第2の特徴としては，「KEYWORDS」として重要語句を簡潔に解説していることです。また，巻末の附録では筆者が日本語版作成に関わった3つの尺度について，全項目を記載しています。

（1）重要論文の紹介

　研究知見を紹介するという本書の最も大きな目的を効果的に行うために，「ARTICLES」の枠内で20編の研究を紹介しています。これらはいずれも，女性のリーダーシップに関わる歴史的に重要な研究，または最近注目されている研究です。

　「ARTICLES」ではオリジナル論文に基づき，研究の目的，方法，結果という順番で内容を記載します。その際，分析の結果やその統計的な意味についてできる限りそのままの形で紹介することに努めました。研究では，エビデンスベースつまり根拠のある知見が何よりも重要です。読者には，女性リーダーシップ研究ではどのような調査や実験が行われているのか，その結果はどのように分析されるのかなどを知っていただき，学術研究の面白さや醍醐味に触れていただきたいと思います。

　ただし，オリジナルの論文で扱われた内容のうち一部のみの紹介となっている場合や，複数の研究を同時に紹介している場合があることをご承知おきください。「ARTICLES」で取り上げた研究は[**表序-1**]のとおりです。

　「ARTICLES」で紹介した研究の多くは，女性のリーダーシップに関するものですが，一部にはあえてジェンダーバイアスやジェンダーステレオタイプ，性役割観，男女差といった，女性のリーダーシップを考察する上で有益な示唆を与える論文も加えました。

また，日本でなぜ女性活躍が進展しないのかを考察するために，女性の管理職志向や昇進意欲に関する日本の論文も紹介しています。女性のリーダーシップに関わる問題点や課題を，キャリア心理学から解き明かすために，多面的に論文を選択している点は本書の特徴の１つです。

[表序-1]　「ARTICLES」一覧

	研究者	論文タイトルまたは研究内容
1	バスとアボリオ（1994）	変革型リーダーシップの男女比較 ――女性はよい管理職になれるかもしれない
2	ベム（1974）	心理学的アンドロジニー（両性具有） ――性役割尺度（BSRI）の開発
3	ゴールドバーグ（1968）	女性は女性に対して偏見をもっているのか ――著者の性別が論文の評価に影響する
4	アイザックら（2009）	昇進に影響を与える介入 ――系統的なレビュー
5	シャイン（1973）	管理職といえば男性 ――性役割ステレオタイプと管理職に求められる 　特性との関係
6	イーグリーら（2020）	ジェンダーステレオタイプは変化しているのか ――1946年〜2018年の世論調査を分析
7	センデンら（2019）	2090年の性役割観を予測する ――70年後も男性はあまり変わらない？
8	ヘンチェルら（2019）	ジェンダーステレオタイプの多次元性 ――男女は自分と他者の特性をどう評価するのか
9	ヴィアルとナピア（2018）	共同性はリーダーに期待される特性ではない？
10	デル・ボカとアシュモア（1980）	性ステレオタイプと暗黙裡のパーソナリティ理論 ――冷たくて知的な男性 vs 温かくて知的な女性
11	宗方・若林（1987）	女性リーダーに対する態度 ――二重の偏見
12	ブラーカーら（2013）	背の高いリーダーは有利か？ ――進化心理学的解釈の試み

13	プレーヤーら(2019)	昇進選考では男性候補者には将来性が過剰に期待される
14	ハイド(2005)	ジェンダー類似性仮説 ——男女の心理特性に差異は少なく多くは類似している
15	イーグリーら(2003)	変革型，交換型，放任型リーダーシップ ——メタ分析による男女比較
16	ライアンとハスラム(2005)	ガラスの崖 ——不安定なリーダー地位には女性が抜擢されやすい
17	ノゼックら(2002)	ウェブ調査からみた人々の潜在的ステレオタイプ ——男性は科学と仕事，女性は文学と家庭
18	デイビスら(2005)	女性のリーダーシップに対するステレオタイプ脅威の影響 ——ステレオタイプ的なコマーシャルを見た女子学生は？
19	島(2021)	女性の管理職志向の低さとその要因——「男女の初期キャリア形成と活躍推進に関する調査研究」による知見
20	川口(2012)	昇進意欲の男女比較 ——女性の昇進意欲を高めるにはポジションアクションなどの均等化施策が有効

(2) キーワードの解説

　本書では各節ごとに，女性とリーダーシップに関連する重要語句を網羅的に取り上げ，[表序-2]に示した約130語を「KEYWORDS」として専門的観点から簡潔に解説しました。解説にあたり，米国心理学会（APA：American Psychological Association）が発行している『APA心理学大辞典』（培風館，2013）をはじめ，各種の心理学辞典，関連する論文や書籍を参考にしました。紹介した研究で用いられている統計用語についても，出来る限り平易に説明することを心がけました。

章	節	重要語句
1章	1節	リーダーシップ　　リーダー　　フォロワー
	2節	リーダーシップの特性理論　　メタ分析　　リーダーシップの行動理論 PM理論　　リーダーシップの状況即応理論 パス・ゴール理論　　変革型リーダーシップ　　サーバントリーダーシップ
	3節	リーダーシップスタイル
	4節	交換型リーダーシップ　　アンドロジニー　　作動性　　共同性
2章	1節	ウーマンリブ　　女子差別撤廃条約　　男女雇用機会均等法 ポジティブ・アクション　　女性活躍推進法
	2節	ジェンダーステレオタイプ理論　　役割不一致理論 記述的ジェンダーステレオタイプ　　規範的ジェンダーステレオタイプ 暗黙裡のリーダーシップ理論　　ジェンダー類似性仮説　　トークン理論 社会的ネットワーク理論
	3節	フェミニズム　　アファーマティブ・アクション　　マイノリティ
3章	1節	ステレオタイプ　　偏見
	2節	ジェンダーステレオタイプ　　ジェンダーバイアス　　アンコンシャスバイアス
	3節	
	4節	ステレオタイプ脅威
4章	1節	社会的役割理論　　社会的役割　　性別職業分離
	2節	ジェンダー役割　　ピンクカラー労働 感情労働　　感情知能　　社会経済地位
5章	1節	暗黙裡のパーソナリティ理論
	2節	下位尺度　　構成概念妥当性　　因子構造
	3節	パス解析　　パス係数
6章	1節	差異心理学
	2節	変数　　効果量
	3節	対人志向的リーダーシップスタイル　　課題志向的リーダーシップスタイル 民主的リーダーシップスタイル　　権威的リーダーシップスタイル
7章	1節	予言の自己成就　　OJT　　ピグマリオン効果
	2節	エスノグラフィー　　トークン　　ドミナント

	3節	ジェンダーパリティ
8章	1節	ガラスの天井　　ガラスの崖　　ガラスの壁　　コンクリートの壁 性別職務分離　　クリティカルマス　　ガラスの床 粘着性の床　　ガラスのエスカレータ
	2節	キャリアの迷宮　　ダブルバインド　　社会的資本
9章	1節	アンコンシャスジェンダーバイアス　　第二世代のジェンダーバイアス 第一世代のジェンダーバイアス　　ロールモデル　　ジェンダー化 キャリアパス　　アンコンシャスバイアス研修　　DEI
	2節	潜在的ステレオタイプ　　潜在連合テスト
	3節	自己効力感　　アイデンティティ リフレーミング　　脆弱性　　リアクタンス
	4節	両面価値的性差別　　アンビバレント　　敵対的性差別 好意的性差別　　家父長主義　　異性愛主義
10章	1節	ゲートキーピング　　女王バチ症候群　　トークニズム
	2節	日本的雇用慣行　　間接差別　　統計的差別　　逆選択 マミートラック
11章	1節	ダイバーシティ　　ブラインド評価　　エンパワメント
	2節	母親の壁　　メンター　　スポンサー　　メンタリング　　スポンサーシップ プロビット・モデル　　WLB施策
	3節	水漏れパイプライン　　アイデンティティワーク
終章	1節	ジェンダーギャップ指数
	2節	ワークライフバランス　　GEO方針
	3節	労働時間調整法　　労働時間差別禁止法 フレキシブル・ワーク法　　クオータ制　　フラリッシュ

（3）尺度の紹介

　巻末の附録に，筆者が日本版作成に関与した以下の3つの尺度の全項目を掲載します。それぞれの尺度について，以下に説明します。

① **LBDQ：Leader Behavior Description Questionnaire**
（リーダー行動記述質問紙）

この尺度は，オハイオ大学のストッグディルとクーンズ（Stogdill & Coons, 1957）が 1957 年に元となる尺度を開発し，その後 1963 年に改訂された最終版の尺度を基にして日本語版を作成したものです。海外ではリーダー行動を測定する尺度として最も定評があり，今日まで広く使用されてきました。日本語版作成のプロセスは，若林・宗方（1986）を参照してください。

② **WAMS：Women as Managers Scale**
（女性管理職尺度）

この尺度は，ピーターズら（Peters et al., 1974）が開発した女性管理職に対する偏見的態度を測定する尺度の日本語版です。彼らが WAMS を開発した動機は，米国の職場において女性管理職に対するステレオタイプ的偏見が，女性の人材育成やその活用にどのような影響を与えているのかを研究するためであったと記しています。日本語版の作成プロセスは，若林・宗方（1985）を参照してください。

③ **ATWoM：Attitudes Towards Women Managers**
（女性管理職に対する態度）

この尺度は，WAMS が時代に合致しなくなったとの批判から，アユカンら（Aycan et al., 2011）が開発したものです。日本語版作成のプロセスは宗方・鶴田（2017）を参照してください。

女性のリーダーシップに
関する研究

第 1 章
リーダーシップ研究の変遷

1 ——— リーダーシップとは何か

　リーダーシップは 20 世紀の初頭に心理学のテーマとして登場し，約 1 世紀にわたり世界中の研究者に注目され，非常に多くの研究を生み出してきた魅力的な研究テーマです。同時に，政治や経済など実社会にあっても興味関心の高いテーマであり，リーダーあるいはリーダーシップがタイトルにつく書籍は，我が国でも枚挙にいとまがありません。

　本節では心理学の分野を中心として，リーダーシップという概念がいつどのように誕生し，どのように定義づけられてきたかを明らかにします。そして時代とともにリーダーシップの定義が，理論の変遷と連動しながらどのように変化してきたかを考察します。

（1）リーダーシップの定義

　ノースウス（Northouse, 2021）はリーダーシップの定義が時代とともに変化し，研究者間で見解が一致していないとしたうえで，「リーダーシップは，共通の目標の達成に向けて，一人の個人が集団に影響を与えるプロセスである」と定義しています。そして以下の 4 点をリーダーシップの要素としました。

① リーダーシップはプロセスである。
② リーダーシップは影響を含む。
③ リーダーシップは集団において生起する。
④ リーダーシップは共通の目標を含む。

　リーダーシップをプロセスとして定義することは，リーダーの中に特性や性格が備わっているということではなく，むしろ**リーダー**と**フォロワー**間の交換的な出来事（相互的なやりとり）と考えることを意味します。リーダーがフォロワーに影響しフォロワーによってリーダーが影響を受けることを，プロセスということばで表現しています。すなわち，リーダーシップは一方向性の出来事ではなく，むしろ相互的な出来事であることが強調されます。リーダーシップをそのように定義することによって，リーダーは公式に任命された人だけに限定されるのではなく，全ての人がリーダーになりうるとノーサウスは説明しています。

(2) リーダーシップ理論および定義の変遷

　ロスト（Rost, 1991）は，1900 年から 1990 年までの間に発表された 587 のリーダーシップ研究の中で，定義に言及している 221 の研究をとりあげ，定義を時代ごとに比較しました。この研究によれば，リーダーシップの定義は時代とともに変化してきましたが，それは理論の変遷に連動したものでした。また，1990 年以降すなわち 21 世紀への転換点におけるリーダーシップ概念の特徴については，ノーサウス（Northouse, 2021）が詳しく述べています。そこで，ロスト（Rost, 1991）とノーサウス（Northouse, 2021）を参考にして，主要なリーダーシップ理論と定義の時代的変遷を整理し，［**表1-1**］に示しました。

　リーダーシップ研究が始まった 20 世紀初頭には，「偉人だけがリーダーになる」という偉人論が台頭しましたが，リーダーシップについて明確な定義があったわけではありません。定義といえるものが現れたのは 1930 年頃であり，この時期のリーダーシップの定義には「統制」や「権力の集中」といった言葉が使われ，「支配」ということが強調されました。

[表 1-1] 世界の歴史とリーダーシップ理論の変遷

世界と労働の歴史		リーダーシップ理論（定義）
1876 電話の発明	1880	
1879 現代心理学の開始	1890	
	1900	リーダーシップの偉人論（支配）
1914-1918 第一次世界大戦	1910	
	1920	
1929-1933 大恐慌	1930	リーダーシップの集団理論（影響）
1939-1945 第二次世界大戦	1940	リーダーシップの特性理論（個人の特性）
1950-1953 朝鮮戦争	1950	リーダーシップの行動理論（個人の行動，説得）
1955-1975 ベトナム戦争	1960	リーダーシップの状況理論（共有された目標）
1969 アポロ月面着陸	1970	サーバントリーダーシップ（奉仕，思いやり）
1977 アップル社がパソコンを発売 1989 ベルリンの壁崩壊	1980	変革型リーダーシップ（変革，動機づけ，道徳性） アダプティブリーダーシップ（適応，激励）
1991 湾岸戦争	1990	オーセンティックリーダーシップ（自分らしさ） エシカルリーダーシップ（倫理観）
2008 リーマン・ショック 大企業の倒産・破綻	2000	スピリチュアルリーダーシップ（価値，使命） ディスカッシブリーダーシップ（コミュニケーション）
2019 新型コロナウイルス 感染症拡大	2010	ハンブルリーダーシップ（人間性，成長） 統合リーダーシップ（多様性，所属意識）

出典：筆者作成。

　1930年代になると最初のリーダーシップ理論ともいえる集団理論が現れました。この理論では，リーダーシップは集団の中で機能するという立場をとり，定義には「影響」という言葉が使われました。1940年代には特性理論が現れ，リーダーシップを発揮するために必要な「個人の特性」が注目されました。

　1950年代以降には行動理論が主流となり，効果的なリーダーシップを生み出す「特定の行動」を探求することに多くの研究が向かいました。1960年代になると，状況理論と呼ばれる立場が登場し，状況とリーダーシップの関連性やリーダーとフォ

ロワーの関連性が研究者の関心事項となりました。ここでの定義は，「共有された目標」とされます。

1980年代頃からはリーダーシップについての概念が大きく転換し，サーバントリーダーシップ，変革型リーダーシップ，オーセンティックリーダーシップなど，いくつかの「卓越したリーダーのあり方」が提案されました。これらはまとめて卓越理論またはコンセプト理論などと称されます。バーンズ（Burns, 1978）は変革型リーダーシップを提唱する中で，リーダーシップは「リーダーとフォロワーが互いにより高いレベルのモチベーションと道徳観を高めることに携わる」と述べています。いくつかの卓越理論の中で，「思いやり」や「道徳観」などが強調され，それまでとは異なる言葉でリーダーシップが定義されるようになりました。

さらに21世紀に向けて，新しく提唱されたアダプティブリーダーシップ，エシカルリーダーシップ，スピリチュアルリーダーシップ，ハンブルリーダーシップ，ディスカッシブリーダーシップなどでは，「適応」「倫理観」「価値」「人間性」「コミュニケーション」が重視されています。

KEYWORDS

リーダーシップ　leadership
広く，集団の中で，特定の成員が特定の時点で，他の成員や集団全体に対して，なんらかの影響を与えようとして意図的に働きかける過程を含む。リーダーシップを発揮したというためには，その働きかけが相手によって受容され，影響が及ばなくてはならない。さらに，その影響が受け手によってある種の満足感をもって受容され，その影響が受け手によって内面化されたとき，その効果は持続性をもつ点で効果的リーダーシップとよびうる（Bass, 1960）。リーダーシップの果たされ方は，集団のさまざまな心理的特性を左右し，ひいては各成員の言動をも規定する。

リーダー　leader
組織化，指示，調整，成果を動機づけることによって，他者を達成に向けて導く人。社会集団で権威をもつ人。

フォロワー　follower
集団内のリーダー以外のメンバー。フォロワーはリーダーから一方的に影響を受けるだけでなく，他のメンバーやリーダーに影響を与えることもある。

2 ―――― リーダーシップに関する主要な理論と概念

　これまで提唱されてきた多数のリーダーシップ理論の中から 20 世紀中盤までに出現した主要な理論として，特性理論，行動理論，状況理論を以下に紹介します。加えて，1970 年代以降の主要なリーダーシップ概念として，変革型リーダーシップとサーバントリーダーシップを取り上げます。

（1）リーダーシップの特性理論

　特性とは，人々の特徴を説明し，他と区別するための性格，能力，資質，属性と定義されます。ガンジー，リンカーン，ジャンヌ・ダルク，ナポレオンなど歴史上のリーダーは，リーダーになるべく特別な個性を生まれながらにして備えていると多くの人は考えるでしょう。**リーダーシップの特性理論**は，何が人を偉大なリーダーにするのかという命題から出発し，彼らが生まれながら備えている生得的な特性あるいは資質に着目し，それらを明らかにしようと試みます。

　特性理論に基づく代表的なリーダーシップ研究をみてみましょう。ストッグディル（Stogdill, 1948）は，124 特性の中からリーダーと他のメンバーを識別する特性として，①知能（Intelligence），②注意深さ（alertness），③洞察（insight），④責任感（responsibility），⑤主体性（initiative），⑥持続力（persistence），⑦自信（self-confidence），⑧社会性（sociability）の 8 特性を見いだしました。これらは，人々がある人をリーダーとして認知するかどうかに関係しており，その特性を持っている人ほどリーダーらしいと人々は考えます。

　マン（Mann, 1959）は，小集団におけるリーダーシップと特性の関係を調べた 1,400 以上の研究を見直し，①知能（Intelligence），②男性性（masculinity），③調整力（adjustment），④支配（dominance），⑤外向性（extraversion），⑥保守主義（conservatism）の 6 特性がリーダーシップに関係することを見いだしました。

[表 1-2]　リーダーシップと関係する特性

ストッグディル (Stogdill, 1948)	マン (Mann, 1959)	ロードら (Lord et al., 1986)
①知能 ②注意深さ ③洞察 ④責任感 ⑤主体性 ⑥持続力 ⑦自信 ⑧社会性	①知能 ②男性性 ③調整力 ④支配 ⑤外向性 ⑥保守主義	①知能 ②男性性 ③支配性

出典：筆者作成。

　その後ロードら（Lord et al., 1986）は，マンの研究を**メタ分析**によって再検討し，①知能（intelligence），②男性性（masculinity），③支配性（dominance）の 3 つが，人がリーダーとして認知される際に重要な特性であるとしました。この結果は，男性的な特性がリーダーシップ特性とみなされがちであることを示唆しますが，これらの研究が行われた時代では社会の様々な分野におけるリーダーの殆どが男性に限られていたからであろうと，この分野の専門家は指摘しています。上記の研究で明らかにされたリーダーシップ特性を［**表 1-2**］に示しました。

(2)　リーダーシップの行動理論

　米国にあるオハイオ州立大学の研究者たちが**リーダーシップの行動理論**についての研究を始めたとされます（Morris & Seeman, 1950）。彼らは特性理論に限界を感じ，リーダーがどのように組織や集団をリードするのか分析することにしました。この研究では，フォロワーがリーダーの行動を評定するための LBDQ（Leadership Behavior Description Questionnaire：リーダー行動記述質問紙）が使われました。

　LBDQ は 12 の下位尺度（代表性，調停力，不確実耐性，説得力，構造づくり，自由許容度，役割遂行，配慮，生産強調，予測の正確性，統率力，出世志向）から構成され，短縮版では下位尺度ごとに 5 項目からなる計 60 項目の尺度です（尺度は巻末

[表1-3] 行動理論から導かれた2種類のリーダー行動

研究者	課題志向	関係志向
オハイオ州立大学	構造づくり	配慮
ミシガン大学	生産重視	従業員重視
ハーバード大学	課題スペシャリスト	社会・感情スペシャリスト
三隅二不二	P（集団目標達成機能）	M（集団維持機能）

出典：筆者作成。

の附録の[尺度1]に収録）。研究者たちはこの尺度を使用した調査結果から，「構造づくりと配慮」という2つのリーダー行動を抽出しています。

　ミシガン大学の研究者たちは小集団の業績に及ぼすリーダー行動の影響に注目し，生産重視と従業員重視という2つのリーダー行動を導き出しました（Bowers & Seashore, 1966）。この他にも，ハーバード大学の研究チームがリーダー行動を課題スペシャリストと社会・感情スペシャリストの2つに分類しています（Bales, 1950）。

　また，日本の社会心理学者である三隅（1964）は，「集団目標達成機能（P：performance）と集団維持機能（M：maintenance）」という2つのリーダー行動に基づく**PM理論**を提唱しました。このように，行動理論に基づく多くのリーダーシップ研究が，類似した2軸のリーダー行動を見いだしていることは興味深いことです。[表1-3]は，これらの研究から得られた2種類のリーダー行動を整理したものです。

（3）リーダーシップの状況即応理論

　1960年代にフィードラー（Fiedler, 1967）は，リーダーシップの効果は状況によって異なると考え，**リーダーシップの状況即応理論**を提唱しました。彼は，状況がとても良い場合ととても悪い場合にはタスク志向型リーダーが高い業績をあげ，普通の状況では人間関係指向型のリーダーが良い業績を上げることを実験によって明らかにしました。

[**表 1-4**] パス・ゴール理論におけるリーダーとフォロワーの行動

リーダーシップスタイル	リーダー行動	効果的な状況
指示型	与えられた課題を達成する方法や工程を具体的に示す。	タスクがあいまいであったり，チーム内にコンフリクトがある場合，フォロワーの自律性や経験値が低い場合。
支援型	フォロワーの状態を気遣い，配慮を示す。	タスクが明確な場合。リーダー／フォロワー間の差が明確な組織の場合。
参加型	決定を下す前に部下に意見を求め，活用する。	部下の能力や自律性が高く，自己決定意欲がある場合。
達成志向型	高い目標を示し，部下に努力を求める。	困難であいまいなタスクでも前に進めたい場合，努力をすれば好業績につながるという期待で部下を動機づける場合。

出典：House & Mitchell（1975）より筆者作成。

　ハウス（House, 1971）は，リーダーシップの有効性はリーダーのとる行動によって，部下が動機づけられるかどうかによると考えました。彼らが提唱した**パス・ゴール理論**では，部下がうまくゴール（目標）に到達できるよう，リーダーは適切なパス（道）を示し，部下の動機づけを高めます。リーダーが取りうる行動には，「指示型」「支援型」「参加型」「達成志向型」の 4 つのスタイルがありますが，それぞれどのような条件下でリーダーシップが効果的になるかは，［**表 1-4**]に示したとおりです。

（4）変革型リーダーシップ

　1970 年代以降のリーダーシップ理論の中で，変革型リーダーシップは最も多くの研究を生み出し，経済環境が激変する今日にマッチする理論として高く評価されています。変革型リーダーシップはその名が示すように，人々と組織を変化させ変容させるリーダーシップのあり方です。

　変革型リーダーシップを理論化したバーンズ（Burns, 1978）は，変革型リーダーシップの対極に交換型リーダーシップを設定することで，新しいリーダーシップ概念をより明確なものにしました。交換型リーダーシップは，リーダーとフォロワーとの間

に生起する交換関係（双方の利益を交換し合うこと）に焦点を当てます。これに対して変革型リーダーシップは、リーダーとフォロワーがともに意欲と道徳性を高め、両者の絆を深めるプロセスとして捉えます。変革型リーダーは、情緒、価値、倫理、長期的な目標といったものに関心をもち、フォロワーの意欲、満足感、欲求に目を向け、フォロワーを人間そのものとして処遇します。

バス（Bass, 1985）は変革型リーダーシップを測定する尺度として有名な多因子リーダーシップ尺度（MLQ：Multifactor Leadership Questionnaire）を開発しました。［表1-5］は、野中ら（2009）がMLQを参考に開発した日本版の変革型リーダーシップ尺度（看護師長用）の因子と項目を示したものです。変革型リーダーシップの因子は、①カリスマ性（行動・特性）、②知的刺激、③鼓舞的動機づけ、④個別的配慮、の4因子です。これらに交換型リーダーシップの因子として、①状況に応じた報酬、②逸脱管理（能動的）、③逸脱管理（受動的）、さらに無干渉（自由放任）のリーダーシップスタイルを加えた8因子によって、MLQは構成されます。

1980年代に、アメリカ企業の大変革を担ったリーダーを分析したティチーとディベイナ（Tichy & Devanna, 1986）は、変革型リーダーシップの特徴を以下のようにまとめています。

① 自ら変革の推進者を任じている

課題を片づけるというより、率先して組織を率い、変革を促進する。

② 勇気がある

組織としての利害を考慮し、断固とした態度をとり、
危険を冒すことができ、現状に立ち向かうことができる。

③ 人を信じる

他人の気持ちに敏感であり、他の人々に力を付与することができる。
組織をコントロールするのではなく、人間の動機づけを行う。

[表1-5] 変革型リーダーシップ尺度（看護師長用）

因子	項目
カリスマ性 （行動）	・自分が最も大切にしている価値や信念について話す。 ・強い目的意識を持つことの重要性について明確に述べる。 ・決定したことがもたらす道徳的・倫理的な結果についてよく考える。 ・共通の使命感を持つことの重要性を強調する。
カリスマ性 （特性）	・看護師長と一緒に働くことに誇りが持てる。 ・グループにとって望ましい事のためには自分の利益は二の次だ。 ・私に尊敬の念を抱かせるような振る舞いをする。 ・パワーや自信を持っている感じが現れる。
知的刺激	・重要な問題については適切かどうか再度検討する。 ・問題を解決するときには別のものの見方がないか考える。 ・私がさまざまな角度から問題を見ることができるようにする。 ・与えられた仕事をどうやり遂げるかについて新しいものの見方を提案する。
鼓舞的動機づけ	・未来について肯定的に話す。 ・何を達成する必要があるかについて熱心に話す。 ・ついていきたくなるような将来の展望を表現する。 ・目標が達成されることへの自信を表す。
個別的配慮	・教育や指導に時間をかける。 ・私のことを単なるグループの一員としてではなく，一個人として扱う。 ・私のことを他の部下とは違う要求・能力・志望をもつものとして配慮する。 ・私の長所をのばせるよう援助する。

出典：野中ら（2009）より筆者作成。

④ **価値によって動く**

自らの価値観をはっきり表明することができる。

また，各人の価値観と一致した行動をとることができる。

⑤ **生涯にわたって学び続ける**

自ら犯したミスを失敗とみなさず学習経験と考え，

自己学習と啓発に貪欲である。

⑥　**複雑さ，曖昧さに対処できる**

　　組織を取り巻く政治・文化・技術での変化と問題に対し，
　　自ら理論と原則をもとに対処できる。

⑦　**ビジョンを追う**

　　夢を見て，その夢やイメージを言語化し，
　　他の人たちもそれについて話し合える。

（5）サーバントリーダーシップ

　サーバントは「召し使い」という意味であり，**サーバントリーダーシップ**は奉仕
や支援を通じて周囲から信頼を得ることにより，フォロワーから主体的な協力を得る
状況を作り出します。この理論を提唱したグリーンリーフ（Greenleaf, 1970）は，
「リーダーである人は，まず相手に奉仕し，その後相手を導くものである」と述べ，
サーバントリーダーシップの特徴として以下の 10 点をあげました。

①　**傾聴**

　　相手が望んでいることを聞き出すために，話をしっかり聞き，
　　どうすれば役に立てるか考える。
　　また，自分の心の声に対しても耳を傾ける。

②　**共感**

　　相手の立場に立って相手の気持ちを理解する。
　　人は不完全であるという前提に立ち，相手をどんなときも受け入れる。

③　**癒やし**

　　相手の心を無傷の状態にして，本来の力を取り戻させる。
　　組織や集団においては，欠けている力を補い合えるようにする。

④　**気付き**

ものごとをありのままに見ることによって，気付きを得ることができる。

相手に気付きを与えることもできる。

⑤　**納得**

相手のコンセンサスを得ながら納得を促すことができる。

権限に頼らず，服従を強要しない。

⑥　**概念化**

大きな夢やビジョナリーなコンセプトを持ち，

それを相手に伝えることができる。

⑦　**先見力**

現在の出来事を過去の出来事と照らし合わせ，

そこから将来の出来事を予想できる。

⑧　**執事役**

自分が利益を得ることよりも，相手に利益を与えることに喜びを感じる。

一歩引くことを心得ている。

⑨　**人々の成長への関与**

仲間の成長を促すことに深くコミットしている。

一人ひとりが秘めている力や価値に気付いている。

⑩　**コミュニティづくり**

愛情と癒やしで満ちていて，

人々が大きく成長できるコミュニティをつくり出す。

［表1-6］　サーバントリーダーシップ尺度

下位尺度	項　目　（例）
人々を成長させる	・仕事に関する重要な意思決定を行う権限を与えてくれる。 ・部下の個人的成長を最優先に考え，行動している。
謙虚さ・真摯さ	・一歩下がって，後方から部下を支援する。 ・自分の仕事を犠牲にしても，部下のことを考えてサポートする。
信頼性	・常にオープンマインドで，部下と公平・公正に交流する。 ・部下の意見や提案に真摯に耳を傾け，積極的に取り入れている。
受容と共感	・組織内のメンバーが互いに協力することを優先している。 ・仕事で失敗した部下を激励し，失敗から学ぶ環境を作る。
与件と概念化 による指示	・失敗を恐れず，勇気をもって果敢にチャレンジしている。 ・新たな取り組みについて，説得力をもって働きかける。
奉仕と コミュニティの再建	・常に倫理的な視点から，判断や決定を行っている。 ・CSRやコンプライアンスに則った組織運営を心がけている。

出典：中山（2016）より筆者作成。

　上記の特徴をもとに，中山（2016）は日本版サーバントリーダーシップ尺度を開発しました。［表1-6］は下位尺度別に一部の項目を抜粋したものです。

（6）21世紀のリーダーに求められる倫理性

　［表1-2］に示したように，1970年代からはサーバントリーダーシップ，変革型リーダーシップ以外にも，アダプティブリーダーシップ，オーセンティックリーダーシップ，エシカルリーダーシップ，スピリチュアルリーダーシップ，ディスカッシブリーダーシップ，ハンブルリーダーシップ，統合リーダーシップなど，多様なリーダーシップのあり方が提唱されています。

　ノーサウス（Northouse, 2021）はこれらの新しい理論に共通した特徴として，リーダーシップの倫理性（ethics）をあげています。倫理性は，善悪，正誤の判断を導く原理などと定義され，人間として道徳的にふさわしいあり方を意味します。リーダーシップの観点からは，リーダーが何をするのか，リーダーがどんな人なのか

に関係します。リーダーシップの倫理性を簡潔に表現するとしたら，「リーダーの関心が自分にあるのか他者にあるのか」という点にあるとノーサウスは述べています。そして，倫理的リーダーシップの原則として，①他者を敬う（respect），②他者に奉仕する（serve），③公正である（just），④正直である（honest），⑤コミュニティをつくる（build community）の5点をあげました。

　これから社会は，政治的にも経済的にもますます不確実性や混乱が予想されます。そのような時代にあって，リーダーシップがリーダーの道徳観や価値観と切り離せないという指摘は，非常に示唆に富んでいます。

KEYWORDS　リーダーシップの特性理論　trait theory of leadership
リーダーシップ役割を成功させる重要な要因として，認知的・非認知的能力を個人特性とみなすリーダーシップアプローチ。一般的知性，外向性，自信，監督能力，意志の強さ，行動的志向などが，成功するリーダーシップに関係する特性とされる。

メタ分析　meta-analysis
ある現象に関する多様な研究を1つの研究に統合する量的な技法。各研究における効果量を合算して1つの効果量を推定する方法や，効果量の分布を推定する方法がある。

リーダーシップの行動理論　behavioral theory of leadership
優れたリーダーシップを発揮する人の行動パターンに着目し，どのような行動が効果的なリーダーシップと関連しているのかを明らかにするアプローチ。1950年代以降にオハイオ大学，ミシガン大学，ハーバード大学などで精力的に研究が進められた。

PM 理論　PM leadership theory
三隅によって提唱された，リーダー行動を「集団目標達成機能（P：performance）と集団維持機能（M：maintenance)」によって説明する理論。

リーダーシップの状況即応理論　contingency theory of leadership
リーダーシップが集団の生産性を向上させうるかどうかは，「リーダーシップのタイプ」と「リーダーが集団状況を統制できる程度」の2つの要因に規定されるとする，フィードラーの理論。

パス・ゴール理論　path-goal theory
課題の目標とそれに至る道筋の明確さによって，リーダーの行動とフォロワーの満足

度との関係が異なるとするハウスらの理論。

変革型リーダーシップ　transformational leadership
フォロワーとの関係性を重視しながらフォロワーの意欲，満足感を高め，共有した
やりがいのある目標を追求する中で，組織全体をより道徳的で健全な方向へと変革
していくリーダーシップのあり方。

サーバントリーダーシップ　servant leadership
グリーンリーフが提唱したリーダーシップスタイル。リーダーは奉仕や支援を通じて
周囲から信頼を得ることにより，フォロワーの主体的な協力を得る状況を作り出す。

3 ── リーダーシップ研究の量的な変遷

　リーダーシップ研究は心理学分野だけでなく，経済学，経営学，社会学，教育
学分野などでも精力的に研究がされてきました。本節では心理学分野を中心に論
文件数がどのように推移してきたかを概観し，2000年頃から急激に論文が増加し
た理由について考察します。

（1）1930年から2020年までのリーダーシップに関する論文件数

　［**図1-1**］は，米国心理学会が提供する心理学文献データベース PsychINFO を
用いて，検索語をリーダーシップとして抽出した学術論文の数を年ごとに示したもの
です（2022年11月15日検索）。
　心理学分野におけるリーダーシップ研究は1930年代から発表され始め，1960
年頃までは年間に200件以下であり，1960年代終盤から1980年頃にかけて
若干の増加がみられましたが，250件程度にとどまります。ここから2000年まで
の間に年間500件に達する伸びがあり，2000年以降は爆発的に論文数が増加
しています。2004年には年間1,000件に達し，2006年に1,500件，2009年

出典：PsycINFO（2022）より筆者作成。

[図1-1] リーダーシップ研究の量的推移

ARTICLES 1

変革型リーダーシップの男女比較
―― 女性はよい管理職になれるかもしれない

バスとアボリオ（1994）

目　的

　バスとアボリオ（1994）は，変革型リーダーシップを総合的に測る多因子リーダーシップ尺度（MLQ：Multifactor Leadership Questionnaire）を開発しました。MLQ は 4 つの変革型リーダーシップ因子（カリスマ性，士気の鼓舞，知的刺激，個人的配慮）と 4 つの交換型リーダーシップ因子（状況に応じた報酬，逸脱管理（能動的），逸脱管理（受動的），無干渉（自由放任）），および 3 つの成果因子（優れた努力，有効性，満足感）から構成されます。ここに紹介する 1994 年の論文で，バスとアボリオは自ら作成した MLQ を使用して，男女のリーダーシップスタイルを比較しました。

方　法

　フォーチュン 500 の企業から同レベルの男女管理職（男性 150 人，女性 79 人）を選び，それぞれの部下数人に MLQ を用いて直属上司のリーダーシップ評価を求めました。部下の評価は個人が特定されないように匿名で収集されました。

結　果

　［図1-2］は，男女管理職に対するリーダーシップ評価を比較した結果です。女性管理職は変革型リーダーシップの「個別的配慮」と「カリスマ性」で男性管理職より高

変革型リーダーシップの男女比較 ｜ バスとアボリオ（1994）

く，男性管理職は交換型リーダーシップの「自由放任」と「逸脱管理（受動的）」で女性管理職より高く評価されました。成果については，「優れた努力」と「満足感」で女性管理職が男性管理職より部下から高く評価されました。この研究では男女を比較する際に効果量（Cohen's d）を用いていますが，$d = 0.2$ 前後は小さな差，$d = 0.5$ 前後で中程度の差，$d = 0.8$ 前後で大きな差があることを示します。

　これらの結果からバスとアボリオは，女性管理職が変革型リーダーシップを発揮することで部下にとって良い上司になっていると結論しました。

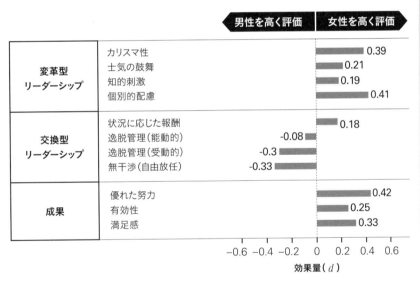

出典：Bass & Avolio（1994）より筆者作成。

[図 1-2] 部下が評定した男女上司の MLQ 平均得点の比較

[**表 1-7**] サブテーマ別にみたリーダーシップ研究の論文件数（1930 年〜2020 年）

サブテーマ	件数
リーダーシップスタイル	4,112
管理的職員	2,965
組織行動	2,466
変革型リーダーシップ	2,136
ビジネス組織	2,128
看護師	1,591
従業員の態度	1,539

出典：PsychINFO (2022)より筆者作成。

に 2,000 件，2012 年以降は毎年 2,500 件を超える勢いです。2020 年までの論文総件数は，5 万 5,377 件でした。なお，女性のリーダーシップ研究に関しては，第 2 章で取り上げています。

　リーダーシップ研究のサブテーマ別（上位 7 テーマ）に論文件数を示したものが[**表 1-7**]です。最も件数が多かったのは**リーダーシップスタイル**です。「変革型リーダーシップ」も件数の多いテーマですが，リーダーシップスタイルの中に含まれる可能性がありますので，総合的にリーダーシップスタイルが最も多くなりました。「管理的職員」や「ビジネス組織」も多いことから，職場でのリーダーに注目した研究が多い事がわかります。特定の職業に関するリーダーシップ研究として，「看護師」に関するものが多いことは注目されるところですが，日本でも同様の傾向があります。

（2）なぜリーダーシップ研究は急激に増加したのか

　2000 年以降に心理学分野におけるリーダーシップ研究が急増したことについては，いくつかの理由が考えられます。一つ目はこの時代に，社会全体がリーダーに関心を高めたことがあげられます。産業が発展し，会社という組織が大規模化するなかで，企業を率いる優れたリーダーが求められました。政治的リーダーにも高い関心が寄せられました。20 世紀は二つの世界大戦を経験する中で，ヒットラー

をはじめとする何人かの独裁者を生み出すことになります。その後の民主化のなかでリーダーとはどんな存在なのか，大衆レベルでも関心が高まったと思われます。

　二つ目は，学術的な発展の中で，リーダーをとりまく私たちの意識や行動を研究するための学問的スキルが洗練されたことがあげられるでしょう。心理学においては，多くの検査や尺度が開発され，リーダーシップに関連するこれらのツールを用いた多くの研究が誕生しました。調査だけでなく実験的な手法やインタビューなどの質的研究も，リーダーシップ研究に採用されるようになりました。

KEYWORDS　**リーダーシップスタイル**　leadership style
集団を導くときにリーダーによって示される安定的な行動傾向や手法。例えば，専制的リーダー，カリスマ的リーダー，民主的リーダーなどがある。

---

4 ── 研究から読みとるリーダー像の変化

　この100年あまりの間，時代とともにリーダーシップ研究は進展し，リーダー像も大きく変化したことが研究から読みとれます。本節では，変革型リーダーシップへの注目によるリーダー像の変化を明らかにし，男性的なリーダー像から性別を超えたリーダー像への変化について考察します。

（1）変革型リーダーシップにみるリーダー像

　変革型リーダーシップの誕生は，リーダーの概念を大きく変えました。変革型リーダーは，フォロワーと一緒に意欲と道徳性を高め，両者の絆を深め，情緒，価値，倫理，長期的な目標などに関心をもち，フォロワーの意欲，満足感，欲求に目を向けます。関係性の重視といった要素は，どちらかといえば伝統的に女性的な

特質であるといわれますが，実際に女性リーダーは変革型リーダーシップに関して
フォロワーからの評価が高いことが研究から明らかになっています（Eagly et. al.,
2003）。

ARTICLES1 に示したように，バスとアボリオ（Bass & Avolio, 1994）は直属
の男性上司と女性上司に対する部下の評価を比較しました（[図1-2]参照）。その結
果，変革型リーダーシップの4因子すべて（カリスマ性，士気の鼓舞，知的刺激，個
人的配慮）と交換型リーダーシップの「状況に応じた報酬」因子において，女性
リーダーは男性リーダーより高く評価されていたのです。さらに成果の3因子（優れ
た努力，有効性，満足感）でも，女性リーダーは男性リーダーより高く評価されまし
た。男性リーダーが女性リーダーより高く評価されたのは，**交換型リーダーシップ**の
「逸脱管理（能動的）」「逸脱管理（受動的）」と「自由放任」の3因子でした。

社会の多くの分野で，トップリーダーにつく女性の割合は男性と比べて格段に少
ない状況が続いています。しかし，近年ではバスとアボリオをはじめ何人かの研究
者が，女性のリーダーシップは男性と比較して劣っていないことを研究の中で示して
います。このような現状と研究結果の解離はなぜ生じているのかということも，女性
のリーダーシップを考察する上で重要な問題です。

（2）性別を超えたリーダー像の模索

リーダーシップの定義がどのように変化してきたのかは既に取り上げましたが，こ
こではさらに深く考察したいと思います。リーダーシップを定義するときに，1960
年代頃までは「特性」「行動」「目標」といった抽象的で形式的な言葉で表現さ
れていましたが，1970年代以降では「奉仕」「思いやり」「道徳性」「激励」「自
分らしさ」「使命」というように具体的で価値を含んだ言葉が使われるようになりま
した。近年のリーダーシップ概念においては，組織を目標達成に向かわせることよ
り，組織を形成している成員の内面を豊かに幸福にする機能が重視される傾向に
あります。リーダーは人間を成長させ，支援するポジティブな存在であることが，時
代とともに強調されてきたといえるでしょう。

変革型リーダーシップの概念を確立し，それを測定する多因子リーダーシップ尺

度（MLQ）を作成したバス（Bass, 2008）は，現在においても将来においても，男女を問わず最も効果的なリーダーシップスタイルは**アンドロジニー**であると述べています。アンドロジニーとは，米国の社会心理学者ベム（Bem, 1974）が，「男性と女性の特性をともに兼ね備えた人」として概念化したものです。ベムの考え方については第2章で紹介しています。アンドロジニー的なリーダーシップについて，バスは男性的なリーダーシップスタイルとされる「仕事志向」と，女性的なリーダーシップスタイルとされる「人間志向」の融合をあげています。

イーグリー（Eagly, 2012）は，近年ではリーダーのステレオタイプにおける男性性が以前より弱くなっていることを研究で明らかにしています。そして，アンドロジニー的なリーダーシップスタイルの有効性を主張し，男性的な特質とされる**作動性**と女性的な特質とされる**共同性**をブレンドすることが男女ともにリーダーシップをより有効にすると述べています。作動性とは，達成すること，成功すること，名をあげることを強調する行動傾向であり，競争心や自己焦点化といった特徴があります。共同性は，対人関係において他者が困っていることに対して協力や思いやりを示す行動傾向をさします。作動性と共同性については，第4章で詳しく取り上げていますのでそちらを参照してください。

ポーウェルとバターフィールド（Powell & Butterfield, 1984; 2015）も，「優れたリーダーはアンドロジニーである」という仮説のもとに，ベム（Bem, 1974）が作成した性役割尺度（BSRI）を使用した研究を長期にわたり継続しています。このように心理学分野の主要な研究者が，性別を超えた特徴を備えた新しいリーダー像を提唱していることは注目に値します。

KEYWORDS　**交換型リーダーシップ**　transactional leadership
フォロワーの貢献と報酬との間で社会的交換を行うリーダーシップスタイル。フォロワーが仕事を完遂した場合に，自己利益を満たすようにする。バスは，変革型リーダーシップと交換型リーダーシップからなるアプローチをフルレンジ・リーダーシップとして体系化した。

アンドロジニー　androgyny
男性と女性の特徴を併せ持った人という意味をもち，日本語では"両性具有"と訳
されている。

作動性　agency
競争心や自己焦点化といったことを特徴とする態度や行動傾向。達成すること，実
行すること，成功すること，名をあげることを強調する。

共同性　communality
他者の欲求や願望を第一に考えることを特徴とする態度や行動傾向。思いやり，親
切，同情，養育的，優しいことを強調する。

第 2 章
女性とリーダーシップ

1 ── 女性をとりまく社会の動向と女性のリーダーシップ研究

　本節では，20世紀以降の女性労働をとりまく社会の動きの中で，女性のリーダーシップに関する主要理論と，関連するメタファー（喩）やコンセプト（概念）が，いつどのようになぜ提唱されてきたのかを概観します。

（1）女性労働の歴史と女性のリーダーシップ研究

　［表2-1］は，女性労働の歴史と主要なリーダーシップ研究の変遷を示したものです。19世紀の終盤には家庭外の職場で女性が働くようになり，日本でも女性事務職員が出現しました。20世紀初頭には労働力不足から，女性の社会進出が拡大するのと時を同じくして，ILO（国際労働機関）が母性保護を打ち出しました。第一次世界大戦直前には，新しい女性の生き方が注目され，モダンガールと呼ばれる女性たちが街を彩りました。第二次世界大戦に突入すると，女性も軍需工場に動員されたり，不足する男性労働者の代替として女性たちが職場を守ることになりました。

　20世紀への変わり目でオフィスでの女性の雇用が急速に伸びたことは，女性労働の歴史の中で特徴的なことがらです。米国では，事務職と呼ばれる仕事，例えば事務員，速記者，タイピスト，帳簿係，レジ係，会計係などが19世紀終盤に

[**表 2-1**] 女性労働の歴史と女性のリーダーシップ研究の変遷

女性労働の歴史		女性のリーダーシップ研究
1879 電話会社で女性交換手雇用（米）	1880	
1890 女性事務職員誕生	1890	
	1900	
1918- 労働力不足で女性が社会進出	1910	
1919 ILO 設立，母性保護条約採択（世界）	1920	
1920- 職業婦人，モダンガール出現，化粧の習慣	1930	
1939- 女性の軍需動員	1940	
	1950	
1960 避妊薬発売開始，女性の社会進出加速 1961 アファーマティブ・アクション（米）	1960	ジェンダーバイアス（Goldberg, 1968）
1965 ウーマンリブ（米）	1970	性役割ステレオタイプと管理職に求められる特性との関係（Schein, 1973） カンター理論（Kanter, 1977） 暗黙裡のリーダーシップ理論（Rush, Thomas, & Lord, 1977）
1981 女子差別撤廃条約発効（世界） 1985 男女雇用機会均等法制定	1980	ガラスの天井（Hymowitz & Schellhardt, 1986） 社会的役割理論（Eagly, 1987）
1992 育児休業法制定 1993 パートタイム労働法制定	1990	両面価値的性差別（Glick & Fiske, 1996）
1999 女性の深夜労働規制撤廃 2006 改正男女雇用機会均等法制定	2000	ジェンダーステレオタイプ理論（Heilman, 2001） 役割不一致理論 （Eagly & Karau, 2002） ジェンダー類似性仮説 （Hyde, 2005） ガラスの崖（Ryan & Haslam, 2005） キャリアの迷宮（Eagly & Carli, 2007）

	2010	ステレオタイプ脅威と女性のリーダーシップ
2016 女性活躍推進法制定		(H oyt & Murphy, 2016)
2017 育児・介護休業法制定		社会的ネットワーク理論(Tinsley & Ely, 2018)
2019 年 働き方改革関連法制定	2020	

出典：筆者作成。

は 1%以下だったのが，1920 年には 25%を超え，事務職は専ら女性の仕事となっていきました（Kanter, 1993 = 1995）。カンター（Kanter, 1993）によれば当時の米国で，管理者，監督者，役員に占める女性の割合は 1%以下にすぎず，企業の中に女性管理者の姿はありませんでした。1960 年代に発売がスタートした避妊薬は女性たちの職場進出を後押しする一要因となり，またこの時期に，**ウーマンリブ**と名づけられた女性の権利を主張する運動が始まりました。

　女性労働に関する法的整備は 1980 年代に飛躍的に前進しました。1979 年に国際連合総会は**女子差別撤廃条約**を採択し，1981 年に発効しました。日本も 1985 年に批准しました。この条約は「世界の女性の憲法」ともいわれ，女性の労働権はすべての人にとって基本的人権であると明記しています。またあらゆる形態の差別を撤廃すると謳っています。

　日本は女性差別撤廃条約への批准を機に，**男女雇用機会均等法**（雇用の分野における男女の均等な機会及び待遇の確保等に関する法律）を制定しました。この法律は女性を対象としたものとしてスタートしましたが，数度の改訂を経て 2007 年には男女双方に適用するものとなりました（ただし**ポジティブ・アクション**に関しては女性のみとされています）。2016 年には**女性活躍推進法**（女性の職業生活における活躍の推進に関する法律）が 2025 年度末までの時限立法として施行されました。

（2）女性のリーダーシップ研究の変遷

　以上にみた女性労働に関する法整備が我が国だけでなく世界各国で進展するなか，1960 年代後半と 1970 年代には後の女性のリーダーシップ研究の基礎となる重要な研究が行われました。無意識のジェンダーバイアスのルーツとされるゴール

ドバーグ（Goldberg, 1968）の研究，当時の人々が抱いている「管理職といえば男性」というステレオタイプの存在をあぶりだしたシャイン（Schein, 1973;1975）の研究，組織の中で管理職などの女性が少数であることがいかに大きな影響を受けるかを明らかにしたカンター（Kanter, 1977）の書籍は，女性のリーダーシップ研究を刺激し，理論上あるいは研究方法上で多くの示唆を与えました。

　20世紀の終盤から21世紀初頭には，女性のリーダーシップに関する主要な理論としては，ジェンダーステレオタイプの影響を指摘した理論（ジェンダーステレオタイプ理論，暗黙裡のリーダーシップ理論）やジェンダー役割の影響に関する理論（役割不一致理論）などが提唱されました。その後，様々な心理特性に男女差はほとんど無いとする理論（ジェンダー類似性仮説）が提唱され，リーダーシップスタイルやリーダーとしての能力に男女差がないことを明らかにしました。

　また，社会学や経営学的な視点から，組織の構造や制度，風土などが女性リーダーの意識と行動に大きな影響を及ぼすとする理論（社会的ネットワーク理論など）が，最近注目されています。これら理論の変遷は，女性差別に敏感になった社会全体の意識変化とともに，研究手法に進展があったことによると考えられます。ジェンダー類似性仮説の研究では，これまでの膨大な研究成果を総合的に分析する手法である「メタ分析」が開発されたことが，理論形成に大きく貢献しています。女性のリーダーシップに関する主要な理論については，本書の第3章から第7章で詳細に説明しています。

　女性のリーダーシップ研究の進展と連動するように，女性のリーダーシップの特徴を表現するいくつかのメタファー（喩）が提唱されました。古くは，「ガラスの天井」という喩が，女性がトップリーダーの地位に就くことを妨げる障壁を巧みに表現しました。ガラスという表現は，この障壁の透明性すなわち「目に見えにくい」性質を適切に喩ていることから，「ガラスの崖」「ガラスの壁」「ガラスのエスカレータ」といういくつかのガラスのメタファーを生みだしました（Kumra, 2017）。しかし，女性がリーダーになるプロセスにはより複雑で継続的な障壁が存在することをイーグリーとカーリ（Eagly & Carli, 2007）は指摘し，「キャリアの迷宮」というメタファーを提唱しました。これらは第8章で取りあげています。

さらに，女性のリーダーシップを理解する上で役立つ重要なコンセプト（概念）として，アンコンシャスジェンダーバイアス，ステレオタイプ脅威，両面価値的性差別などが提唱され，精力的に研究が蓄積されています。これらの概念は，女性活躍を組織や社会が歓迎しない根深い心理をあぶりだすだけでなく，女性自身がリーダーになる意欲を低下させ，リーダーとしての自己評価を低めるメカニズムを説明しています。これらは第9章で取りあげています。

KEYWORDS

ウーマンリブ　Women's lib
女性解放を意味する「ウィメンズ・リベレーション（Women's Liberation）」を略したものであり，1960年代から1970年代にかけて起きた女性たちによる運動。アメリカから始まり，日本やフランス，ドイツなど，世界中の多くの国に広まった。

女子差別撤廃条約　Convention on the Elimination of all Forms of Discrimination against Women
男女の完全な平等の達成に貢献することを目的として，女子に対するあらゆる差別を撤廃することを基本理念とした条約。締約国に対し，政治的・公的活動，経済的・社会的活動における差別の撤廃のために適切な措置をとることを求めた。1979年の第34回国連総会において採択，1981年に発効され，日本は1985年に締結した。

男女雇用機会均等法　Equal Employment Act
雇用の分野での男女の均等な機会・待遇の確保，女性労働者の職業能力の開発・向上，再就職の援助，職業生活と家庭生活の調和を図ることなどにより女性労働者の福祉を増進させることを目的に1985年に制定された法律。

ポジティブ・アクション　positive action
社会的・構造的な差別によって不利益を被っている者に対して，一定の範囲で特別の機会を提供することなどにより，実質的な機会均等を実現することを目的として講じる暫定的な措置。

女性活躍推進法　Act on Promotion of Women's Participation and Advancement in the Workplace
正式名称は「女性の職業生活における活躍の推進に関する法律」。仕事で活躍したいと希望するすべての女性が，個性や能力を存分に発揮できる社会の実現を目指して，2015年8月に成立した。事業主に対して，女性の活躍状況の把握や課題分析，数値目標の設定，行動計画の策定・公表などが求められる。

---

2 ─── 女性のリーダーシップに関する理論の変遷

　女性のリーダーシップに関する主要な理論は第3章以下で詳しく取り上げますが，本節ではそれらを簡潔に紹介します。本書で取りあげる理論の選別にあたっては，マドセン（Mdsen, 2017）が編集した『ジェンダーとリーダーシップについての研究ハンドブック』とゴーサルズとホイト（Goethales & Hoyt, 2017）が編集した『女性とリーダーシップ──歴史，理論そして事例』を参考にしました。

（1）ジェンダーステレオタイプ理論

　女性のリーダーシップに関する初期の研究で特に注目されたのは，「性役割ステレオタイプと管理職に求められる特性との関係」を明らかにしたシャイン（Schein, 1973）の研究です（第3章参照）。シャインは一連の研究を通して，性格特性を表す言葉（直感的，競争的，思いやりのある，知的など）について，①一般の男性にどのくらい当てはまるか（男性一般），②一般の女性にどのくらい当てはまるか（女性一般），③管理職にどのくらい当てはまるか（成功した管理職）を5段階で評定させました。その結果，男性と管理職の特性の間には統計的に有意な類似性がみられましたが，女性と管理職の特性の間には類似性がみられなかったのです。この結果に基づき，シャインは私たちが管理職を思い浮かべるときには，無意識に男性をイメージしているとして，「管理職といえば男性（Think Manager, Think Men）」という言葉を広めました。そして，性役割ステレオタイプと管理職に必要とされる特性との間にあるこの結びつきが，女性管理職が少ないことを説明するとシャインは指摘しました。この研究によって，女性とリーダーシップを考える際に，ステレオタイプの存在がいかに重要であるかが認識されるようになりました。

　その後，ハイルマン（Heilman, 2001）は，シャインの研究を発展させ，リーダーシップに関する**ジェンダーステレオタイプ理論**を提唱しました。シャインが行った「男性一般」「女性一般」「成功した管理職」の評定に加えて，ハイルマンらは「男

性管理職」と「女性管理職」,「成功した男性管理職」と「成功した女性管理職」に対する評定を比較しました。この研究結果によれば,女性であっても「成功した」という言葉を加えることにより管理職としての評価が下がらないことがわかりました。しかし,女性が単に管理職であるという情報だけでは,ジェンダーステレオタイプの影響が強く現れるということも明らかにされました。

(2) 役割不一致理論

イーグリーとカラウ(Eagly and Karau, 2002)は,ジェンダー役割とリーダー役割の不一致が,女性のリーダーシップ評価に大きな影響を与え,2種類の偏見を生みだすとして**役割不一致理論**を提唱しました(第4章参照)。

イーグリーとカラウが指摘した2つの偏見のうち,1つ目は「女性のリーダーシップ能力に対する非好意的な評価」,つまり女性のリーダーシップ能力は低いとみなす偏見です。この偏見は,女性の特性や能力に対する**記述的ジェンダーステレオタイプ**(女性は典型的にこうであるという見方)に基づいています。2つ目は「女性のリーダーシップ行動に対する非好意的な評価」,つまり女性はリーダーシップ行動をとるべきではないという偏見です。この偏見は,女性の行動に対する**規範的ジェンダーステレオタイプ**(女性にとって適切な行動は何かという見方,女性はこうすべきであるという見方)に基づいています。女性のジェンダー役割とリーダー役割への要請が矛盾していることは,男女リーダーの行動の違いを助長するかもしれません。

(3) 暗黙裡のリーダーシップ理論

人々がリーダーの性格などを認知するときに,評価者の思い込みや先入観が大きく影響することが知られています。このようなリーダー評価での無意識の評価枠組みを**暗黙裡のリーダーシップ理論**と呼びます(第5章参照)。

宗方・若林(1987)は,大学生男女に架空のリーダーを評価させ,男女リーダーのリーダーシップを比較しました。その結果,女性のリーダーシップは相対的に低く見積もられるという表面的で直感的な偏見に加えて,女性は女性らしい行動によってのみリーダーとして評価されるという,より内面的で微妙な"もう一つの偏見"

の存在が示唆されました。

　プレーヤーら（Player, et al., 2019）は，昇進候補者に対する評価基準が男女で異なることを実験によって明らかにしました。ARTICLES 13 で紹介するように，この実験では 4 人の架空の候補者（将来性の高い男性候補者，業績のある男性候補者，将来性のある女性候補者，業績のある女性候補者）を設定し，実験参加者が昇進させたい順に候補者をランキングするというものです。その結果，参加者の評定（平均）は，①履歴書の評価と，②将来の成果ともに，一位が将来性のある男性，2 位が業績のある女性，3 位が将来性のある女性，4 位が業績のある男性，という順位になりました。

　この結果についてプレーヤーらは，実験参加者の期待について以下のように考察しています。男性候補者のリーダーシップに対しては，将来性が過去の業績より評価基準として優先されるが，女性候補者のリーダーシップに対しては，将来性より過去の業績が評価基準として優先される。また興味深いことに，業績が評価基準となった場合には，男性より女性のほうが将来優れたリーダーになるだろうと評価者が予想したことです。

（4）ジェンダー類似性仮説

　人びとは男女差があるにちがいないという思い込みをいだきがちですが，1970年代にまとめられたマッコビーとジャックリン（Muccoby & Jacklin, 1974）による男女差研究でも，既に心理学的に確証のある男女差は 4 つのみ（言語能力，空間認知，攻撃性，数学能力）でした。しかも，その後の研究でそれらでさえ時代とともに差が縮小していることがわかっています（Lindberg et al., 2010）。

　ハイド（Hyde, 2005）はこれまでの研究知見に基づき，男女間の差はそれほど大きなものではなく，むしろ男性内，女性内での変動（個人差）が大きいという仮説を立てました。彼女は，1985 年～2004 年の間に発表された男女間比較に関するメタ研究（同じテーマをあつかった複数の論文を総合的に分析した研究）46 編（124変数）をデータとして，心理的変数における性差の程度を総合的に分析しました。

　この研究では，認知的能力（言語獲得，問題解決，数学能力，思考能力），社会

的・パーソナリティ要因（リーダーシップ，言語的・非言語的コミュニケーション，自己評価，ウェルビーイング，攻撃性），身体活動，運動能力など多岐にわたる変数を取り上げています。メタ分析の結果，3割の変数で男女差はほとんど無く，5割弱の変数で男女差が小さいということが分かりました。ハイドはこの結果をもとに男女は心理的変数の面で類似していると結論づけ，**ジェンダー類似性仮説**を提唱しました。

より新しい研究（Zell et al., 2015）によれば，男女差がほとんど無い変数が39%，差が小さい変数が46%となり，ジェンダー類似性仮説を強く支持する結果が得られています（第6章参照）。

（5）社会構造や制度に注目する理論

リーダーシップは学際的テーマであり，心理学の他にも経済学，経営学，社会学などで精力的に研究が蓄積されてきました。例えば社会学は，リーダーシップ行動に及ぼす，労働分離，階級関係，制度構造，そして文化的規範といった広範な社会的影響を扱っています。特に女性とリーダーシップに関しては，組織の制度や風土が男女の不平等を生みだすという観点から，有益な知見を提供しています（第7章参照）。

米国の社会学者カンター（Kanter, 1977）は，管理職の男女比が管理職登用や女性管理職のあり方に大きな影響を与えることをフィールド研究によって明らかにしました。そして，女性管理職が非常に少数である場合にさまざまな不利益が生じるメカニズムを，**トークン理論**によって示しました。少数者の割合が35%を超えることによって不利益が解消されることも，カンターは指摘しています。

ティンズリーとイーリー（Tinsley & Ely, 2018＝2018）の**社会的ネットワーク理論**では，職場でのジェンダーギャップが生じる理由を，女性は昇進や新しい挑戦にアクセスするために重要な，情報を収集したり支援を受けるチャンスを提供するネットワークに組み込まれにくいからだとしています。

KEYWORDS

ジェンダーステレオタイプ理論 gender stereotype theory
ジェンダーステレオタイプが職業に関する女性の能力評価にバイアスをうみだし，女性のキャリアアップを妨げるとする理論。ハイルマンによって提唱された（第3章参照）。

役割不一致理論 role incongruity theory
女性は社会的役割として共同性を期待されるが，リーダー役割は作動性が求められる。この役割の不一致により，女性のリーダーシップは低く評価され，リーダーとして抜擢されにくいとする理論。イーグリーらによって提唱された（第4章参照）。

記述的ジェンダーステレオタイプ descriptive gender stereotypes
人々が，男女について「典型的なものである」と認識している態度や行動。男性はリーダーに向いているが，女性はリーダーに向いていないと考えることによって，女性リーダーの能力は過小評価される可能性がある。

規範的ジェンダーステレオタイプ prescriptive gender stereotypes
人々が，男女について「そうあるべき」と認識している態度や行動。女性はリーダーになるべきではないと考えることによって，女性リーダーに対する反発が生じる可能性がある。

暗黙裡のリーダーシップ理論 implicit leadership theory
人々は，これまでの経験や知識によって，「リーダーとはこのような特性をもった人であろう」という個人的な先入観をもっており，その無意識の仮説に従ってリーダーは評価されるとする理論（第5章参照）。

ジェンダー類似性仮説 gender similarities hypothesis
ハイドは過去に行われた男女差に関する膨大な心理学的研究を再検討し，多くの心理的変数において男女は類似していると結論し，ジェンダー類似性仮説を提唱した（第6章参照）。

トークン理論 token theory
組織の異なる集団での人数的な違いが不平等を生み出していくメカニズムを示した理論。カンターは大企業でのフィールド研究に基づき，管理職の女性が少数である場合にトークン（象徴，形式的な存在）として扱われる実態を明らかにした（第7章参照）。

社会的ネットワーク理論 social network theory
社会的ネットワークとは，個人または集団が他者と形成する関係構造のこと。ティンズリーとイーグリーは，職場の男女格差が生まれる理由として，女性は昇進や新しい挑戦にアクセスするために重要なネットワークに組み込まれにくいことを指摘し，社

3 ── 女性のリーダーシップに関する研究の量的推移

リーダーシップ研究全体は 1930 年頃から始まりましたが，1960 年代まで女性リーダーに関する研究は非常に限られたものでした。なぜ，女性リーダー研究は遅れて出発したのでしょうか。本節では，その理由について考察し，女性のリーダーシップ研究がその後どのように進展してきたのかを概観します。

（1）女性のリーダーシップ研究の着手はなぜ遅れたのか

1970 年代まで，女性のリーダーシップに関する精緻な科学的研究は行われていません。第 1 章でみたように，一般にリーダーシップ研究がスタートしたのは 1930 年代ですが，その後 40 年あまりの間は女性のリーダーシップについて関心が高まらなかったことになります。このように女性のリーダーシップに関する研究が遅れた理由については，以下の 2 点が考えられます。

まず第 1 に，当時は管理的地位に就いている女性が極めて少数であったため，そういった女性への関心が一般に低かったことが挙げられます。研究対象となる女性管理職を集めることが困難であるため，費用面でも時間的にも研究のコストがかかる効率の悪い研究だと言えるでしょう。第 2 の理由は，おそらくより重要な問題を秘めています。当時はこの分野の研究者の大半が男性であったことに起因するという視点です。多くの男性研究者にとって，そもそも女性のリーダーシップについての学問的な興味や疑問はあまり喚起されなかったと思われます。

リーダーシップだけでなく，さまざまなテーマにおいて男女の比較や女性特有の問題点は，女性研究者の増加と時を同じくして研究上の関心が浮上し，研究が進

展してきました。例えば，道徳性の研究で著名なギリガン（Gilligan, 1982 = 1986）は著書『もうひとつの声』の中で，従来の発達研究全体が男性中心主義に偏向しており，必ずしも女性の現実を反映していないと主張しています。多くの場合，研究知見は男性のみを対象とした研究から導かれたものであるにもかかわらず，疑問をもたずに一般化されてきたとギリガンは指摘しています。リーダーシップ研究に関しても，1970年代になるまで男性研究者による男性を対象とした研究であったといえるでしょう。

（2）女性のリーダーシップ研究の量的な動向

　1960年代から始まった女性解放運動（ウーマンリブ）やその発展形としての**フェミニズム**の影響，機会均等主義，**アファーマティブ・アクション**などは，女性の社会進出に対する意識と行動を大きく変化させました。その流れの中で，欧米社会では，女性管理職も劇的に増加し，そのことによって女性のリーダーシップ研究も実践しやすいものとなりました。同時に，社会心理学や産業・組織心理学の分野で活躍する女性研究者も増大し，リーダーシップの男女差や女性のリーダーシップの特徴など，女性とリーダーシップに関わる問題は研究者と働く人の双方にとって魅力あるテーマとして研究を牽引しました。

　[**図2-1**]は，女性のリーダーシップに関する研究の量的推移を論文数で示したものですが，2000年頃から着実に増加していることがわかります。いくつかの増加の山がありますが，徐々に増え続け毎年200から300の間で推移し，2020年までの50年間におよそ4,800件の論文が発表されました。

　これらの研究をサブテーマ別（上位6テーマ）に分けて論文数を示したものが[**表2-2**]です。最も多いものが「男女差」に関する研究であり，全体の約3割を占めています。

　次に多いのが「リーダーシップスタイル」です。男女のリーダーシップスタイルが異なるかどうかという問題は，一貫して関心の高いテーマです。これらはリーダーシップスタイルの研究であると同時に，多くは男女差を比較する研究でもあります。

　3番目に多いサブテーマとして「黒人」があがっている理由は，女性のリーダー

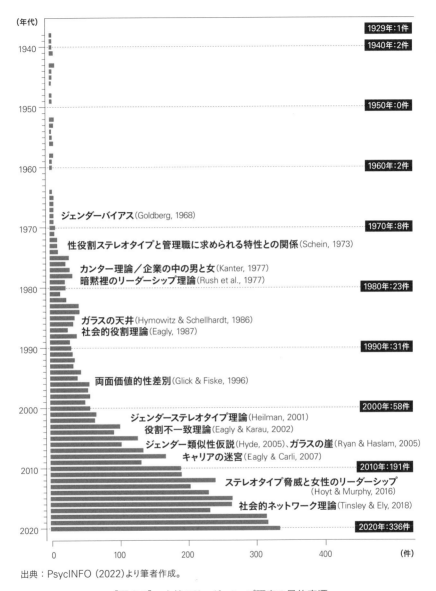

（年代）

1929年：1件
1940年：2件
1950年：0件
1960年：2件

ジェンダーバイアス(Goldberg, 1968)

1970年：8件

性役割ステレオタイプと管理職に求められる特性との関係(Schein, 1973)

カンター理論／企業の中の男と女(Kanter, 1977)
暗黙裡のリーダーシップ理論(Rush et al., 1977)

1980年：23件

ガラスの天井(Hymowitz & Schellhardt, 1986)
社会的役割理論(Eagly, 1987)

1990年：31件

両面価値的性差別(Glick & Fiske, 1996)

2000年：58件

ジェンダーステレオタイプ理論(Heilman, 2001)
役割不一致理論(Eagly & Karau, 2002)
ジェンダー類似性仮説(Hyde, 2005)、ガラスの崖(Ryan & Haslam, 2005)
キャリアの迷宮(Eagly & Carli, 2007)

2010年：191件

ステレオタイプ脅威と女性のリーダーシップ
(Hoyt & Murphy, 2016)

社会的ネットワーク理論(Tinsley & Ely, 2018)

2020年：336件

0　　　　100　　　　200　　　　300　　　　400　　　（件）

出典：PsycINFO（2022）より筆者作成。

[図2-1] 女性のリーダーシップ研究の量的変遷

[表 2-2]　女性のリーダーシップ研究におけるサブテーマ別論文件数（1930 年〜2020 年）

サブテーマ	件数
男女差	1,453
リーダーシップスタイル	788
黒人	352
性役割	268
トップレベル管理職	240
変革型リーダーシップ	225

出典：PsychINFO（2022）より筆者作成。

シップ研究において，差別という観点から性別以外の**マイノリティ**の問題が多く取り上げられているからです。その一つとして，黒人女性が経験するジェンダーと人種の二重の差別の問題があります。その他，「トップレベルの管理職」に特有の問題についても多くの研究があります。また，一般のリーダーシップ研究で論文数が非常に多かった「変革型リーダーシップ」について，女性のリーダーシップ研究でも同様の傾向があります。変革型リーダーシップスタイルに関しては女性リーダーへの評価が高いとする知見が数多くあることから，このテーマが多くなっていると思われます。

KEYWORDS

フェミニズム　feminism
女性あるいはジェンダーに関連した生物的，社会的現象を主題として取り上げ，性差別や男女不平等の解消を主張する思想および運動。フェミニズムは 19 世紀に大きな政治的運動として展開された。初期には，女性の参政権や政治的，経済的機会の問題が注目され，次第に広範囲な学術的，哲学的，社会的運動へと広がっていった。心理学においてフェミニズムは，性差の本質や起源に焦点を当ててきた。

アファーマティブ・アクション　affirmative action
差別撤廃措置，積極的差別是正措置などと訳される。米国政府が，社会的に不利益を受けている様々な集団の人々について，機会の平等を促進するために策定し

た政策。企業や教育機関などに，民族的マイノリティ，女性，障害者などの雇用，訓練，昇進に関する計画案の立案と提出，計画の進行状況の記録が義務付けられた。

マイノリティ　minority
少数者，少数派と訳される。社会的少数者とは社会的弱者と類似の意味をもち，集団としての人数が少ないというより，社会的に差別されたり社会における機会が著しく制限された人を指す。

第 Ⅱ 部

女性のリーダーシップに
関する主要理論

第 3 章
ジェンダーステレオタイプ理論

1 ―― ステレオタイプとは何か

　ジェンダーステレオタイプの存在によって，女性リーダーが登用されにくいということが繰り返し指摘されてきました。本節ではまず，ステレオタイプの一般的な概念について説明し，その上でジェンダーステレオタイプとは何かということを明らかにします。

（1）ステレオタイプとは「頭の中の写真」

　まず，**ステレオタイプ**とはどのようなことを表すのかを考えてみます。「KEYWORDS」欄に示したように，ステレオタイプとは「特定の集団の特徴に対する，単純化した紋切り型の知覚」のことです。ステレオタイプの語源は，印刷過程で，ページ組のパターンや写真を複製するための型紙（ステロ版）が作られることに由来しているといわれます。人や出来事についてのイメージを心の中に再現するために人々が認知的型紙を用いるようすを表すものとして，この用語が適していることに最初に気づいたのは，政治ジャーナリストのリップマン（Lippman, 1922）でした。彼はそれらを「私たちの頭の中の写真」と呼びました。
　ステレオタイプのよく知られた例としては，血液型ステレオタイプがあります。血液型ステレオタイプでは，「A型は几帳面だ」というように血液型がA型の人はすべ

て例外なく几帳面であるかのように考えてしまいます。あまりに単純で短絡的な考え方ですが，私たちは深く意識せずに，このようなステレオタイプ的な思考様式をしばしば採用しています。

　ステレオタイプはもともと否定的なものだけでなく，肯定的なものも含んでいます。私たちが他者や状況を即座に判断するための手がかりとなり，ステレオタイプを利用することによって複雑な事態を素早く効率的に処理することができます。例えば，前からやってくる人の外見や行動から，その人を警戒する必要があるかどうかを判断したり，困っている人を援助するときにも自分が援助すべきかを判断する材料として無意識に使っています。

（2）ステレオタイプから偏見や差別へ

　米国の社会心理学者オルポート（Allport, 1954 = 1968）は，ステレオタイプが

出典：Allport & Postman（1947 = 1952）.

［図 3-1］　オルポートとポストマンが実験で用いた絵

スクリーン からの説明	これはディックマン街に停車中の高架列車の絵です。明らかに急行列車です。車内には，座っている人が5人，立っている人が2人みえます。窓枠の上には例の通り広告がはられています。1つはあるタバコの広告，1つは石鹸の広告，どこかのキャンプの広告が1つ，それから区長候補マッギニス某の選挙ビラがみえます。帽子をかぶり新聞を読んでいる男が座っています。奇妙なまるっこい男で新聞に夢中になっています。その隣の眼鏡の婦人は，右手に買物袋をかかえ，おかしな帽子をかぶっています。その隣席は空いていて，その前にはズート・スーツ，つばひろ帽子，派手なネクタイといういでたちの黒人が古ぼけたふうたいの軍需労働者としゃべっています。労働者は仕事着で長靴，袖なしのセーター，縁なし帽。彼は造船労働者でしょう。左手にカミソリを持ち，黒人と口論しているところです。次には，赤ん坊をかかえた婦人が座っていて口論中の2人の男を見上げています。彼女はふつうの服装で，髪を長くしています。その隣に座っている僧服の男は，ユダヤ人僧侶で読書中です。奇妙な帽子をかぶっています。彼の着ている僧服は長たらしく古めかしいものです。その隣に座っている太った男は，手を組み合わせたまま，ぐっすりねこんでいます。
第1の再生	ディックマン街に停車中の地下鉄の光景。社内には，座っている人が5人ほど，立っている人が2人みえます。例の通り広告がはられています。1つはタバコ，1つは選挙候補者マッギニスのものです。座っているのは新聞に夢中になっている太った男，その隣は婦人です。次は空席，それからズート・スーツの黒人が，カミソリをもった軍需労働者と口論中です。烈しい口論のようです。次が幼児をかかえた婦人，その隣の男はユダヤ人僧侶でしょう。太った男がぐっすりねこんでいます。男が2人，立っています。太った婦人が彼らを見上げています。
第2の再生	ディックマン街の地下鉄の光景，車内には座っている人が5人，立っている人が2人みえます。例の通り広告が貼られています。1つはタバコ，1つはマッギニスという名の選挙候補者のビラです。新聞に夢中になっている太った男，次が婦人，ズート・スーツを着た黒人，そのうちの一人はカミソリを持っています。彼らは立ち上がって烈しい口論を闘わせています。次が子どもづれの婦人，男が1人います。
第3の再生	ディックマン街の電車の中の光景。7人の乗客中，5人は座り，2人が立っています。広告の中には，マッギニスという男の選挙ビラがあります。太った男と子どもづれの夫人が立っています。二人の男が座っている隣は空席で，その次に，婦人と軍需労働者が口論を闘わせています。ズート・スーツの黒人が1人，手にはカミソリをもっています。口論はすこぶる烈しいものに違いありません。

第4の再生	地下鉄内の光景。座っているものは5人，立っているものが2人。車内の上の方には広告がみえます。1つは国会議員候補マッギニスのものです。座っている男と婦人，軍需労働者が2人います。そのうちの1人はズート・スーツの黒人で，カミソリをふりまわしています。赤ん坊をかかえた婦人が立っています。太った男が1人立っています。
第5の再生	地下鉄内の光景で5人が座り，2人は立っています。車内には広告があり，その1つは国会議員候補マッギニスのものです。車内の正面には，男が1人，夫人が1人，2人の軍需労働者がおり，そのうちの1人は黒人で，彼は怒ってカミソリをふりまわしているところです。赤ん坊をかかえた婦人が立っています。太った男が1人立っています。
第6の再生	ふつうの地下鉄の光景です。絵には3人の男が立っています。この地下鉄はごくありふれたものです。広告があります。その1つは国会議員候補マッギニスのビラです。1人の男と1人の婦人が座っています。他に男が2人います。うち1人は黒人で，次の選挙のことで口論中です。黒人はカミソリをふりまわしています。はなれたところで，赤ん坊を抱いた婦人が立っています。地下鉄の中でよく見る光景です。

出典：Allport & Postman（1947 = 1952)より筆者作成。

場合によっては特定の集団に対する**偏見**を生み出し，それがある種の差別につながると警告しました。[**図3-1**]は，オルポートとポストマン（Allport & Postman, 1945）が行った流言（デマ）の伝達に関する実験で用いた絵です。この実験では，最初の人だけがスクリーンの絵をみて次の人に内容を説明し，その後の人は絵を見ずに説明を繰り返します。その結果，一例を[**表3-1**]に示したように，説明はステレオタイプを反映する方向で変化しがちでした。

　[**図3-1**]ではカミソリを持っているのは白人ですが，この実験の半数以上でカミソリを持っていたのは黒人であるとされ，「黒人が白人を脅している」とされることもありました。なぜこのような歪曲が起きたのでしょうか。この点についてオルポートは，黒人は暴力的であるというステレオタイプが受けつがれ，それがカミソリを振りまわすなどといった形で強調されたのだと解釈しました。また，これは黒人に対する偏見のない人でも起こりえることで，偏見の多くは単に優位な風習への適合にすぎないともオルポートは述べています。

一旦定着したステレオタイプは変更しにくく，私たちの行動をステレオタイプにそって方向づけ，認知を歪めます。そのことにより偏見や差別がますます助長されるといった悪循環を生み出す可能性があります。

KEYWORDS

ステレオタイプ　stereotype
ある特定の集団や社会的カテゴリーの成員の特質や特徴に関する，ひとまとまりの一般化された認知（信念，予期など）のこと。スキーマのように，知覚や判断を単純化したり，迅速に処理したりするが，往々にして誇張され，知覚者がステレオタイプと整合しないような特質をもった個人に出会った時であっても，修正されにくい。個人的に保持している他者についての予期とは異なり，ステレオタイプは集団の成員に広く共有されている。

偏見　prejudice
接触経験がないままに形成された他者や他集団に対する否定的な態度。偏見には，感情的要素（軽度の緊張感や憎悪といった感情）が含まれる。偏見は，当該集団に関する個人の情報知覚を歪めるため，変化させることは難しい。人種の区別に基づく偏見は人種差別主義，性別に基づく偏見はセクシズムという。

---

2 —— ジェンダーステレオタイプが認知を歪める

　本節では，男性あるいは女性に対するステレオタイプについて考えてみましょう。簡単な例ですが，男の子へのプレゼントは青色のもの，女の子にはピンクのものを選ぶ人も多いと思います。このような男女に関連するステレオタイプは非常にたくさんあり，文化の中で自然なこととして定着しています。

（1）ジェンダーステレオタイプとは何か

　ジェンダーステレオタイプは，「男女という性に社会が割り当てた役割」である

ジェンダー役割によって生み出されます。そして「男性は逞しい」とか「女性はおしとやか」といった性格的なことから，「男性はお金を稼ぐ」「女性は子どもの世話をする」などといった行動にかかわることまで，広範な内容を含んでいます。ジェンダーステレオタイプは，ある時代のある文化によって規定されるものであって，絶対的な基準があるわけではないのですが，人々の行動や態度，性格特徴などは周囲が抱いているジェンダーステレオタイプによって影響を受けることが多々あります。

　米国の社会心理学者ベム（Bem, 1993＝1999）は『ジェンダーのレンズ』という本の中で，ジェンダーにかかわる思い込みを抱いて社会をみると，いろいろな現象がゆがんでみえると警告します。まるで度の合っていない眼鏡（レンズ）をかけて景色をみているように。例えば，「女性はリーダーに向いていない」という先入観があると，リーダーにふさわしくない女性に会ったとき「やっぱりそうなんだ」と納得し，優れた女性リーダーのことは見逃しがちです。これを選択的な注目といいます。それだけでなく，先入観はその方向に人を変化させるという怖い影響力をもっています。

　ベムはジェンダーステレオタイプにそった男性性と女性性の心理特性は一つの次元の対極にあるのではなく，独立した 2 つの次元であると考え，［図3-2］に示した二次元モデルを提唱しました。二次元モデルでは，男性性のみが高い人を男性性優位型，女性性のみが高い人を女性性優位型，男性性と女性性を共に高くもっている人をアンドロジニー，男性性も女性性も低い人を未分化型に分類することができます。

　ARTICLES 2 は，ベム（Bem, 1974）が男性性，女性性，アンドロジニーを測定するための性役割尺度（BSRI：Bem Sex Role Inventory）を開発した 1974年の論文を紹介しています。ARTICLES 2 の［図3-3］からわかるように，男性評定者も女性評定者も男性一般に対しては男性性を高く評定し，女性性を低く評定しました。逆に，女性一般に対しては男性性を低く評定し，女性性を高く評定しています。男性項目も女性項目も評定のパターンは似ていますが，男性評定者が女性一般の男性性をより低く見ていることが特徴的な違いとしてあげられます。

　BSRI の項目は，［表3-2］に示したとおりです。これらは 1970 年代の米国の人々

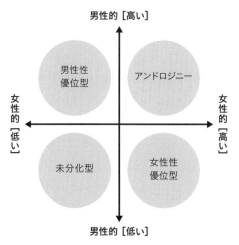

出典：Bem（1977）より筆者作成。

[**図3-2**] ベムによる性役割の二次元モデル

が抱いていたジェンダー意識を反映したものであり，時代とともに男女の特性に対するステレオタイプも変化していることから，この尺度が時代を超えて適切に性役割を測定できるかという点については疑問がもたれています。また，国や地域による文化的な違いも考慮する必要があると思われます。そういった問題点はあるものの，ベムが男性性と女性性の次元を独立したものと考え，両性の特性を同時に有するアンドロジニーという概念を提唱したことは，後のジェンダー研究に大きな影響を与えました。

（2）ジェンダーステレオタイプからジェンダーバイアスへ

　社会全般，地域，職場の成員，そして私たち個人がジェンダーステレオタイプをもっていることにより，どのような影響が生じるのでしょうか。影響の１つは**ジェンダーバイアス**，つまり男女に対する認知や評価が無意識のうちに歪んでしまうことが多数の研究から明らかになっています。ここではジェンダーバイアス研究のルー

ARTICLES 2

心理学的アンドロジニー（両性具有）
——性役割尺度（BSRI）の開発

ベム（1974）

目 的

　この論文の目的は，男性性と女性性を2つの独立した次元として扱う，新しい性役割尺度（BSRI：Bem Sex Role Inventory）を開発することでした。男性性と女性性を独立した次元とすることによって，人を男性的，女性的，アンドロジニー的というように特徴づけることを可能にしています。

方 法

　尺度開発の第一段階として，人格特性を表す約400の言葉について大学院生40名が①米国の男性一般に当てはまる程度と②米国の女性一般に当てはまる程度，のどちらかを7段階で評定しました。そのデータを基にベムは，男性性を表す20項目と，女性性を表す20項目，中性的な20項目を選びました。第二段階として，選ばれた60項目について100名に評定を求め，男性評定者と女性評定者のそれぞれについて男性一般に対する男性性と女性性，女性一般に対する男性性と女性性の得点を比較しました。

結 果

　[図3-3]は，男性評定者と女性評定者が，男性項目と女性項目のそれぞれについ

ARTICLES 2

心理学的アンドロジニー（両性具有） | ベム（1974）

て男性一般と女性一般を評定した結果です。内容をまとめると以下のようになります。

① 男性評定者は，男性項目に関して男性一般（5.59）を女性一般（2.90）より高く，女性項目に関して男性一般（3.63）を女性一般（5.61）より低く評定しており，いずれも0.1％水準で有意差が認められた。

② 女性評定者も，男性項目に関して男性一般（5.83）を女性一般（3.46）より高く，女性項目に関して男性一般（3.74）を女性一般（5.55）より低く評定しており，いずれも0.1％水準で有意差が認められた。

以上の結果から，男女評定者ともに男性性と女性性を異なる特性として認知していることが明らかとなりました。またベムはこの論文の中で，BSRIが信頼性（測定される結果が一貫している）と妥当性（測定しようとしている内容が確実に測定されている）のある尺度であることを確認しています。以上を総合して，BSRIは男性性，女性性，アンドロジニーを測定することのできる適切な尺度であると，ベムは結論しています。

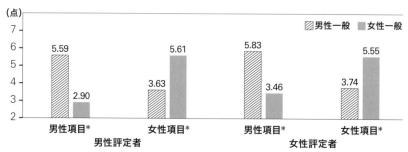

注1：得点は，1点（全く当てはまらない）～7点（非常に当てはまる）。
注2：*p<.001.
出典：Bem（1974）より筆者作成。

[図3-3] BSRIによって測定された男女の男性性得点と女性性得点

[表 3-2] BSRI の項目

男性性尺度	女性性尺度	社会的望ましさ
・自分の判断や能力を信じている	・従順な	・人の手助けをすることをいとわない
・自分の信念を曲げない	・明るい	・むら気がある*
・独立心がある	・はにかみ屋の	・良心的な
・スポーツマンタイプの	・情愛細やかな	・言動が大げさな*
・自己主張的な	・おだてにのる	・楽天的な
・個性が強い	・忠実な	・言動が突拍子もない*
・自分の意見を押し通す力がある	・女性的な	・頼りになる
・分析的な	・同情的な	・しっと深い
・リーダーとしての能力を備えている	・困っている人への思いやりがある	・正直な
・危険を犯すことをいとわない	・人の気持ちを汲んで理解する	・隠し立てをする*
・意思決定がすみやかにできる	・あわれみ深い	・誠実な
・人に頼らないで生きていけると思っている	・傷心した人をすすんで慰める	・うぬぼれた*
・支配的な	・話し方がやさしくておだやかな	・人に好かれる
・男性的な	・心が暖かい	・大まじめな
・はっきりした態度がとれる	・優しい	・好意的な
・積極的な	・だまされやすい	・やることが非能率的な*
・リーダーとして行動する	・子どものように純真な	・適応性がある
・個人主義的な	・ことば遣いがていねいな	・考えなどが系統的にまとまっていない*
・負けず嫌い	・子ども好き	・人づきあいがうまい
・野心的な	・温和な	・因習的な*

注：表中の*印は逆転項目。
出典：東(1991)より筆者作成。

ツといわれるゴールドバーグ（Goldberg, 1968）の研究を ARTICLES 3 で紹介します。この研究は 1968 年に発表された古典的研究ですが，非常に衝撃的な内容であるため，現在でも頻繁に引用されています。現在，**アンコンシャスバイア**

スという概念が非常に注目されていますが，その概念が誕生したきっかけとなった研究でもあります。

　ゴールドバーグは，女子学生を対象に6編の論文を読ませて内容を評価させるという実験を行いました。使用した論文の内容はテーマごとに全く同じ内容でしたが，半分の被験者が読んだ論文にはジョン・マッケイといった男性名が書かれており，半数の被験者が読んだ論文にはジョアン・マッケイなどといった女性名が書かれていました。一人の被験者は6編の論文を読みますが，そのうちの3つは男性名の論文，3つは女性名の論文にセットされていました。

　結果はARTICLES 3で紹介するとおり，いずれのテーマも男性名がついた論文の評価の方が高いというものでした。この結果から，ゴールドバーグは論文のタイトルを「女性は女性に対して偏見をもっているのか」としています。特に，男性的な分野とされる都市計画，法律では，統計的に有意な水準で男性名がついた論文が女性名のついた論文より高く評価されました。一方，女性的な分野とされる栄養学や保育でも，女性名のついた論文が高く評価されるということはなく，統計的な差がないという結果でした。

（3）雇用におけるジェンダーバイアス

　ゴールドバーグの研究から刺激を受けて，著者や作者，応募者などの名前が男性か女性かによって評価が異なるかを検討する研究が多数行われました。このような研究デザインは，ゴールドバーグパラダイムあるいはゴールドバーグモデルと呼ばれます。

　例えば，グリックら（Glick et al., 1988）は，職員の採用にジェンダーステレオタイプが明らかな影響を及ぼすことを示しました。この研究では，研究対象となった管理職が簡単な履歴書を読んだ後に，その候補者を販売管理者（男性職）および歯科受付（女性職）にどの程度推薦するかを評定します。履歴書は実験用に作成され，氏名欄には「Ken Norris」（男性名）または「Kate Norris」（女性名）が，個人情報欄にはアルバイト経験や好む活動として「運動場整備のバイト，バスケットボールチームに所属など」（男性的内容），「宝石店でバイト，チアリーダー

女性は女性に対して偏見をもっているのか
——著者の性別が論文の評価に影響する

ゴールドバーグ（1968）

目 的

　同じ論文であっても，著者名が男性であるか女性であるかだけで，論文の評価が異なるかを検討しました。

方 法

　40人の女子大学生が研究対象となり，6編の論文（2編は男性分野，2編は女性分野，2編は中性分野）を読み，その論文を評価しました。評価内容は，論文の価値，説得力，深さ，書き方，著者の専門的能力，専門的地位，読者を揺り動かす能力などの9つに対して，5段階（1＝非常に好意的，から5＝非常に好意的でない）で行いました。研究に際して，ゴールドバーグは以下の2つの仮説を立てました。

仮説①　論文の内容が全く同じであるにもかかわらず，研究対象となった女性たちは男性が書いたとされる論文を女性が書いたとされるものより高く評価する。

仮説②　専門分野が伝統的に女性的なもの（保育とか栄養学）であれば，この傾向は逆転するか，少なくとも縮小する。

ARTICLES 3

女性は女性に対して偏見をもっているのか ｜ ゴールドバーグ（1968）

結 果

［図3-4］に示したとおり，全般的に女子学生の評価は，男性名の論文に比べて，女性名の論文のほうが低くなりました。特に，都市計画や法律といった男性的な分野の論文に対しては，統計的に有意なレベルで女性名の論文より男性名の論文を高く評価しました。保育や栄養学のように分野が女性的なものであっても，女性名の論文を高く評価することはありませんでした。

さらに6論文を9種類（論文の価値や説得力，著者の専門的能力など）の評価項目ごとに男女で比較したところ，54（6論文×9種類）対のうち3対は男女が同得点，7対は女性が高得点，残る44対は男性の方が高得点という結果となりました。

以上の結果から，仮説1は支持されたが，仮説2は支持されなかったと，ゴールドバーグは結論しています。

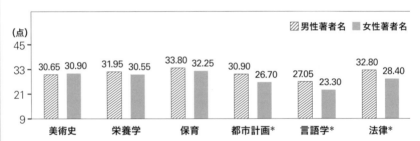

注1：数値の範囲は9-54，ゴールドバーグの論文では数値が低いほど評価が高くなっているが，数値が高いほど評価が高くなるよう54から減じたものから作図した。
注2：*は統計的に有意差のあった分野。* $p<.05$。
出典：Goldberg（1968）より筆者作成。

［図3-4］　論文の分野別・著者名の性別ごとにみた評価の平均

に所属など」（女性的内容），「カフェテリアでバイト，水泳チームに所属など」（中性的内容）のいずれかが記入されました。結果として，男性応募者は販売管理職に，女性は歯科受付に選ばれる傾向がありましたが，応募者の好む活動も採用判定に影響を与えることが分かりました。

　次に，雇用に及ぼすジェンダーバイアスを系統的に扱った研究を紹介します。アイザックら（Issac et al., 2009）は，雇用に関係した27編の論文をもとに，ゴールドバーグモデルが採用や昇進にも適用できることを明らかにしました。ARTICLES 4の［表3-3］からわかるように，採用や昇進の判定には多くの要素がジェンダーバイアスに影響します。例えば，一般に職務に関連した能力があることは昇進に有利ですが，女性が男性優位な職業に就こうとするとき，能力証明と一緒に共同的な性質（女性ステレオタイプ）があるという証明がなければ，同等の男性より低い評価となりました。また，男性優位職で女性の応募者が25%以下の場合には，バイアスが強化され，女性が怒りを表わしたり自己アピールをすると，ネガティブなバイアスが生じました。男性にとって外見上の魅力は有利ですが，無職の期間が繰り返されると女性より不利になりました。この研究を参考にして適切な戦略をとることにより，採用や昇進時のジェンダーバイアスは阻止できると，アイザックらは結論しています。

KEYWORDS

ジェンダーステレオタイプ gender stereotype
生物学的な性に基づいて，ある文化の人に普遍的かつ適切と考えられるような，比較的固定的で過剰に一般化された態度や行動。これらのステレオタイプには記述的なものと規範的なものがあるとされる。ジェンダーステレオタイプは，性役割社会化の基礎となることが多い。

ジェンダーバイアス gender bias
男性と女性の特定の資質に対して，異なる認知や評価をすること。例えば，男性は女性よりリーダーシップ能力が高いだろうと先入観をもって認知し，その結果として男性のリーダーシップ能力を無意識に高く評価する現象をさす。

アンコンシャスバイアス unconscious bias
無意識のバイアスともいわれる。人々がもつ意識的な気づきやコントロールを超え

ARTICLES 4

昇進に影響を与える介入
——系統的なレビュー

アイザックら（2009）

目 的

　雇用でのジェンダーバイアスを緩和する要因を明らかにするために系統的なレビューを行い，ジェンダーステレオタイプによる無意識のバイアスが，ジェンダー平等を阻害することを示すことが本研究の目的です。

方 法

　1973 年〜2008 年までに行われた，一定の基準（応募者の情報，応募者の特徴，評価条件）を満たす 27 の研究を抽出し，ジェンダーが就職応募者の評価に与える影響を調べました。

結 果

　本研究におけるジェンダーバイアスとは，「特定の資質に関する評価や認知における男女の差異」とします。男性優位な職での採用・昇進の評価において，女性は否定的なバイアスを経験することが再確認されました。［**表 3-3**］は，27 件の研究によって明らかになったジェンダーバイアスに影響を与える要因のリストです。主要な結果をまとめると以下のようになります。

① 　女性応募者が「職業に関係する能力が顕著に高い」「仕事に相応しい性格特性
　　を有している」「受賞歴がある」など，際立った情報を提示することができれば，
　　たとえ男性優位な職業であってもバイアスを減少させることができる。

② 　「雇用平等の指示」が明確な職場であり，「反ステレオタイプ研修」がしっかり行
　　われていることにより，昇進判定者のバイアスを減少させることができる。

③ 　バイアスは判定者の性別にかかわらず生じる可能性があり，女性判定者も女性応
　　募者に不利な判断をしがちである。

[表 3-3]　ジェンダーバイアスに影響する要因

応募に際して提供された情報	
・職業に関係する個人情報（教育歴，職歴，性格，業績，能力）	
・ジェンダーステレオタイプ，対抗的ステレオタイプ，または中性的な個別情報	**評価者の条件**
・親の地位	・脅威または説明責任
・曖昧なまたは明瞭なジェンダー	・資格と履歴書の評価順序
・婚姻状況	・反ステレオタイプ情報のプライミング（選考による影響）
・人生哲学の表明	・応募者全体での女性割合
・雇用の不連続性	・反ステレオタイプ研修後の評価（娯楽や合間課題の有無）
応募者の行動，雰囲気，外見	・反ステレオタイプ研修後の評価（前後の性格特性を評価する課題）
・身体的魅力	・雇用平等の指示
・面接でのスタイル（自己アピールや話し方や独特の癖，率直な，自信のある）	・評価中の注意要請
・男性的または女性的な外見	・資格の価値へのコミットメント（履歴書を見る前と後）
・男性的な雰囲気，女性的な雰囲気，または性別による雰囲気がない	
・自分のジェンダーにあった表現	

出典：Issac et al.（2009）より筆者作成。

ARTICLES 5

管理職といえば男性
——性役割ステレオタイプと
　　管理職に求められる特性との関係

シャイン（1973）

目 的

　　成功している管理職の特性（性格や行動傾向）に対して，人々がどのように認識しているかを調べました。仮説は，「成功している管理職の特性は，男性の特性と一致し，女性の特性とは一致しないと人々は考えている」というものでした。

方 法

　　1973 年の論文では，研究協力者となった 300 人の男性管理職を以下の 3 群に分け，92 項目の特性について 5 段階で評定を求めました。

① 　一般の男性にどのくらい当てはまるか

② 　一般の女性にどのくらい当てはまるか

③ 　成功している管理職にどのくらい当てはまるか

結 果

　　以上のデータから，男性一般に対する評定値と成功している管理職に対する評定値の相関係数と女性一般に対する評定値と成功している管理職に対する評定値の相関係数を算出しました。相関係数は 2 つのことがらの関係の強さを表す数値で，− 1 〜＋ 1 の範囲にあり，0 付近では無関係，± 1 に近づくほど関係が強くなります。

　［表3-4］は，男性一般と管理職の相関および女性一般と管理職の相関を年齢段階別に示したものです。まず，全体でみると男性と管理職との相関は .62（1％水準で有意な関係）であり，対象となった人々は両者の特性を類似したものと認識していることが分かります。一方，女性と管理職との相関は .06 となっていますから，両者には殆ど類似性がないと見なしています。また，年齢別に見た場合では，どの年齢層も男性と管理職の特性の類似性はほぼ一定の高さですが，女性と管理職との特性の類似性については 49 歳以上で .16（5％水準で有意）と弱いとはいえ統計的に有意な関係が示されたことから，年齢が高い人では多少ステレオタイプが弱まる可能性が示唆されました。

［**表** 3-4］　年齢段階別に見た男女と管理職の級内相関係数

研究協力者の 年齢段階	級内相関係数	
	男性一般と管理職	女性一般と管理職
24-39（n =113）	.60 **	.01
40-48（n =95）	.64 **	.00
49 以上（n =92）	.60 **	.16 *
全体（n =300）	.62 **	.06

注：* p <.05,　** p <.01.
出典：Schein（1973）より筆者作成。

　以上の結果に基づき，シャインは私たちが管理職を思い浮かべるときには，無意識に男性をイメージしているとして，管理職といえば男性（TMTM：Think manager, think men）という言葉を広めました。

て，ものごとの結びつきが保持されることを表す用語。「男性と仕事」「女性と家庭」
といった結びつきがその例である。即座の判断や反応をする脳の働きによって誘発さ
れるものであり，全ての人がその影響を受けるといわれている。

3 ── リーダーに対するステレオタイプ

　男女に対するステレオタイプの違いは，リーダーに対するステレオタイプとどのよう
に関連しているのでしょうか。本節では，「人々が管理職を思い浮かべたときに自動
的に男性を思い浮かべる」というステレオタイプについて考察します。

（1）「管理職といえば男性」というステレオタイプ

　男女に対するステレオタイプは，さまざまな場面で私たちの認知に影響を与えるこ
とが知られています。その一つが，管理職やリーダーに対する性格や能力の予想
です。この問題を研究として最初に取り上げたのが，米国の女性社会心理学者
シャイン（Schein, 1973）です。ARTICLES 5 で紹介したように，シャインはまず
企業に勤めている男性管理職を対象に，男性一般，女性一般，成功している管
理職のいずれかの性格特性を評定させ，3 つの集団を比較しました。
　［表 3-4］から分かるように，研究に協力した男性管理職の年齢にかかわらず，男
性一般に対する評定と管理職に対する評定の相関係数は .6 程度となっており，統
計的にも有意性が高く，かなり強い類似性が認められました。また，項目レベルの
分析では，「有能である」「持続性がある」「創造的な」「好奇心がある」など，
使用された 92 項目中の 60 項目で男性と管理職の類似性が高いことが示されまし
た。
　一方この研究では，成功している管理職の性格特性は女性一般とは類似の程

度が低いことがわかりました。ただし年齢が 49 歳以上の群では，関連の程度は統計的に有意となっていることから，年齢の高い男性管理職は管理職の特性と女性の特性に一定の類似性があることを認識していることが分かりました。

　その後，シャイン（Schein, 1975）は女性管理職を対象として，シャインら（Schein et al., 1989）は大学生を対象として研究を継続しました。これらの研究では［表3-5］に示したように，研究対象を男性サンプルと女性サンプルに分けて結果を比較しています。表中の数値は r'（級内相関係数）であり，1 に近いほど 2 つの変数（ここでは男性一般に対する評定値と管理職に対する評定値，女性一般に対する評定値と管理職に対する評定値）が類似していることを表します。これらの結果から，男性サンプルは一貫して男性一般と管理職の特性は類似していると考え，女性一般と管理職の特性は類似していないと考えていることがわかります。

　一方，女性サンプルは，男性一般と管理職の特性の類似の程度は女性一般と管理職の特性の類似の程度とあまり違いがありません。この結果についてシャインは，女性は 1970 年代から既に管理職に対して男女といったジェンダーの型づけをしておらず，その傾向は時代とともに益々進んでいると考察しています。

（2）「管理職といえば男性」という認識はグローバルなものか

　シャインとムーラー（Schein & Mueller, 1992）はアメリカ以外にイギリスとドイツ

[表3-5]　管理職と男性または女性との級内相関

		男性サンプル		女性サンプル	
		男性一般 と管理職	女性一般 と管理職	男性一般 と管理職	女性一般 と管理職
1973/75 年	管理職	.62 **	.06	.54 **	.30 **
1988 年	管理職	.72 **	− .01	.59 **	.52 **
1988 年	大学生	.70	.11	.51 **	.43 **

注：表中の数値は r'（級内相関係数）。$^{**}p<.01$，$^{*}p<.05$。
出典：Schein et al.（1989）より筆者作成。

[**表3-6**] 管理職と男性または女性との級内相関

	男性サンプル		女性サンプル	
	男性と管理職	女性と管理職	男性と管理職	女性と管理職
ドイツ(1992)	.74**	− 0.04	.66**	.19*
イギリス(1992)	.67**	0.02	.60**	.31**
アメリカ(1992)	.70**	0.11	.51**	.43**
中国(1996)	.91**	− 0.04	.91**	.28**
日本(1996)	.54**	− 0.07	.68**	− 0.04

注：** $p<.01$，* $p<.05$.
出典：Schein et al.（1996）より筆者作成。

で，シャインら（Schein et al., 1996）は日本，中国で同様の研究を行いました。これらの国際比較研究の結果をシャインらは［**表3-6**］のように要約し，いずれの研究でも男性回答者は女性回答者より，男性一般と管理職の特性の類似性を高く見積もることを明らかにしました。また，5ヶ国のすべてで男女サンプルともに，管理職に対する評定と男性に対する評定の相関が高いことから，「管理職といえば男性」という認知はグローバルな現象であると結論しています。

　一方，女性サンプルでは管理職に対する評定と女性に対する評定の相関には国による違いがみられました。アメリカやイギリス，中国では女性サンプルは管理職と女性の特性をかなり類似しているとみていますが，ドイツではややその程度が低く，日本では全く類似していないと見なしています。

（3）現代でも「管理職といえば男性」という認識は続いているのか

　シャインの最初の研究は1970年代初期に行われました。当時は女性管理職も極めて少数でしたが，その後世界的にも女性の社会進出が急激に進み，欧米では女性管理職が増加しています。約半世紀の時代の流れの中で，女性管理職や女性リーダーに対する認知は変化しているのか興味がもたれるところです。

　この点について，「上司として好ましいのは男性か女性か」を聞いた米国の世論

調査の結果をみてみましょう。［図3-5］は，米国のギャラップ社が1953年から2017年までに行った調査結果の推移を示したものです（Gallup, 2017）。1953年〜1975年までの間は男性上司を好む傾向が明確です。1990年代は男性を好むとする人とどちらでもよいとする人が拮抗していますが，2000年以降は明らかにどちらでもよいという人が男性を好む人を上回っています。さらに2017年の調査で初めて半数以上が上司の性別を気にしないという意思を示しました。加えて，男性上司を好む人と女性上司を好む人の割合がほぼ同じ（23%と21%）になりました。世論調査に関しては，時代とともに，「管理職といえば男性」という認識は次第に薄れていることが窺えます。

「管理職といえば男性」というステレオタイプの時代的変化について，研究からはどのようなことが明らかになっているのでしょうか。コーニングら（Koening et al., 2011）は，1973年から2008年の間に発表された，男女の性格特性とリーダーの性格特性の類似性について行われた40の研究について，メタ分析（多数の研究を総合的に分析する統計手法）を行いました。

まず，40の研究で示された男性と管理職の類似性を示す相関係数と，女性と管理職の特性の類似性を示す相関係数から平均を算出しました。その結果，女性

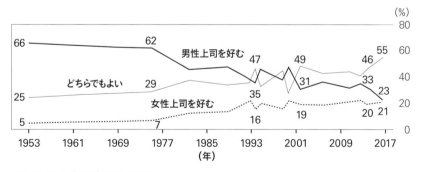

出典：Gallup（2017)より筆者作成。

［**図3-5**］　上司として好ましいのは男性か女性か（米国世論調査）

と管理職は $r = .25$ であり，男性と管理職は $r = .62$ となりました。相関係数は－1
～＋1の値をとり，絶対値が1に近いほど関係が強いことを表します。したがっ
て，管理職のステレオタイプは男性のステレオタイプとかなり一致していることがわ
かります。コーニングらは，「管理職といえば男性」というステレオタイプは依然とし
て広く存在していると結論しています。

さらに，コーニングらは40の研究について分析を進め，[表3-7]に示したよう
に，出版年，男性回答者の割合，リーダーの地位（高いか中程度か），回答者の国
籍（東洋か西洋か），回答者の年齢，研究者が男性である場合の割合が女性とリー
ダーの類似性に影響する程度，男性とリーダーの特性の類似性に影響する程度を
分析しました。

この分析では，メタ重回帰分析（複数の研究結果を用いて，出版年や回答者の年齢
といったサブグループの影響を分析する統計手法）という方法を用いており，β（標準偏
回帰係数）の値が大きいほど変数の影響が大きいことを意味します。この分析結果
から，以下のことが明らかになりました。

[表3-7] 「管理職といえば男性」に関するメタ重回帰分析

変数とクラス	女性とリーダーの特性の類似性	男性とリーダーの特性の類似性
	β	β
出版年	0.47**	－ 0.05
男性回答者の割合(%)	－ 0.27*	0.07
リーダーの地位	－ 0.10	0.43**
回答者の国籍	－ 0.13	0.19
回答者の年齢	0.47**	0.02
研究者が男性の割合(%)	－ 0.13	－ 0.02

注：** $p < .01$，* $p < .05$。
出典：Koening et al.（2011）より筆者作表。

① 出版年が最近であるほど女性とリーダーの特性類似性は高くなる。
② 回答者の年齢が高いほど女性とリーダーの特性類似性が高くなる。
③ 男性回答者の割合が高いほど女性とリーダーの特性類似性は低くなる。
④ リーダーの地位が高いほど男性とリーダーシップの特性類似性が高くなる。

4 —— ジェンダーステレオタイプがリーダー認知に与える影響

　本節ではジェンダーステレオタイプの 2 つのパターンを紹介し，それらが人びとの
リーダー認知に与える影響について考察します。さらに，ジェンダーステレオタイプ
がリーダー自身の自己認知に対しても影響するということを指摘します。

（1）記述的ステレオタイプと規範的ステレオタイプ

　ジェンダーステレオタイプは，記述的ステレオタイプと規範的ステレオタイプに分
類できるといわれます（Burgess & Borgida, 1999）。記述的ジェンダーステレオタイ
プとは，人々が男女について「典型的なものである」と認識している態度や行動を
さし，規範的ジェンダーステレオタイプとは，人々が男女について「そうあるべき」
と認識している態度や行動をさします。

　記述的ジェンダーステレオタイプは，典型的な男女の姿を人々に植えつけることに
よって，女性はこのような性格，考え方，能力をもっているだろうという先入観をも
たせます。一方，規範的ジェンダーステレオタイプは，男女が何をすべきか，どう
あるべきかについての基準を与えます。

　ハイルマン（Heilman, 2001）は女性がリーダーの地位に就くことに対して，記
述的ジェンダーステレオタイプと規範的ジェンダーステレオタイプがどのような影響を与
えるのかを検討しました。その結果，記述的ジェンダーステレオタイプは，女性が

リーダーになることに否定的な予測をさせることによって，ジェンダーバイアスを助長し，女性の出世を阻む歪んだ評価と決定をもたらす可能性があることが明らかになりました。

　一方，人々は規範的ジェンダーステレオタイプに従い，女性はリーダーになるべきではないと考えがちです。このことにより，社会は女性の成功に対して厳しい罰を与える可能性があります。ハイルマンによれば，男性優位な分野で成功している女性は，敵対的で自己中心的で冷たいと見られたり，反発の標的になる可能性があります。

（2）ジェンダーステレオタイプが女性リーダーの評価に与える影響

　ジェンダーステレオタイプが女性リーダーの評価に与える影響に関するメカニズムを，記述的ステレオタイプと規範的ステレオタイプに分けて考えると以下のようになります。

　私たちは女性が管理職やリーダーに向いていないというステレオタイプを抱くことによって，女性のリーダーシップ能力を過小評価する可能性があります。シャインが明らかにした「管理職といえば男性」というイメージを多くの人が抱いていることは，記述的ジェンダーステレオタイプの反映とみられます。同じような能力や経歴をもつ男女の管理職候補に対して，男性の方が能力や適性が高いと感じてしまうのは，記述的ステレオタイプによる影響といってよいでしょう。

　一方，規範的ジェンダーステレオタイプの影響は，女性リーダーへのあからさまな反発だけでなく，見えにくい微妙な抵抗を生み出すことも多いと考えられます。女性がリーダー役割を担う時に，威張っているとか，優しさがないなどといった過剰な批判が出てくるのは，規範的ステレオタイプの反映とみなされます。ジェンダーステレオタイプは直接的に女性リーダーに対する認知を歪めるだけでなく，より微妙で複雑な心理的反応を生み出すことを理解する必要があるでしょう。

（3）ジェンダーステレオタイプが女性リーダー自身に与える影響

　既にみたように，ジェンダーステレオタイプは，女性リーダーを評価する側に多大

な影響を与えます。しかしそれだけでなく，リーダーとしての女性自身にも深刻な影響を与える可能性があります。女性リーダーは，ジェンダーステレオタイプによって自分のリーダーシップ能力を過小評価してしまうかもしれないからです。加えて，自分がリーダーであることに違和感が生じたり，罪悪感をもってしまうこともあるようです。

　サンドバーグ（Sandberg, 2013 = 2013）は著書『リーン・イン』の中で，「社会に築かれた自分の外の障壁に加えて，女性は自分の中の障壁にも行く手を阻まれている。私たち女性は大望を掲げようとしない。それは自信がないからでもあるし，自ら名乗りを上げようとせず，一歩踏み出すべきときに引いてしまうからでもある」と述べています。多くの女性たちがなぜ自信をもつことができないのか，あるいは自信があることをなぜ表に出してはいけないと感じるのか，この答えはジェンダーステレオタイプにあるということを，多くの研究者が指摘しています。

　ステレオタイプは「誰がリーダーシップ役割を果たすことに適しているか」についての私たちの見方を形成するだけでなく，自分自身についての考えと行動の仕方にも影響を与えます。ステレオタイプに基づく劣等性の予想は心理的な重荷となって，女性がリーダーシップ役割を果たすことを阻害します。それは**ステレオタイプ脅威**といわれる概念で説明可能です。

　ステレオタイプ脅威とは，「自分の集団に否定的なステレオタイプが付与される状況において，具体的で現実的な脅威を感じ，成果が貧弱になるような脅威を受けること」と定義されます。ステレオタイプ脅威については第9章で詳しくとりあげますが，ホイトとサイモン（Hoyt & Simon, 2017）によれば，女性リーダーにとってのネガティブな影響は業績を低下させるだけにとどまらず，その分野に所属しているという感覚や自信，職務態度，そして意欲やその分野で成功しようとする願望などを徐々に衰えさせる可能性があります。同時に，ステレオタイプ脅威を自覚することによって，不得意と思っていたことに積極的に取り組むなどの好ましい反応もあり得ることが示唆されています。まずは，ジェンダーステレオタイプの存在とその影響を正しく認識することが何よりも重要であるといえるでしょう。

　ステレオタイプがリーダーシップに与える影響について，第4章ではジェンダー役

割とリーダーシップ役割の一致・不一致という観点から考察します。本書の中で関連個所が多いテーマですので，本書全体を通して理解を深めていただきたいと思います。

KEYWORDS

ステレオタイプ脅威　stereotype threat

特定の集団にネガティブなステレオタイプが結びつけられているとき，その集団に属する個人がそのネガティブなステレオタイプに基づいて評価されたり扱われたりするのではないかという懸念をもつような困難な状況。この懸念は，個人が成果を上げるための能力を損なわせることがある。

第 4 章
役割不一致理論

1 ────── 男女の社会的役割とリーダーシップ

　本節では，社会が男女それぞれに期待する役割がどのようなものなのか，そして男女での役割期待の違いが，私たちの意識や行動にどのような影響を与えるのかを考察します。

(1) 社会的役割理論

　イーグリー（Eagly, 1987）は，人々の考え方や態度，行動が自分の置かれた役割（性別，人種，年齢，職業など）によって影響を受けると考え，**社会的役割理論**を提唱しました。イーグリーによれば，**社会的役割**のなかでも性別による影響力は，ひときわ強力かつ自動的なものといわれます。

　例えば，男性と女性の仕事や結婚に対する考え方が異なるとすれば，それは自分たちが暮らす社会の中で男女に割当てられる役割から生じる，とこの理論では考えます。多くの文化において，男性は仕事で収入を得て家族を養い，女性は家庭内で家事や育児に携わるということが伝統的な役割と見なされてきました。男女のそういった社会的役割の違いが男女の職業意識や職業行動に影響し，ひいては**性別職業分離**を支持し持続させます。

　そればかりでなく，男女にはそれぞれ相応しい特性や行動傾向も期待されると社

[表 4-1]　男女の社会的役割と社会が期待するステレオタイプ

	男性	女性
社会的役割	外で稼ぎ一家を養う	家庭内で家事・育児
社会が期待する ステレオタイプ	**作動性** 主張的な assertive 統制的な controlling 攻撃的な aggressive 大志を抱く ambitious 支配的な dominant 強引な forceful 独立心のある independent 自立的な self-sufficient 自信のある self-confident リーダー力がある leadership	**共同性** 感情のこもった affectionate 思いやりがある helpful 親切 kind 同情に満ちた sympathetic 対人的な interpersonally よく気がつく sensitive 養育的な nurturant 優しい gentle

出典：Eagly（1987）より筆者作成。

会的役割理論では考えます。イーグリーは男女に期待される心理特性に関して，男性は作動性（agency），女性は共同性（communality）としています。作動性とは，達成すること，成功すること，名をあげることを強調する行動傾向であり，競争心や自己焦点化といった特徴があります。共同性は，対人関係において，他者が困っていることに対して協力や思いやりを示す行動傾向をさします。[表 4-1]には作動性と共同性について具体的な心理特性を示しました。

（2）70 年間の世論調査からみるジェンダーステレオタイプの変化

　ARTICLES 6 で紹介するように，イーグリーら（Eagly et al., 2020）は世論調査のデータを使用して，米国における過去 70 年間のジェンダーステレオタイプの変化を検討しました。その結果，イーグリーらは，過去 70 年の間にジェンダーステレオタイプは，以下の 3 段階を経て大きく変化したと結論づけました。

　　①　共同性は，女性優位の傾向が非常に顕著な方向へと変化した。

ジェンダーステレオタイプは変化しているのか
──1946 年～2018 年の世論調査を分析

イーグリーら（2020）

目 的

　この研究の目的は，ジェンダーステレオタイプの時代的変化を検討することです

方 法

　1946 年～2018 年の間に行われた米国の世論調査のなかから，ジェンダーステレオ
タイプを扱った 16 件を取り出してメタ分析を行いました。分析においては，共同性に
関する 13 項目（愛情深い，思いやりがある，情緒的な，優しい，など），作動性に関す
る 17 項目（決断力がある，攻撃的な，自信がある，勇気がある，など），能力に関する
10 項目（創造力がある，発明力がある，知的な，論理的な，など）を用いました。

結 果

　[**図 4-1**]で示したように，約 70 年の間に以下の変化がみられました。

①　共同性（愛情深い，情緒的など 13 項目）は，女性に当てはまるという回答が時代
　　とともに大きく増加し，2018 年には回答者の 75％が女性優位と回答した。

②　作動性（大志を抱く，勇気があるなど 17 項目）は，男女同等であるという回答が
　　25％程度増加したが，全体としては大きな変化はない。

③　能力（創造力，発明力，論理力など 10 項目）は，男女同等であるという回答が

　　増え，男性に当てはまるが大きく低下，女性に当てはまるが若干増加。

④　知能（上記能力から知的を独立して分析）に関しては，同等という回答が 60 年間で
　　約 40％増加し，男性に当てはまるが 40％ほど減少，女性に当てはまるは変化なし。

　　以上の結果から，イーグリーらは，過去 70 年の間にジェンダーステレオタイプは大き
く変化し，現代のジェンダーステレオタイプは，共同性で実質的に女性優位，作動性で
多少の男性優位，有能性では男女同等になったと結論しています。

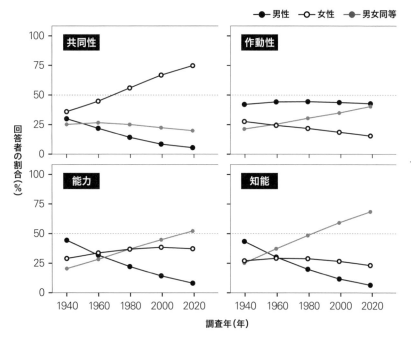

出典：Eagly et al., (2020)より筆者作成。

［**図 4-1**］　世論調査からみたジェンダーステレオタイプの時代的変化

② 作動性は，男性優位の傾向は維持されているが，男女で同程度とする
　意見が増加している。
③ 能力・知能は，男女同等の方向へと変化した。

　2020 年の時点で，人々は共同性と作動性に関しては依然としてジェンダーステ
レオタイプ的な認識をいだいていますが，有能性に関しては男女差がないという認
識へと変化していることが分かります。

(3) ジェンダー役割の将来を予測する

　センデンら（Sendén et al., 2019）は，男女平等な国として定評のあるスウェーデ
ンにおける過去・現在・将来の家庭役割について，人々がどのように推測している
かを調べました。ARTICLES 7 で紹介するように，スウェーデンの人々は家事分
担の現状について，ある程度は男女に違いがあると推測しており，70 年後も同程
度の違いが続くことを予測しているようです。この結果についてセンデンらは，人々
が既に男女平等を達成しており，これ以上は必要がないとの現状認識にあるので
はないかと考察しています。
　この論文では，さらにいくつかの調査や分析を行っていますが，職業従事者の
男女比率についての推測も取り上げています。[図 4-2]は，12 の職業について人々
の推測と実際の男女比率を示したものです。職業従事者が男女で大きく偏っている
ことは性別職業分離と呼ばれますが，同図の上から 4 つの職業は男性の割合が
非常に高い男性職，プリスクール教諭から看護師までは女性の割合が非常に高い
女性職であるにもかかわらず，人々の認識は現実よりは性別による職業分離の程度
を甘く見積もっています。この現象をセンデンらは，「メンタルイメージの中での平
等」と表現しています。

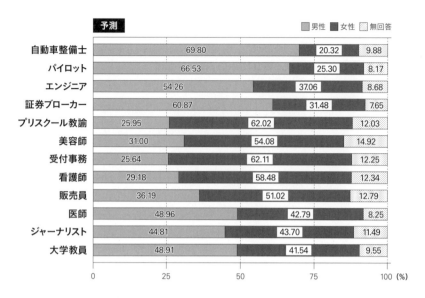

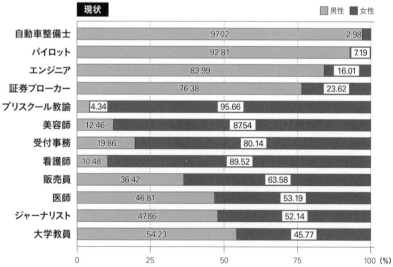

出典：Sendén et al.（2019）より筆者作成。

[図 4-2] 職業別男女比率の予測と実際の統計データ

2090 年の性役割観を予測する
——70 年後も男性はあまり変わらない?

センデンら（2019）

目 的

　センデンらはこの研究の一部で，過去（1950 年），現在（調査の行われた 1918 年），未来（2090 年）という 3 時点における家事分担について，人々に推測してもらいました。

方 法

　399 人（女性 205 人，男性 182 人，どちらでもないなど 12 人）がウェブ調査に回答し，そのうち完全データの得られた 323 人のデータを分析しました。家事分担の推測では，伝統的に男性が分担してきた家事として①車の修理，②電球の交換，③家の修理，④技術的なトラブル，⑤家計の支払い，女性が分担してきた家事として⑥掃除，⑦洗濯，⑧炊事，⑨子どもを遊ばせる，⑩子どもの宿題を手伝う，⑪病気の子どもの看病，⑫子どもの外見を整えるの 12 項目を用いました。

結 果

　研究参加者が 3 つの時点のいずれかについて家事分担（女性がその家事を担当する割合）を推測した結果が[図 4-3]です。この図から以下のことが分かりました。なお，これらの家事分担に関しては実際の統計資料との比較は行われていません。

ARTICLES 7

2090年の性役割観を予測する ｜ センデンら（2019）

① 70年前と現在（2018年）を比較すると，家庭内での分業はかなり緩和されていると推測している。

② 主に男性が担っていた家事は，現在も男性に任せていると推測している。

③ 女性が担っていた家事は，男性もかなり担当するようになったと推測している。

④ 70年後の予測は，現在についての推測とあまり変化がみられない。

　センデンらは，スウェーデン人が家庭内の男女平等は既に十分確立されたというように過大評価しており，将来さらに進歩すべきとは考えていないと結論しています。

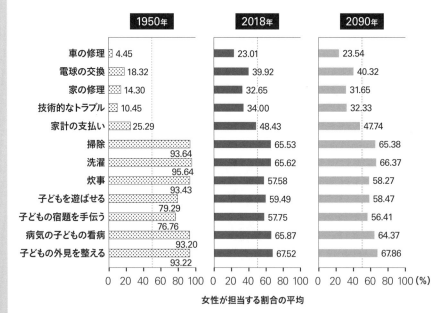

出典：Sendén et al. (2019)より筆者作成。

[図 4-3] 家事分担の推測

KEYWORDS

社会的役割理論　social role theory
男性と女性のすべての心理学的性差は，生物学的要因よりもむしろ文化的基準やジェンダーに関する役割期待に帰属すると主張する理論。

社会的役割　social role
教師，政治家といった，ある社会集団において公式の立場にある人によって演じられる機能的役割のこと。この種の役割は役割カテゴリーと呼ばれ，各カテゴリーと関連した態度や行動は，役割期待と呼ばれる。

性別職業分離　gender segregation of occupation
男性職，女性職というように，特定の職業において従事者の性別に大きな偏りがあること。また，一般職と総合職での性別による偏りとその結果としての管理職割合の男女格差については性別職域分離と表現される。事務職と営業職での性別による偏りは職務分離とも表現される。

2 ── ジェンダー役割とリーダー役割の不一致

　本節では，イーグリーが提唱した役割不一致理論をとりあげ，ジェンダー役割とリーダー役割の不一致が女性のリーダーシップ評価にどのような影響を及ぼすのかを，主要な研究結果から考察します。

(1) 役割不一致理論とは

　イーグリーとカラウ（Eagly, & Karan, 2002）は，ジェンダー役割とリーダー役割の不一致が女性リーダーに対する偏見を生みだすとして，役割不一致理論を提唱しました。なお，論文タイトルには「役割一致理論」とありますが，内容的には「不一致」についての主張であり，その後イーグリーも含めて多くの研究者がこの理論を「役割不一致理論」と紹介していることから，ここではこの理論を「役割不一致理論」と表示します。

イーグリーらによれば役割の不一致による偏見は 2 種類あり，それらが生起する
メカニズムは以下のとおりです。第 1 の偏見は「女性のリーダーシップ能力に対す
る非好意的な評価」，つまり女性のリーダーシップ能力は低いだろうという偏見で
す。この偏見は，女性の特性や能力に対する記述的ステレオタイプ（女性は典型的
にこうであるという見方）に基づいています。

第 2 の偏見は「女性のリーダーシップ行動に対する非好意的な評価」，つまり女
性はリーダーシップ行動をとるべきではないという偏見です。この偏見は，女性の
行動に対する規範的ステレオタイプ（女性にとって適切な行動は何かという見方，女性
はこうすべきであるという見方）に基づいています。女性のジェンダー役割とリーダー役
割への要請が矛盾していることは，男女リーダーの行動の違いを助長する可能性
があります。

第 3 章で取り上げたように，1970 年代には女性管理職がほとんどいなかったた
めに，多くの人が「管理職といえば男性」（Schein, 1973）を思い浮かべました。
しかし時代が進んでも，リーダー役割と**ジェンダー役割**の間に知覚される不一致に
よって，同じ現象が生じ続けるというのがイーグリーらの主張です。また，女性とし
ての役割とリーダーとしての役割の不一致から，女性らしい共同的な行動を取れば
リーダーとして無能であると評価され，リーダーとして作動的な行動を取れば女性と
して相応しくないというネガティブな評価を招く恐れがあります。

（2）役割不一致が女性の自己認知に及ぼす影響

ヘンチェルら（Hentschel et al., 2019）は，人々が男性と女性の特性をどのよう
に認知しているのかを，［表4-2］に示したジェンダー役割多次元尺度を用いて調べ
ました（ARTICLES 8）。この尺度では，男性のステレオタイプである「作動性」
を，道具的能力，リーダーシップ能力，主張性，独立性から測定し，女性のステ
レオタイプである「共同性」を他者への関心，社会性，情緒的安定性から測定し
ています。研究結果から以下のことが明らかになりました。

ジェンダーステレオタイプの多次元性
──男女は自分と他者の特性をどう評価するか

ヘンチェルら（2019）

目 的

　本研究の目的は現代人のジェンダーステレオタイプの特徴を明らかにすることです。男性と女性が他者および自分自身の特性をどのように認識しているのかを，ジェンダー役割多次元尺度を用いて以下の3点にそって検討しました。

① 男女の回答者は，男性一般と女性一般の特性をどのように評定するか。

② 男女の回答者は，自分自身の特性をどのように評定するか。

③ 自分の特性と所属する集団の特定はどのくらい一致するか。

方 法

　米国に在住する628人の男女（年齢範囲19歳~83歳，平均34.5歳。63%が女性）がウェブ調査に回答しました。回答者は，男性一般（$n= 215$），女性一般（$n= 208$），自分自身（$n= 205$）のいずれかの群に分かれ，[表4-2]に示した多元的尺度（7下位尺度，26項目）の項目について，1（全く当てはまらない）～7（非常に当てはまる）の7段階で評定しました。

　次に回答は下位尺度（道具的能力, リーダーシップ能力, 主張性, 独立性, 他者への関心, 社会性, 情緒的安定性）ごとに平均点が計算され，①回答者の性（男性, 女性），②群（男性一般, 女性一般, 自分自身）について下位尺度の平均点が比較されました。

ARTICLES 8

ジェンダーステレオタイプの多次元性 ｜ ヘンチェルら（2019）

[表4-2] ジェンダー役割多次元尺度の構成

	作動性 （男性のジェンダーステレオタイプ）	共同性 （女性のジェンダーステレオタイプ）
下位尺度 と項目	①道具的能力：能力がある，効果的，生産的，課題志向 ②リーダーシップ能力：リーダーシップ能力，遂行志向，ビジネススキル ③主張性：支配的，大胆な，主張的，競争的 ④独立性：独立的，責任への意欲，情緒的安定，自立	①他者への関心：理解，親切心，思いやり，共感 ②社会性：気持ちが通じ合う，協力的な，関係志向の，好感のもてる ③情緒的安定性：感情豊かな，直感的な，感傷的な

出典：Hentschel et al. (2019)より筆者作成。

結　果

　本研究の結果は本文中で詳しく紹介しますが，概要は以下のとおりです。

① 　男女回答者は男性一般と女性一般の特性について，全体としてはステレオタイプ的な認知であったが，女性回答者は「道具的能力」「リーダーシップ能力」「独立性」をほぼ男女同等に評定するなど，ステレオタイプフリーな認知をしていた。

② 　男女回答者の自分自身に関する評定を比較すると，「リーダーシップ能力」と「主張性」では5％水準で男性回答者の評価が高く，「他者への関心」「情緒的安定性」では1％水準で女性回答者の評価が高かった。その他の項目では有意差が認められなかった。

③ 　女性回答者は，一般の女性より，自分の「リーダーシップ能力」と「主張性」を低く評価する傾向があった。

　以上の結果からヘンチェルは現代のジェンダーステレオタイプの特徴として，女性は社会がジェンダーフリーになっているという変化を認識しながらも，自分には男性的特性について自信がもてずにいるという複雑な状況があることを指摘しました。

① 男性一般と女性一般の特性に対する評価

［図4-4］は「作動性」に関係する「道具的能力（達成すること，成功することを強調する行動傾向）」「リーダーシップ能力」「主張性」「独立性」のそれぞれ，および共同性に関係する「他者への関心」「社会性」「情緒的安定性」について，男女一般にどの程度当てはまるかを男女回答者が評定した結果です。

男性のジェンダーステレオタイプである「作動性」に関して男性回答者はリーダーシップ能力，主張性，独立性で男性一般より女性一般を低く評定しました。女性回答者は主張性以外で男女一般の評定にほぼ差がないという結果でした。女性のジェンダーステレオタイプである「共同性」関して，男女回答者ともに女性一般が男性一般より高いと評定しています。これらの結果から全体としてはジェンダーステレオタイプが維持されているといえますが，女性回答者は「作動性」に関して若干ステレオタイプフリーとなっています。

② 自分自身の特性に対する評価

［図4-5］は，男女回答者が自分の特性を評定した結果です。「作動性」に関して男性回答者は女性回答者より高めか同程度ですが，女性回答者は自分のリーダーシップ能力と主張性を低く評定しています。

③ 同性の一般と自分自身の比較

男女回答者が自分の特性を評定した結果（［図4-6］）をみると，「作動性」に関して男性回答者は自己評価が男性一般への評価より高めか同等としていますが，女性回答者は自分のリーダーシップ能力と主張性を低く評定しています。「共同性」に関しては，男女回答者ともに同性一般より自分が高いか同程度という結果でした。

以上の結果から，ヘンチェルらは現代的ステレオタイプの様相はより複雑で微妙

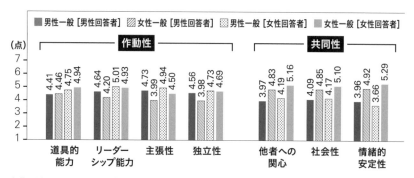

［**図4-4**］　作動性と共同性に対する特性評価

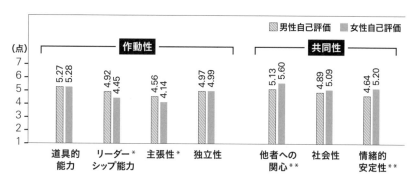

注1：7段階評定。得点は，1点（全く当てはまらない）〜7点（非常に当てはまる）。
注2：**p＜.01,　*p＜.05.

［**図4-5**］　自分の特性に対する評価

なものになっていると考察しています。すなわち，女性たちは他の女性たちに対して
は男女差がないと考えていますが，自分自身の能力や性格特性については否定的
な評価をしているというのです。以前の女性たちは，自分を含んだ女性一般のリー
ダー能力を低く見なしていましたが，現代の女性たちは世間一般においては男女の

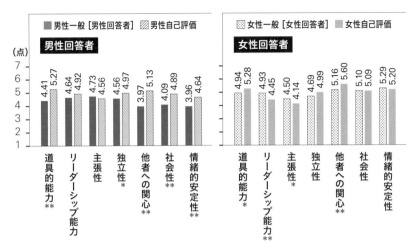

注：**p＜.01, *p＜.05.
出典：Hentschel et al.（2019）より筆者作成。

[**図4-6**]　同性一般と自己評価の比較

能力に差異はなく，女性たちも男性と同程度のリーダー能力があると認識している
一方で，自分のリーダー能力には自信がないという状況だというのです。

　今後さらにデータを蓄積する必要はありますが，ステレオタイプのあり方がより複
雑で微妙なものになっていることを示唆した点で，非常に興味深い研究といえるで
しょう。

（3）リーダーにとって共同性は重要ではないのか

　最近の研究によれば，リーダー役割には共感性といった伝統的には女性的とさ
れる特性も期待されるようになっています。第1章でとりあげたように，これからの
時代のリーダーはいわゆる男性的特性だけでなく女性的特性もあわせもつことが期
待されています。

　しかし一方で，女性のリーダーシップ役割は過小評価され続けています。その理
由を解明するために，ヴィアルとナピア（Vial & Napier, 2018）は人々が抱いてい

ARTICLES 9

共同性はリーダーに期待される
特性ではない？

ヴィアルとナピア（2018）

目 的

　この論文の一部では，人々がリーダーとアシスタントに期待する役割と特性について調べています。

方 法

　ウェブ調査に参加した249人は，リーダーかアシスタントのどちらかについて該当する文章（[表4-3]の教示のいずれか）を読み，提示された性格特性16項目についてどの程度重要かを7段階で評定しました。用いられた性格特性は，能力3項目（有能な，信頼できる，力量のある），主張性5項目（大志を抱く，主張的な，競争的な，決断力のある，自信のある），共同性8項目（陽気な，協力的な，忍耐強い，礼儀正しい，寛大な，感受性の強い，気立てのよい，純粋な）でした。

[表4-3]　研究で用いられた教示文

リーダー	あなたは重要な新しいプロジェクトのチームリーダーになりました。あなたはリーダーとしてプロジェクトを完結させるために，チームメンバーを一致団結させます。また，目標を達成するために何が必要かを決定します。チームメンバーがあなたの指示に従い，タイミングを逃さず適切な方法で，なすべきことを実行するよう仕向けます。あなたの任務は，最終的に全ての成果に責任をもち，チームメンバーがあなたのビジョンを実現し，プロジェクトを成功させるために努力するよう導くことです。

アシスタント	あなたは重要な新しいプロジェクトのアシスタントになりました。あなたの任務は，プロジェクトを完結させるために，チームリーダーをサポートすることです。チームリーダーはチームの目標を達成するために，あなたに適切な課題を割り当てます。あなたはアシスタントとして，リーダーの指示に従い，タイミングを逃さず適切な方法で，なすべきことを実行します。最終的に，あなたの任務はリーダーのビジョン実現を助け，リーダーが成功裏にプロジェクトを完結するようリーダーを支え助けることです。

出典：Vial & Napier（2018）より筆者作成。

結　果

　[図4-7]に示したように，アシスタント役割とリーダー役割ともに能力が最も高く評定されました。アシスタント役割では共同性が主張性より高く，リーダー役割では主張性が共同性より高く評定されました。

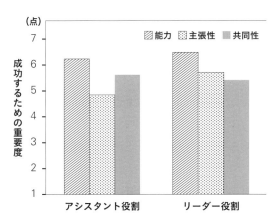

注：7段階評定。得点は，1点（全く重要でない）〜7点（非常に重要である）。
出典：Vial & Napier（2018）より筆者作成。

[図4-7]　アシスタントとリーダーにとって大切な性格特性

[**表 4-4**] ヴィアルとナピアの研究で用いた性格特性

有能性(3 項目)	有能な，信頼できる，力量のある
主張性(5 項目)	大志を抱く，主張的な，競争的な，決断力のある，自信のある
共同性(8 項目)	陽気な，協力的な，忍耐強い，礼儀正しい，寛大な 感受性の強い，気立てのよい，純粋な

出典：Vial & Napier（2018）。

るリーダーとアシスタントの性格特性を比較しました。この研究で使用する性格特性は［**表 4-4**］に示したものです。

　研究の結果は ARTICLES 9 に紹介したとおりですが，アシスタント役割で重視される特性は，第 1 位が能力，第 2 位が共同性，第 3 位が主張性でした。一方，リーダー役割で重視される特性は，第 1 位が能力，第 2 位が主張性，第 3 位が共同性でした。どちらも能力は重視されていますが，リーダーでは共同性が低く価値づけられているのに対して，アシスタント役割では共同性が主張性より重視されています。もともと能力と主張性は男性特性とみなされ，共同性は女性特性と見なされています。リーダー役割で共同性が相対的に低く位置づけられていることが，女性リーダーシップの過小評価の原因であるとヴィアルとナピアは結論づけました。

（4）性別職業分離による男女賃金格差の増大

　ジェンダー役割とリーダー役割の不一致は，女性がリーダーの地位に就きにくく，リーダーとしての能力や行動を評価されにくくするだけでなく，男女の職種や職域を分離し，さらに雇用形態にも影響するといわれます。総務省が 2015 年に行った国勢調査（総務省，2015）によれば，232 職種の中で女性が 50％以上を占める職業は 69，男性が 50％以上を占める職業は 163 です。日本社会では 3 分の 2 以上の職業で，男性が多数を占めていることになります。［**表 4-5**］に示したように，女性が多い職業と女性が少ない職業が極端に偏っており，女性の就業は比較的限られた職域に集中しているといえるでしょう。時代とともに男性主流であった職業分野への女性の進出はめざましいものがありますが，性別による職業分離の現象

[表 4-5]　女性が多い職業と女性が少ない職業

女性が多い職業	女性の割合(%)	女性の少ない職業	女性の割合(%)
助産師	100.00	鉄道線路工事従事者	0.00
歯科衛生士	99.82	航空機操縦士	0.17
保健師	97.93	船舶機関長・機関士	0.30
保育士	97.05	船長・航海士・機関長・機関士	0.32
家政婦(家事手伝い)	96.93	発電員・変電員	0.52
栄養士	95.72	クレーン・ウインチ運転従事者	0.56
美容サービス従事者	94.56	建設・さく井機械運転従事者	0.57
幼稚園教諭	93.86	ボイラー・オペレーター	0.69
看護師(准看護師を含む)	93.33	とび職	0.83
保健医療サービス従事者	93.16	甲板員・船舶技師・機関員	0.87

出典：総務省(2015)。

は依然として継続しています。

　女性が多数を占める職業は，**ピンクカラー労働**とも称されます。ホウ（Howe, 1977）が『ピンクカラー労働者——女性の仕事世界の内側（Pink Collar Workers: Inside the world of women's work)』という著書において，美容師，販売員，ウェイトレス，事務員などをピンクカラー労働者と位置づけたことからこの表現が広まったといわれます。現在では，看護，初等教育，社会福祉といった女性が多数を占める仕事全般へと意味が拡張されるようになりました。これらの仕事はジェンダーステレオタイプとよく調和しており，いわゆる母親的仕事（mom work）とも呼ばれます。家庭で女性が担ってきた子どもの養育や老親の介護，家事全般を社会においても期待されることに起因しているからです。

　ガイとニューマン（Guy & Newman, 2004）によればピンクカラー労働は**感情労働**でもあり，自己認識，自己コントロール，共感性，積極的傾聴，葛藤解決，他者との協力など，**感情知能**と呼ばれる能力が求められます。本章第1節で取り上

げた，イーグリーの共同性の内容とも非常に類似しています。

　ピンクカラー労働の特徴として，低賃金であること，社会的地位が低い事があげられます。山口（2017）は，男女賃金格差が主に男女が就く職の違いによって生じ

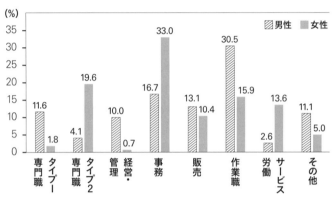

出典：山口（2017）より筆者作成。

［**図 4-8**］　男女のキャリアタイプ比較（日本 2005 年）

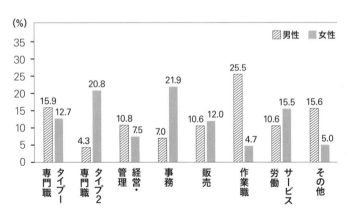

出典：山口（2017）より筆者作成。

［**図 4-9**］　男女のキャリアタイプ比較（米国 2010 年）

ることを研究から明らかにしました。一般には，男女の賃金格差は雇用形態による
と考えられがちですが，雇用形態の影響は格差の3分の1程度であり，半分以
上は正規雇用者内での男女の格差だといいます。賃金格差に大きな影響を与える
要因は職階格差と男女の職業分離であり，女性が事務職に集中していることと，
女性の専門職のタイプの偏りにあると山口は主張しています。

　また，山口（2017）は，キャリアカテゴリーとして**社会経済的地位**の高い専門職
をタイプ1，その他の専門職をタイプ2と分類し，男女の比率を日米で比較しまし
た。専門職タイプ1は，エンジニア，弁護士，会計士などの非ヒューマンサービス
系に加え，医師，歯科医師，大学教員を含みます。専門職タイプ2は，ヒューマ
ンサービス（教育・養育，医療・保健・看護，社会福祉）ですが，医師，歯科医
師，大学教員を除きます。[図4-8]は日本の男女で，[図4-9]は米国の男女でキャリ
アタイプ別の割合を比較したものです。日本は米国に比べて，専門職タイプ1の
女性（日本1.8%，米国12.7%）と経営・管理職の女性（日本0.7%，米国7.5%）
が著しく少ないことがわかります。

　また事務職とタイプ2専門職の女性が目立って多いことも特徴的です。賃金と社
会的地位の高い専門職タイプ1に女性が少なく，低賃金で労働環境の悪い専門
職2に女性が多いことによって，男女の賃金格差は増大しているのです。

KEYWORDS

ジェンダー役割　gender role
ある文化において男らしさ，女らしさを定義する行動，パーソナリティ特性，態度の
パターン。

ピンクカラー労働　pink collar works
看護，幼児教育，福祉など女性が多数を占める職業分野を表したもの。ブルーカ
ラー，ホワイトカラーとの対比としても使用される。

感情労働　emotional labor
米国の社会学者ホックシールドが提唱した用語。彼女は感情労働を対人的な仕事
（例えば客室乗務員など）におけるこころのマネジメント（気持ちをコントロールする
など）と定義した。その後，多くの研究者が女性職を感情労働の面から検討している。

感情知能　emotional intelligence
情動知能とも訳される。情動的情報を処理し，その情報を推論やその他の認知活動において使用する能力に関係する知能。米国のサロベイとメイヤーによって提唱され，ゴールマンによるベストセラーによって広まった。

社会経済地位　socioeconomic status: SES
社会経済的階級における個人や集団の地位。収入，学歴，職業の種類と威信，住居地，（いくつかの社会や社会の一部でみられる）種族的出自や宗教的背景，これらの組み合わせによって規定される。

第 **5** 章
暗黙裡のリーダーシップ理論

1 ———— 暗黙裡のリーダーシップ理論とは

　人々が他者の性格などを認知するときに，評価者の思い込みや先入観が大きく影響することが知られています。リーダーに対しても同様に，評価者の期待や予測によってリーダーシップ能力の評価などが影響を受けます。

　本節ではこれらの現象を，暗黙裡のパーソナリティ理論あるいは暗黙裡のリーダーシップ理論という視点から考察し，いくつかの研究を紹介します。

（1）暗黙裡のパーソナリティ理論

　私たちは他者のパーソナリティを認知するときに，これまでの経験や見聞きした知識をもとに，例えば「快活な人はフレンドリーで親切だ」というように，漠然とした信念体系をもっています。このような人格特性間に予測される関係をあらわす概念として，ブルーナーとタジウリ（Bruner & Tagiuri, 1954）によって提唱されたのが**暗黙裡のパーソナリティ理論**です。人は，快活という特性を友好性や親切という特性と結びつけていることを自覚しているわけではないため，暗黙裡（implicit）という用語が使われました。

　暗黙裡のパーソナリティ理論は「日常生活における事象観察によって形成された，性格特性の相互関係に関する暗黙の想定（認知や評価の枠組）」と定義され

ARTICLES 10

性ステレオタイプと暗黙裡の
パーソナリティ理論
── 冷たくて知的な男性 vs 温かくて知的な女性

デル・ボカとアシュモア（1980）

目 的

　本研究の目的は，人が男女の社会的望ましさを判断する状況において，どんな性格特性が影響するかを暗黙裡のパーソナリティ理論の視点から検討することです。ここでは，「知的な‐知的でない」という特性と，「温かい‐冷たい」の組み合わせが，男性あるいは女性としての望ましさにどのように影響するかを明らかにします。

方 法

　研究参加を希望した大学生（女性 158 人，男性 133 人）を対象に，以下の男女のいずれかについて，「男性的‐女性的」の SD 尺度に 7 段階で評定を求めました。

① 　彼は，「知的な・器用な・温かい・勤勉な・決断力のある」男性です。

② 　彼は，「知的な・器用な・冷たい・勤勉な・決断力のある」男性です。

③ 　彼は，「知的でない・不器用な・温かい・怠惰な・優柔不断な」男性です。

④ 　彼は，「知的でない・不器用な・冷たい・怠惰な・優柔不断な」男性です。

⑤ 　彼女は，「知的な・器用な・温かい・勤勉な・決断力のある」女性です。

⑥ 　彼女は，「知的な・器用な・冷たい・勤勉な・決断力のある」女性です。

⑦ 　彼女は，「知的でない・不器用な・温かい・怠惰な・優柔不断な」女性です。

⑧ 　彼女は，「知的でない・不器用な・冷たい・怠惰な・優柔不断な」女性です。

性ステレオタイプと暗黙裡のパーソナリティ理論 ｜ デル・ボカとアシュモア（1980）

結 果

　「男性的－女性的」に対する評定平均値を8群で比較したものが[図5-1]です。男性については，最も男性的とされたのは②群，もっとも男性的でないのは④群でした。女性については，最も女性的であったのは⑤群，最も女性的でなかったのは⑧群でした。

　これらの結果から，男性としての望ましさを判断する際には知的であるかどうかの次元が影響し，女性としての望ましさの判断には温かさの次元が影響している可能性があり，社会的望ましさとある種の性格特性が暗黙裡に結びついていることが示唆されました。

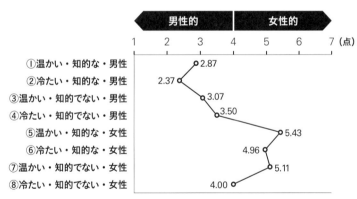

注：得点は，1点（非常に男性的）〜7点（非常に女性的）。
出典：Del Boca & Ashmore（1980）より筆者作成。

[図 5-1]　リーダーシップ尺度得点の平均値と標準偏差および分散分析の結果

ており，対象に対する認知や評価を歪めるという点で，ステレオタイプと非常に類似した概念です。アシュモア（Ashmore, 2015）によれば，暗黙裡という語は「潜在的な」という意味でもあることから，ステレオタイプの中の主に無意識的な部分を指すものであると限定しています。

ARTICLES 10 は，デル・ボカとアシュモア（Del Boca & Ashmore, 1980）が性ステレオタイプと暗黙裡のパーソナリティ理論を統合する試みとして行った研究の一部です。この研究では，「温かい‐冷たい」と「知的な‐知的でない」という人格特性を組み合わせ，さらにそれが男性の場合と女性の場合という 8 組の条件をつくり，研究協力者を 8 群に分けた上で，社会的望ましさの指標としての「男性的か‐女性的か」の程度を評定してもらいました。なお，評定は 7 段階（非常に男性的が 1，非常に女性的が 7）で行われました。

結果は ARTICLES 10 の［**図 5-1**］に示したとおりです。男性に対する評定では，「知的であって冷たい人」群が最も男性的とされ，「知的で温かい人」が次につづきました。一方，女性に対する評定では，「知的で温かい人」が最も女性的と認識され，「温かくて知的でない人」が次につづきました。「知的で冷たい人」よりは「知的でなくても温かい人」の方が女性的であると見なされています。以上の結果から，男性としてあるいは女性としての社会的望ましさは，男性では知的であるという特性によって，女性では温かいという特性によって判断されるということが示唆されました。この結果はジェンダーステレオタイプを反映したものであり，パーソナリティの推論においてジェンダーステレオタイプが重要な影響を与えると，デル・ボカとアシュモアは結論づけました。

（2）暗黙裡のリーダーシップ理論

暗黙裡のパーソナリティ理論の延長として，**暗黙裡のリーダーシップ理論**が提唱されています。そしてリーダーシップを評価する場合にも，暗黙裡の推論が大きな影響力を発揮することがこれまでの研究によって明らかにされています。

ラッシュら（Rush et al., 1977）は，①リーダーの性（男性名または女性名），②リーダーの学歴（氏名の後に博士または氏をつける），③会社の業績という 3 種類の情報

を以下のように（下線部分を（　）内のことばに置き換える）操作し，リーダーシップの評価に及ぼす影響を調べました。

「ジョン・バンクス（ジョアン・バンクス）博士（氏）は百貨店の監督者です。その

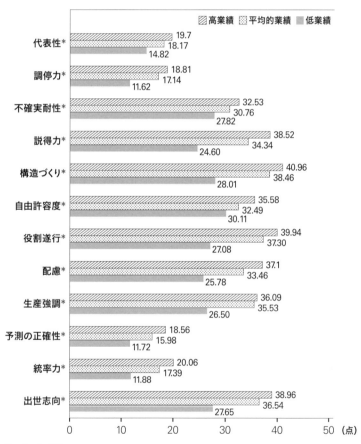

注：*p < .001.
出典：Rush et al.（1977）より筆者作成。

[図5-2]　企業の業績別にみたリーダーのリーダーシップ能力得点

百貨店は地域で最大規模（地域で平均的な規模，地域で最も小さな規模）の１つであり，最近の業績は優れています（中程度です，良くありません）」。ラッシュらの研究結果のうち，［**図 5-2**］は企業の業績別にリーダーに対する評価を比較したものです。LBDQ の 12 下位尺度の全てにおいて，高業績群と低業績群の得点に 0.1% 水準の有意差が認められました。すなわち，研究参加者となった大学生（168 人）は，会社の業績に関する情報によって，リーダーの能力を判断していることがわかります。また監督者の性による影響をみるために，ジョン・バンクスとジョアン・バンクスに対するリーダーシップ評価の結果を比較したところ，有意差の傾向ありという水準で差がみられました（構造づくり $p < .09$，配慮 $p < .08$ など）。

　以上の結果から，リーダーシップ評価には評価者が気づかないうちに，リーダーの属性や状況がある種の影響を及ぼしていることが示唆されました。

KEYWORDS　**暗黙裡のパーソナリティ理論**　implicit personality theory
性格特性の相互関係に関する暗黙の想定のこと。日常生活における事象観察によって，複数の性格特性が同時に存在すると推論するときに使われる。

---

2 ——— 女性リーダーに対する暗黙裡のリーダーシップ理論

　多くの人は，男女リーダーに対するある種の認知的枠組みを無意識的なレベルでもっているといわれます。本節では架空の男女リーダーに対して行われたリーダーシップ評価を比較した研究を紹介することにより，暗黙裡のリーダーシップ理論にアプローチします。

女性リーダーに対する態度
──二重の偏見

宗方・若林（1987）

目 的

　この論文は，リーダー行動の評価に及ぼすリーダーと評価者の性別の影響について，暗黙裡のリーダーシップ理論の視点から検討したものです。

方 法

　110人の男性と698人の女性を対象として，調査が実施されました。半数の学生には，①男性リーダーに対するリーダーシップ評価（LBDQ），②女性管理職に対する態度尺度（WAMS），③自己イメージ尺度，④女性リーダーに対するリーダーシップ評価（LBDQ），の順序で構成された質問紙が配布され，残りの半数には，④③②①の順序で構成された質問紙が用いられました。

結 果

　[図5-3]は，男女評定者が行った男女リーダーに対するリーダーシップ評価の得点を比較したものです。LBDQの12下位尺度のうち「自由許容度」を除く11尺度で統計的に有意な男女差が認められました。これらのうち，「配慮」という尺度のみ，女性リーダーへの評価が男性リーダーへの評価を上回りましたが，その他の10の下位尺度では男性リーダーが女性リーダーより高く評価されました。

ARTICLES 11

女性リーダーに対する態度 ｜ 宗方・若林(1987)

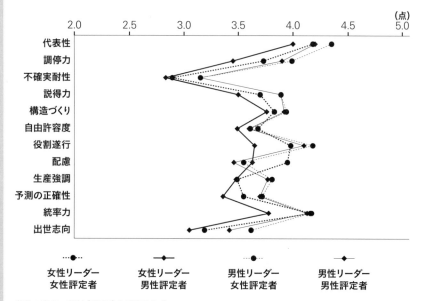

<出典：宗方・若林(1987)より筆者作成。>

[**図 5-3**] リーダーの性と評定者の性によるリーダーシップ評価の比較

　結果を要約すると以下のようになります。

① 男性的行動に対しては男性リーダーが，女性的行動に対しては女性リーダーが高く評価された。

② 女性評定者は男性評定者に比べて，女性リーダーシップを男性的・女性的行動の両側面でより高く評価する傾向があった。

③ 男性評定者は，「配慮」以外のすべての行動において男性リーダーを高く評価し，女性リーダーの能力を男性以下にしか評価していない。

④ 男性評定者は性ステレオタイプ的偏見に結びつけて，女性管理職を評価しがちである。

（1） 女性リーダーに対する無意識の偏見

　宗方・若林（1987）は暗黙裡のリーダーシップ理論をベースとして，リーダーの性別と評価者の性別がリーダーシップ評価に及ぼす影響を検討しました。

　ARTICLES 11 で紹介したように，この研究では研究協力者となった男女大学生にリーダーに対する限定的な情報を与え，架空の男女リーダーに対するリーダーシップ評価を求めました。学生に与えられた情報は，「Aさんは，××会社の営業部門のチーフ・リーダーです」という限られたものであり，性別のみを「Aさん（男性）」{Aさん（女性）} というように操作しています。宗方・若林の関心は，①職場において女性のリーダーシップはどのように評価されるのか，②男女リーダーに対する評価には相違があるのか，③評価には評定者の性別も関係するのか，という3点でした。

　この研究で使用された尺度は，オハイオ大学で開発され世界中で広く用いられてきた LBDQ（Leader Behavior Description Questionnaire：リーダー行動記述質問紙）であり，若林・宗方（1986）が日本版を作成したものです。LBDQ は 12 の**下位尺度**によって構成されていますが，多くの下位尺度が男性的な行動を表しているとされます（尺度は巻末の附録の［尺度1］に収録）。

　ARTICLES11 の結果を総合すると，男性は女性管理職のリーダーシップを低めに評価する傾向があることに加えて，女性管理職に対して好意的評価をもつ場合でも，その根拠はあくまでも"女性ならではの行動"（配慮行動）によっていることがわかります。宗方・若林（1987）はこの論文の副題を「二重の偏見」としていますが，一つ目の偏見は男性が女性のリーダーシップを相対的に低くみるという表面的で直感的な偏見であり，それに加えて，女性は女性らしい行動によってのみリーダーとして評価されるという，より内面的で微妙な"もう一つの偏見"の存在が示唆されたからです。

　人々が世間一般の女性リーダーに対して抱いている先入観は，暗黙裡にリーダーの能力を評価する枠組みとして機能します。女性リーダーはリーダー能力を低めに予想され，実際より過小評価される傾向にあります。また，全体としては優れたリー

[表5-1] WAMS（女性管理職尺度）の項目例

下位尺度	項目例
職場における男女平等	・採用や昇進において平等の待遇を受けるべき。 ・女性が指導的立場をとることは好ましい。 ・管理職のポジションに女性を受け入れるべき。 ・配属や昇進の際，男女は平等に扱われるべき。 ・男女は知的に同等である。
管理職としての女性の適性	・女性はリーダーとして必要な能力をもっている。 ・管理職として女性は，感情に支配されない。 ・女性は自分の感情と理性を区別できる。 ・女性は仕事の状況を適切に判断できる。 ・女性は家庭と仕事に責任をもつことができる。

出典：若林・宗方（1985）より筆者作成。

ダーであることがわかったとしても，配慮のような女性的なリーダーシップ行動が欠けている場合には，女性らしくない人と評価される可能性があります。この研究は，女性リーダーが直面する偏見について，その複雑な側面を明らかにしました。

（2）女性管理職に対する偏見を測定する

　若林・宗方（1985）の研究では，女性管理職に対する偏見を測定するための尺度として有名なWAMS（Women as Managers Scale：女性管理職尺度）も日本版を作成しています。この尺度は最終的に，①）職場の男女平等，②管理職としての女性の適性，という2つの下位尺度から構成される19項目の双極性の尺度となりました（尺度は巻末の附録の[尺度2]に収録）。[表5-1]はこの尺度の項目例を下位尺度別に示したものです。

　男女大学生が女性リーダーに対して抱いている態度をWAMSで調査したところ，[図5-4]のようになりました。女性は大学生，短大生，看護学生の間に大きな差異はありませんが，男子大学生の点数が全体的に低いことがわかります。集団間の比較を一元配置の分散分析によって確認した場合，1％水準で統計的に有意な差が認められました。また，「職場の男女平等」に比べて「管理職としての女性

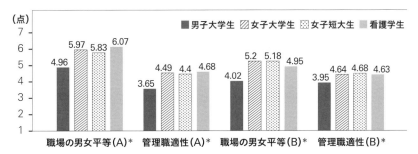

注1：得点は，1点（全く当てはまらない）～7点（非常に当てはまる）。
注2：フォーム（A）とフォーム（B）は，項目を肯定的表現と否定的表現に入れ替えたもの。
注3：*p＜.01.
出典：若林・宗方（1985）より筆者作成。

[図5-4]　WAMSの下位尺度得点の集団間比較

の適性」に対しては，男女ともに得点が低くなる傾向にありました。職場は一般的
には男女平等であるべきだと考えていますが，女性が管理職として適性があるかと
いう点に関しては消極的な態度を持っていることがわかります。女性管理職に対す
る偏見的態度は，女性にもある程度存在するといえるでしょう。

（3）新しく開発された女性管理職に対する態度尺度

　WAMSは，人々が女性管理職にいだく偏見的態度を測定するために長期にわ
たり貢献してきましたが，最近になって以下の問題点が指摘されています。

① 　WAMSの項目は1960年代の社会情勢を背景として作成されたた
め，現代の状況を適切に測定することができない。
② 　学生サンプルから作られたため，現場への適応に疑問がある。
③ 　サンプルによって信頼性が異なり，学生より管理職，男性より女性
で，より信頼性が高い。
④ 　構成概念妥当性に関して，性別，職位，文化の違いによって因子構

[表5-2]　ATWoM（女性管理職に対する態度）の項目例

下位尺度	項目例
課題役割行動	・課題を克服するのに苦労する*。 ・人に仕事を任せることがなかなかできない*。 ・決定を急ぎ過ぎる*。 ・必要に応じて完璧であることに苦労する*。 ・細部を気にし過ぎて，結果を出すのに手間取る*。
関係役割行動	・問題に直面して喜んで部下を助ける。 ・コミュニケーションを取りやすい。 ・部下の問題を理解している。 ・プロ意識を高める感情の繊細さを備えている。 ・どのように部下と話すべきかわかっている。
管理職倫理	・一生懸命に働く。 ・個人の生活を犠牲にして，仕事に従事する。 ・規律正しく，しっかりしている。 ・物事が順調にいくように，部下を監督，指導する。

注：* は逆転項目。
出典：Aycan et al., (2011)より筆者作成。

　　造が変わる可能性がある。
　⑤　女性リーダーシップの強みを含んでいない。

　これらの問題点の解消をめざして，アユカンら（Aycan et al., 2011）は，現代の時代背景に適した，より信頼性と妥当性の高い尺度として新たな ATWoM（Attitudes Towards Women Managers：女性管理職に対する態度）を開発しました。ATWoM は[表5-2]に示したように，関係役割行動 9 項目，課題役割行動 14 項目，管理職倫理 4 項目，の 3 下位尺度から構成されています（尺度は巻末の附録の[尺度3]に収録）。

　宗方・鶴田（2017）は ATWoM を翻訳し，大学生（共学男子 74 人，共学女子 98 人，女子大生 215 人）を対象とした調査結果から ATWoM を日本で使用することの可能性を検討しました。

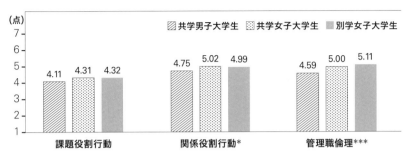

注1：得点は，1点（全く当てはまらない）〜7点（非常に当てはまる）。
注2：*p＜.05, **p＜.01, ***p＜.001.
出典：宗方・鶴田（2017）より筆者作成。

[図5-5]　ATWoM の下位尺度得点の集団間比較

　集団ごとに下位尺度の得点を比較したところ［図5-5］のようになりました。男子学生と比べて，女子学生は共学でも女子大学でも女性リーダーに対する評価が高いことがわかります。

　下位尺度別にみると，課題役割行動の得点が全般的に低く，3群間に統計的な有意差は認められませんでした。このことから，女性管理職は特に課題役割で評価が得られにくいことが推測されます。従来の研究（例えば，Eagly & Johnson, 1990）からも，女性のリーダーシップスタイルはどちらかといえば対人志向であり課題志向ではないとされていますが，ここでも大学生は暗黙裡に女性管理職のリーダーシップ能力をそういった方向で推論していることが窺えます。

　次に管理職倫理に関してみると，3群とも高めの得点であることから，アユカンらが想定したように女性管理職は倫理意識が高いと予想されていることが示唆されました。管理職倫理の得点を3群で比較すると0.1%水準で有意な差異が認められ，男子学生が他の2群より低く評定しているという結果でした。管理職としての倫理意識という側面で，男子学生は女子学生より女性管理職に対して厳しい評価を示した点は，潜在的な偏見といえるかもしれません。

　以上の結果から，男子大学生は女性管理職への態度が一部否定的な傾向にあ

ることがわかります。コーニングら（Koening et al., 2011）は約 30 年間の研究をメタ分析し，「管理職は男性」という傾向は時代とともに弱まってはいるが，男女ともに良い管理職の特徴は依然として男性の特徴と一致していることを明らかにしています。管理職のステレオタイプは「管理職といえば男性」「管理職の特性といえば男性特性」という二重の連想傾向を反映し続けているようです。

　一方で，管理職地位への女性の登用が増加するにつれて，雇用者の多くが職業生活のいずれかの時点で，女性上司のもとで働くようになります。バスとアボリオ（Bass & Avolio, 1994）が行った，実際の部下による直属上司のリーダーシップ評価においては，女性上司に対する評価はむしろ男性上司より高いという結果が得られています（ARTICLES 1 参照）。宗方・鶴田（2017）の調査対象が大学生であることを考えると，多くの女性管理職と接触する職場経験によって女性管理職への態度が肯定的な方向に変化することを期待するものです。

　なお，この研究では新しい時代に相応しい尺度として開発された ATWoM を日本で適用可能かどうかを検討していますが，元の研究で得られた因子構造は十分に再現されなかったため，この点に関してはさらに対象を広げて検討する必要があると結論されました。

KEYWORDS

下位尺度　sab scale
1 つの尺度の中にいくつかの区別可能な内容が含まれるとき，因子分析などの統計手法を用いて，項目を下位グループに分割して構成されたもの。なお尺度とは，何らかの特質や概念を査定するために構成された項目群からなる，特質や概念の査定ツール。

構成概念妥当性　construct validity
テストあるいは尺度が，理論的な構成概念の特性あるいは能力（たとえば，知能）を測定することができる程度のこと。

因子構造　factor structure
ある項目群に対して，因子分析によって推定された因子数と各因子に含まれる項目によって構成されたもの。

---

3 ── 昇進に影響を与える暗黙の推論

　企業では従業員の採用や昇進に際して，どのような観点から選考を進めるので
しょうか。それは男女で同じ基準でしょうか。本節では，採用や昇進に際して評定
者が暗黙裡にもっている基準が，候補者の性別によって異なる可能性があることを
示す興味深い研究を紹介します。

（1）背の高い男性はよいリーダーと予想される

　大統領や首相といった政治的リーダーおよび企業の CEO の身長は，多くが平
均より高いというデータがあります。その理由として，人類は歴史的に腕力の強い
リーダーによって守られてきたという進化的な経験から，背の高い人とリーダーを結
びつける暗黙裡の推論が組み込まれているのではないかという説があります。ブ
ラーカーら（Blaker et al., 2013）はこの視点から，背の高さがリーダーとしての優
越性と関連しているかを検討するために，ARTICLES 12 に紹介する実験を行い
ました。この研究における仮説は以下のとおりです。

　　① 　身長の高い人がよりリーダーらしく見えるだろう。
　　② 　この現象は，身長が健康，支配性，知性と自動的にリンクすることに
　　　　よって生じる。
　　③ 　身長と健康と支配性とのリンクは，男性で顕著にみられるだろう。
　　④ 　身長と知性のリンクは，男女ともに見られるだろう。

　結果は ARTICLES 12 の［図5-7］に示すように，男性ターゲットに対しては「リー
ダーらしさ」「支配性」「活力」「知性」の全てにおいて，統計的に有意な水準で
背の高い男性が背の低い男性より高い評価となりました。しかし女性ターゲットに対
しては「知性」だけが有意となり，「リーダーらしさ」「支配的」「活力」では背の

ARTICLES 12

背の高いリーダーは有利か？
── 進化心理学的解釈の試み

ブラーカーら（2013）

目 的

　背の高さがリーダーシップ評価に影響するのかを検討しました。

方 法

　ウェブ調査に参加した 256 人（男性 75 人，女性 181 人）をランダムに 2 群（背の低いターゲット，背の高いターゲット）に割り振ります。参加者は［図 5-6］の写真と簡単な情報（氏名，身長，年齢，趣味）を見た後，質問紙の 4 項目（①この人はエネルギッシュに見える，②この人はリーダーらしく見える，③この人は支配的に見える，④この人は知的に見える）に 10 段階で回答しました。

結 果

　［図 5-7］に示したように，男性ターゲットも女性ターゲットも，「リーダーらしさ」「支配性」「活力」「知性」のすべてにおいて，背の高い人が背の低い人よりこれらの特性があると評価されていたことが分かりました。この傾向は，特に男性ターゲットについて顕著に現れました。リーダーらしさの認知を規定する要因については男女差がみられました。この点に関しては本文で説明しています。

背の高いリーダーは有利か？　｜　ブラーカーら（2013）

背の低いターゲット		背の高いターゲット	

ジョン・ルイス, 44歳　メリー・テイラー, 46歳　ジョン・ルイス, 44歳　メリー・テイラー, 46歳
男性, 165cm　女性, 155cm　男性, 195cm　女性, 185cm
趣味：水泳, 絵画　趣味：読書, サイクリング　趣味：水泳, 絵画　趣味：読書, サイクリング

出典：Blaker et al.（2013）より筆者作成。

［図 5-6］　実験に使用された写真

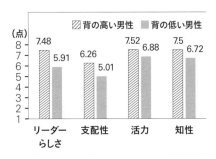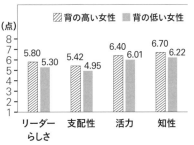

注：得点は，1 点（完全に反対）〜10 点（完全に賛成）。
出典：Blaker et al.（2013）より筆者作成。

［図 5-7］　男女別にみた背の低いターゲットと背の高いターゲットに対する印象評価

高さによる差異は認められませんでした。また，男性は女性よりリーダーらしく見えることも示されました。以上より仮説①は支持されました。

　次に，リーダーらしさの認知を規定する要因を明らかにするために，ブラーカーらは男女別に**パス解析**を行いました。男性ターゲットについては［**図5-8**］に示したように，身長から支配性への**パス係数**（.30*），健康へのパス係数（.18*）知的へのパス係数（.21*）の全てが有意であり，支配性からリーダーへのパス係数（.39*），健康からリーダーへのパス係数（.23*），知的からリーダーへのパス係数（.31*）もすべて有意であることから，身長が高い人は支配的であり，健康であり，知的であるという認知を介して，リーダーらしく見えるということになります。また，身長からリーダーへのパス係数（.17*）も有意であることから，ただ身長が高いだけでリーダーらしく見えるという直接の影響もあることが分かりました。以上のことから仮説②が支持されました。

　女性ターゲットについてもパス解析を実施したところ，［**図5-9**］に示したように身長からのパス係数は知的（.14*）のみで有意となったことから，身長の高さは知的にみえるということを介してリーダーらしさの認知に影響することが分かりました。女性の場合には，身長が高いことが支配的であることや健康に見えるということはないということになります。また身長が直接リーダー認知に影響することもありません。以上から仮説③と④が支持されました。

　身長という元々リーダーシップと何の関連もない身体的特徴が，いくつかの要因を介してリーダーらしさの認知に影響を与えるという研究結果は驚くべきものです。私たちの中にある意識されない先入観が，実際には根拠がないにもかかわらず評価にさまざまな影響を与えるのです。そしてさらに性別が複合的にかかわっていることも意識する必要があると思われます。

（2）昇進選考に影響する暗黙の推論

　プレーヤーら（Player et al., 2019）は，男女の昇進候補者に対する評価基準が男女で異なることを実験によって明らかにしました。ARTICLES 13 で紹介するように，この実験では 4 人の架空の候補者（将来性の高い男性候補者，業績のある男

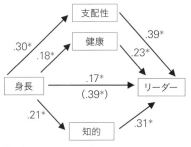

注：*p＜.05
出典：Blaker et al.（2013）より筆者作成。

[**図 5-8**]　男性ターゲットのパス図

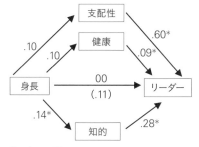

注：*p＜.05
出典：Blaker et al.（2013）より筆者作成。

[**図 5-9**]　女性ターゲットのパス図

性候補者，将来性のある女性候補者，業績のある女性候補者）を設定し，実験参加者が昇進させたい順に候補者をランキングするというものです。

　その結果，参加者の評定（平均）は，①履歴書の評価と②将来の成果ともに，1位が将来性のある男性，2位が業績のある女性，3位が将来性のある女性，4位が業績のある男性，という順位になりました。この結果についてプレーヤーらは，実験参加者の期待について以下のように考察しています。

① 男性候補者は，将来性が過去の実績より評価基準として優先される。
② 女性候補者は，将来性より過去の実績が評価基準として優先される。
③ 実績が評価基準となった場合には，男性より女性に対して優れたリーダーシップを予想している。

　暗黙裡のリーダーシップ理論は，人々がリーダーらしさを認知したり評価するときに無意識の評価基準が影響することを示していますが，プレーヤーらが明らかにしたように，リーダー選考に際して男女で異なる評価基準があるといった複雑な現象もあるのです。

ARTICLES 13

昇進選考では男性候補者には
将来性が過剰に期待される

プレーヤーら（2019）

目 的

　企業の昇進選考において，実績のある候補者と将来性のある候補者ではどちらがよい評価を得るのかを，男女候補者で検討しました。

方 法

　98 人（男性 59 人，女性 39 人）が実験に参加し，4 人の架空の候補者に関する情報をもとに 4 人のランキングを行いました。候補者の情報は以下に示すように，性別，これまでの業績を示すスコア，将来性を示すスコア，人物像などであり，業績がある男性，将来性がある男性，業績がある女性，将来性がある女性となるように操作されています。

候補者A　（男性）　学歴 MBA	候補者B　（女性）　学歴 M.S.
この候補者のキャリアは，今後に向けて発展性があります。彼は，本社に貢献できる優れた特性を備えています。非常に将来性があります。 リーダーシップ業績テスト　　83/100 リーダーシップ将来性テスト　96/100	この候補者には，素晴らしい業績があります。彼女はコンスタントに高いレベルで仕事を達成し，本社に重要な貢献をしてきました。 リーダーシップ業績テスト　　96/100 リーダーシップ将来性テスト　83/100

昇進選考では男性候補者には将来性が過剰に期待される　｜　プレーヤーら（2019）

候補者C　（女性）　学歴 MBA
この候補者は，将来が期待されています。彼女は，会社やチームが将来の売り上げや業績を高めるための，斬新なアイデアを持っています。 リーダーシップ業績テスト　　84/100 リーダーシップ将来性テスト　94/100

候補者D　（男性）　学歴 MBA
この候補者は非常に優秀であり，常に自分や会社の目標以上の成果を示してきました。現在の彼の役割に対して，期待を上回る業績をあげています。 リーダーシップ業績テスト　　94/100 リーダーシップ将来性テスト　84/100

結　果

　4 人の候補者に対する実験参加者（評定者）のランキングは［表5-3］に示したとおりです。この表の数値は，①履歴書の評価，②将来の成果，のそれぞれについて各評定者がつけた順位（1 位から 4 位）を平均したものであり，数値が小さいほど順位が高いことになります。評価結果は①も②も候補者のランキングは，A，B，C，Dの順で一致しました。すなわち，将来性のある男性，業績のある女性，将来性のある女性，業績のある男性の順となったのです。

［**表**5-3］　履歴書の評価と将来の成果に関する候補者の平均ランキング

候補者	履歴書の評価	将来の成果
男性候補者(将来性)　A	1.74	1.80
女性候補者(業績)　　B	2.09	2.09
女性候補者(将来性)　C	2.87	2.87
男性候補者(業績)　　D	3.30	3.24

出典：Plyer et al.（2019）より筆者作成。

KEYWORDS

パス解析　path analysis

複数の変数間の因果関係を検証するために用いる定量的手続きであり，因果的影響を示すような仮説的ルート（パス）を示したグラフで示される。因果関係は理論的に決定され，パス解析は仮説的な変数間の関係性の精度と強さの両方を決定する。

パス係数　path coefficient

パス解析において，システム内の変数間の関係の強さを反映した回帰係数に似た重み（偏回帰係数）のこと。

第 **6** 章

ジェンダー類似性仮説

1 ── 性差に関する研究の歴史

　本節では，心理学の歴史における性差研究をたどり，男女の差異がどのように探求されてきたか，男女差について何がどこまでわかってきたのかを明らかにします。

（1）差異心理学が注目された時代

　現代心理学が始まった19世紀の終盤には，男女の心理特性（性格特性，意識，態度，能力など）は大きく異なっていると思われており，男女が類似していると考える研究者はほんの僅かであったといわれています。男女の心理特性が分布として大きな重なりがあることに注目した研究者もいたのですが，当時はその重なりの程度を表示する統計的な手法が開発されていなかったため，正式な主張にまでは至らなかったようです。

　1930年代には，個人差を研究する分野として**差異心理学**が誕生し，1960年代までは目立つ存在でした。差異心理学の教科書などでは，性差を扱う章が必ず含まれており，著者たちは心理的な性差を生み出す生得的・遺伝的要因を強調する傾向がありました。差異心理学は，その当時台頭していた行動主義心理学が個人差を認めないということへの抵抗であったともいわれます。

（2）マッコビーとジャックリンによる画期的な性差研究

スタンフォード大学のマッコビーとジャックリン（Maccoby & Jacklin, 1974）は，性差研究における画期的な書籍である『性差の心理学』を1974年に出版しました。この本でマッコビーとジャックリンは，1966年～1974年の間に発表された知覚，学習，記憶，知能，達成動機，気質などの性差に関する約1,400の研究をレビューしました。手作業による精緻な分析は，現代的な性差研究の先駆けとして高く評価されています。本の後半には230頁あまりを費やし，全ての論文の情報が以下の形式で掲載されています。

「【著者】Adams, W. V.【論文名】衝動型と熟慮型の児童の間における方略の違い。【掲載紙】Child Development【研究対象】80人（6, 8歳）【測定】衝動型の子どもと熟慮型の子ども（MFFテストによって決定）がおはじきゲーム装置を使った3択の学習課題を行った。正しい選択には33%の割合でランダムに報酬が与えられた。方略の3つのパターンの推論と保持が分析された。【結果】性差なし」。

彼らはレビュー研究をとおして，[表6-1]に示したように，性差について信じられていることのいくつかが，データからは支持されないと結論しました。データから確実に性差があると認められたものは，言語能力，空間能力，数学能力，攻撃性のわずかに4項目でした。これらの衝撃的な内容はすぐに多くの心理学の教科書などで取り上げられました。

また，マッコビーとジャックリンは先行研究で性差が最も明確に示された男児の攻撃性について，これが男性の支配性やリーダーシップの源泉であるとする説は原始的な見解であると批判しました。洗練された社会や組織でのリーダーはより攻撃的でない方向へシフトしており，家族内での夫婦関係においてもより対等になっていると指摘しています。マッコビー自身が，スタンフォード大学で最初の女性の教授であり，女性の学部長であったことを考えると，上記のコメントには感慨深いものがあります。

[表 6-1] マッコビーとジャックリンによる性差研究のまとめ

男女差が支持されなかった項目	男女差が支持された項目
・女児は男児より社会的である。 ・女児は男児より被暗示性が高い。 ・女児は自尊感情が低い。 ・女児は基礎的な学習能力に優れている。 ・男児は認知処理で優れている。 ・男児はより分析的である。 ・女児は達成動機が欠如している。 ・女児は聴覚優位であり，男児は視覚有意である。	・言語能力（女児が男児より高い）。 ・空間能力（男児が女児より高い）。 ・数学能力（男児が女児より高い）。 ・攻撃性（男児が女児より高い）。

出典：Maccoby & Jacklin（1974)より筆者作成。

KEYWORDS　**差異心理学　differential psychology**
個人間，集団間にある心理的差異を研究する心理学の一分野。差異の内容，その
差異による帰結を研究するとともにこの差異を測定する手法を研究する。

---

2 ── ジェンダー類似性仮説とは

　本節では，性差を検討した近年の研究を紹介し，心理特性における男女の差
異と類似の程度を明らかにします。

(1) 男女の類似性への着目という斬新な視点

　1970年代のレビュー研究によって男女の差異がそれ程大きくないとされなが
らも，あくまでも差異にこだわった研究であったことに対し，2000年代になるとメタ
分析の開発とともに，性差研究も大きな進展をみせました。その中心となったの

ARTICLES 14

ジェンダー類似性仮説
——男女の心理特性に差異は少なく 多くは類似している

ハイド（2005）

目 的

1985 年～2004 年の間に発表された心理的変数の性差に関する 46 編（124 変数）のメタ分析論文をさらに総合的に分析し，ジェンダーの差異性と類似性について検討しました。

方 法

心理的変数として認知的能力（言語獲得，問題解決，数学能力，思考能力），社会的・パーソナリティ要因（リーダーシップ，言語的・非言語的コミュニケーション，自己評価，心理的ウェルビーイング，攻撃性），そのほか，身体活動，運動能力など多岐にわたるものを取り上げ，メタ分析論文ごとに，変数別の効果量 Cohen's d を算出し，124 の効果量を段階別に示しました。この論文では，多くの心理的変数において男性と女性は類似しており，全てではないが差異は非常に小さく，むしろ男性内，女性内での変動が大きいという仮説を立てました。

結 果

124 変数の効果量を大きさの範囲別に示したものが[表6-2]と[図6-1]です。効果量が 0.11-0.35 の範囲にあるものが 59 変数（48%）と最も多く，0-0.10 の範囲にあ

るものが 37 変数（30%）と次に多くなっています。これらを合計すると 96 変数となり，全体の 78%がこの範囲にあります。効果量が 0.36 以上（0.36-1.00）のものは38 変数（22%）となっており，全体の 4 分の 1 以下でした。なお効果量が 1.00 以上の 2 変数（2%）は，「投球速度（d=2.18）」と「投球距離（d=1.98）」であったことから，運動能力は男女差が大きいことがわかります。

　効果量は，0.2 前後が小さな差，0.5 前後が中程度の差，0.8 前後が大きな差と判断されますので，今回の研究で取り上げた心理的変数の 4 分 3（78%）は小さな差であり，男女は類似しているという仮説は証明されたと結論できます。

[表 6-2] 効果量の大きさ範囲別に見た男女差に関する変数の数（$n = 124$）

効果量（d）	効果量の範囲				
	0-0.10	0.11-0.35	0.36-0.65	0.66-1.00	> 1.00
変数の数	37	59	19	7	2
（%）	30	48	15	6	2

出典：Hyde（2005）より筆者作成。

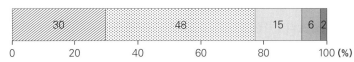

出典：Hyde（2005）より筆者作成。

[図 6-1] 効果量の大きさ範囲別に見た男女差に関する変数の数（$n = 124$）

が，ハイド（Hyde, 2005）が行った研究です（ARTICLES 14）。

ハイドはこれまでの研究動向から男女差はそれほど大きなものではなく，むしろ男性内，女性内での変動が大きいという視点から，ジェンダー類似性仮説を提唱しました。そして，1985年〜2004年の間に発表された男女差に関するメタ分析研究46編（124 **変数**）をデータとして，**効果量**を算出し男女差の程度を調べました。

この論文では，心理的変数として認知的能力（言語獲得，問題解決，数学能力，思考能力），社会的・パーソナリティ要因（リーダーシップ，言語的・非言語的コミュニケーション，自己評価，心理的ウェルビーイング，攻撃性），身体活動，運動能力など多岐にわたる124変数が取り上げられました。［**表6-3**］は結果の一部です。ここでの効果量は，正（+）であれば男性の得点が高く，負（−）であれば女性の得点が高いことを意味します。

ハイドはこの論文でメタ分析の結果を総合し，全ての心理的変数ではないものの，女性と男性が多くの変数で類似していると結論しました。この研究によって，ジェンダー類似性仮説は支持されました。

［**表6-3**］には，男女差を調べた124変数の中からいくつかを抜粋して示しています。ここで，［**表6-3**］の最上段を例にして，記載内容の見方を説明します。

① 研究者の欄に Hyde, Fennema, & Lamon（1990）とあるように，この論文は1990年にハイドとフェネマとラモンの3人の研究者によって発表された論文である。
② 変数欄に「数学計算」「数学概念」「数学課題解決」の3つが記されていることから，この論文ではこれら3種の変数について，それまでに発表された研究をメタ分析していることがわかる。
③ 対象者欄にあるのは使用された論文における調査対象の年齢範囲である。
④ 報告件数に記されている数字は，変数ごとに報告された効果量の数である。「数学計算」については45の効果量が算出され，それらを

[表 6-3] 心理的変数の男女差についてのメタ分析結果

研究者 (発表年)	変数	対象者の年代	報告件数	d
Hyde, Fennema, & Lamon (1990)	数学計算 数学概念 数学課題解決	全年齢 全年齢 全年齢	45 41 48	−0.14 −0.03 +0.08
Hyde, Fennema, Ryan et al. (1990)	数学自信 数学不安	全年齢 全年齢	56 53	+0.16 −0.15
Hyde &Linn (1988)	語彙 読解総合 スピーチ	全年齢 全年齢 全年齢	40 18 12	−0.02 −0.03 −0.33
Eagly & Crowley (1986)	援助行動 援助：監視付き 援助：監視無し	大人 大人 大人	99 16 41	+0.13 +0.74 −0.02
Eagly & Johnson (1990)	リーダーシップ：対人スタイル リーダーシップ：課題スタイル リーダーシップ：民主的/権威的	大人 大人 大人	153 154 28	−0.04〜−0.07 0.00〜−0.09 +0.22〜+0.34
Eagly et al. (1992)	リーダーシップ評価	大人	114	+0.05
Eagly et al. (1995)	リーダーシップ効果	大人	76	−0.02
Eagly et al. (2003)	リーダーシップ：変革型 リーダーシップ：交換型 リーダーシップ：放任型	大人 大人 大人	44 51 16	−0.10 −0.13〜+0.27 +0.16
Kling et al. (1999)	自尊感情 自尊感情	全年齢 青年	216 15	+0.21 +0.04〜+0.16
Major et al. (1999)	自尊感情	全年齢	226	+0.14
Twenge & Nolen-Hoeksema (2002)	うつ症状	8-16 歳	310	+0.02
Wood et al. (1989)	生活満足感 幸福感	大人 大人	17 22	− 0.03 − 0.07
Pinquqrt & Sorensen (2001)	生活満足感 自尊感情 幸福感	高齢者 高齢者 高齢者	176 59 56	+ 0.08 + 0.08 − 0.06
Tamres et al. (2002)	ストレス対処：課題焦点型 ストレス対処：反芻	全年齢 全年齢	22 10	− 0.13 − 0.19
Whitley (1997)	コンピュータ使用 コンピュータ自己効力感	全年齢 全年齢	18 29	+ 0.33 + 0.41
Konrad et al. (2000)	職業選好：収入 職業選好：安全 職業選好：挑戦 職業選好：職場の物理的環境 職業選好：権力	大人 大人 大人 大人 大人	207 182 63 96 68	+ 0.12 − 0.02 + 0.05 − 0.13 + 0.04

注：男性＞女性のとき d は正，男性＜女性のとき d は負。
出典：Hyde（2005）より筆者作成。

メタ分析の指標にしている。

⑤　最後の d 欄にある数値は，変数について報告された全ての効果量
（d）の平均値であり，この変数に関する最終的な結論となる。

　以上をまとめると，ハイドら（Hyde, et al. 1990）によるメタ分析論文において，
「数学計算」の性差を検定した 45 件の研究の効果量 d を算出したところ，それ
らの平均は− 0.14 になりました。d は負の値ですから女性のほうが男性より高いの
ですが，− 0.14 という値は小さな差ということになります。
　［図6-2］は，効果量の大きさと 2 つの分布の重なりの関係を示したものです。効
果量が $d = 0.2$ のとき重なりは 85.2%もあるため差異は小さいと判断され，$d = 0.5$
で重なりが 67.5%のため中程度の差，$d = 0.8$ で重なりが 52.6%のため大きな差
があると判断されます。
　［表6-3］にある他の変数の結果をみると，スピーチ（− 0.33）とコンピュータ関連
（0.33 と 0.41）は中程度の男女差といってよいかもしれませんが，語彙などの言語
能力，援助行動，リーダーシップスタイル，リーダーシップ評価，リーダーシップ効
果，自尊感情，うつ症状，生活満足感，幸福感，ストレス対処，職業選好など
は多くが 0.1 未満となっていることから，多くの変数では男女差が小さいといってよ
いでしょう。
　ジェンダー差があるはずだという過剰な主張によって，さまざま問題が生じる可能

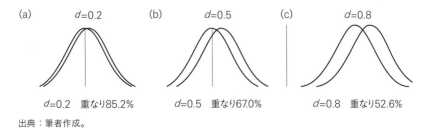

出典：筆者作成。

［図 6-2］　効果量の大きさと分布の重なり

性があります。それらは多くの有害な現象を生み出します。例えば女性が職場で活躍するための機会を奪います。また，夫婦や恋人は「男女は異なる」という前提によって必要以上の葛藤や誤ったコミュニケーションに陥るかもしれません。女性が低い自尊感情をもっていると思い込んだり，自信を低めてしまう可能性もあります。理数系の分野で女性が男性より劣っているという前提は，依然として社会や個人を支配しています。最も重要なことは，これらの主張が科学的データによって実は保証されていないということです。しかし多くの場合に，一般の人々がこうした正しい知識にふれることが少ないため，ジェンダー差に関する思い込みは解消されにくいものとなっています。

(2) ジェンダー類似性仮説の根拠

ここからはこの主張の根拠となっているハイドの研究をみていきましょう。2005年の研究では，ハイドは46編のメタ分析研究（同一のテーマについて行った複数の研究を総合的に分析した研究：第1章 KEYWORD を参照）をレビューした結果，ARTICLES 14 に示したように，124 変数のうち，37（30%）の変数では男女差の程度を示す効果量 d が 0 - 0.10 の範囲，59（48%）の変数では d が 0.11 - 0.35 の範囲にあり，ここまでで全体の 78% を示しました（[表6-2]，[図6-1]参照）。ハイドのメタ分析結果では，3割のテーマで男女差はほとんど無し，5割弱のテーマで男女差が小さいということから，男女は類似していると結論づけました。男女は根本的に異なっているという一般な思い込みがありますが，ハイド（Hyde, 2005）は46編のメタ分析論文から，男女が非常に類似しているということを示したのです。

この挑戦的な報告以降，メタ分析を用いた男女差研究への関心が高まりました。ツェルら（Zell et al., 2015）は106編のメタ分析論文を基データとして，386の変数別に算出した効果量を用いてジェンダー類似性仮説を再分析しました。その結果，心理的変数（認知的変数，社会的・人格的変数，ウェルビーイングなど）では，男女差が少ない変数が 46.1%，非常に小さい変数が 39.4% という結果となり，ハイドのジェンダー類似性仮説を強く支持しました（[図6-3]参照）。彼らはさらに，年

齢，文化，世代といったジェンダー差の調整要因を検討するために，［図6-4］のように要因ごとに各変数の効果量を算出しました。以下に分析結果を要約します。

① 研究領域については，認知と社会・人格が *d*＝.22 と同じ値であり，ウェルビーイングが他より小さく *d*＝.14 であった。いずれも男女差は小さいといえる。

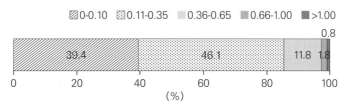

出典：Zell, et al. (2015)より筆者作成。

［**図6-3**］　効果量の範囲別にみた男女差に関する報告件数（*n*＝386）

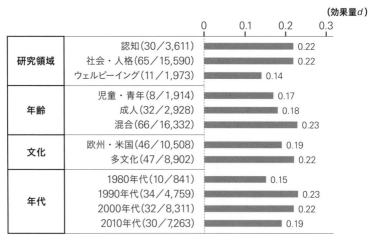

注：（　）内の数値は，（メタ分析論文数／報告件数）。
出典：Zell, et al. (2015)より筆者作成。

［**図6-4**］　調整要因別にみた男女差の効果量

② 年齢については，児童・青年が $d=0.17$，成人が $d=0.18$ とほぼ同じ値であった。多くの研究は広範囲の年齢をカバーしており，混合の効果量（$d=0.23$）から男女差は小さいレベルであった。

③ 文化については，欧州・米国が $d=0.19$，多文化が $d=0.22$ といずれも男女差は小さいレベルである。年代については，最近になるほど男女差は縮小していると予想されたが，実際には年代での変化は明確ではなく，特に 1990 年代以降はほぼ同程度の男女差（$d=0.20$）となっている。

以上の結果から，1つの調整要因内では効果量がほぼ同程度であることから，調整要因の効果は認められなかったとゼルらは結論しました。

KEYWORDS

変数　variable
心理学では，測定される心理的事象の全てを変数と考える。たとえば，ある性格検査によって測定された性格特性（外向性，内向性など）や，実験によって操作する諸条件（独立変数，従属変数），刺激と反応との関係を説明する諸概念（不安，動因，態度など）。

効果量　effect size
ある研究での効果の大きさのこと。効果量は，関係の強さや異なる条件間での平均値の差の大きさの指標とされる。効果量で表示することの利点は，サンプルの大きさに依存しないことにある。

---

3 —— リーダーシップにおける男女の類似性と差異

本節では，リーダーシップの男女差と類似性に焦点を当てた研究をとりあげ，研究の上ではどのような結果が得られているのかを考察します。

（1） リーダーシップスタイルの男女比較

　リーダーシップスタイルの男女差に関しては，比較的古くから研究がされており，民主的 VS 専制的などいくつかのリーダーシップスタイルで男女差があるといわれてきました。

　［表6-4］に示した結果は，イーグリーとジョンソン（Eagly & Johnson, 1990）によるリーダーシップスタイルの男女差です。この表における d の値は，ステレオタイプ的であれば正の値となり，反ステレオタイプ的であれば負の値をとるように設定されています。結果を要約したものが①～③です。なお④～⑥は，イーグリーらが同様のテーマで行った他の研究での知見をまとめたものです。

① **対人志向的リーダーシップスタイルにおける男女差は d＝0.07 であることから，このテーマを扱った153件の研究結果での男女差は非常に小さく，差があるとすれば僅かに女性がこのスタイルをとりやすいということになる。**

② **課題志向的リーダーシップスタイルに関する154件の研究結果は平均で d＝−0.09 であることから，これも男女差は非常に僅かなものであると言える。しかし僅かな差は，反ステレオタイプ的な方向に向いており，女性のほうが課題志向型であるという結果であった。**

［表6-4］　リーダーシップスタイルの男女差

リーダーシップスタイル	報告件数	効果量（d）
リーダーシップ：対人志向的	153	0.07
リーダーシップ：課題志向的	154	− 0.09
リーダーシップ：民主的／権威的	28	0.34

出典：Eagly & Johnson（1990）より筆者作成。
注）d が正の値のときはステレオタイプ的な差，d が負の値のときは反ステレオタイプ的な差を示す。

③ 民主的リーダーシップスタイルか権威的リーダーシップスタイルかということについては，これを取りあげた 28 件の研究における平均の男女差が $d=0.34$ であり，ステレオタイプの方向に小さな差が認められた。よって，女性がより民主的リーダーシップスタイルをとり，男性がより権威的リーダーシップスタイルをとるという結果であった。

④ Eagly & Johnson（1990）のリーダーシップ評価では，114 件の効果量を平均すると 0.05 という値となり，殆ど男女差がないという結果であった。

⑤ Eagly, et al.（1995）のリーダーシップ効果については，76 件の効果量を平均したものが− 0.02 という値であり，これも殆ど男女がないことになる。

⑥ Eagly, et al.（2003）のリーダーシップ：変革型では− 0.10，交換型では− 0.13〜0.27，放任型では 0.16 であり，これらの結果から変革型は女性に優位であるもののその差異は小さい。交換型では研究結果にバラツキがあるものの男女差の範囲は大きくない，放任型は男性が優位だがその差異は小さい。

　以上のように，男女のリーダーシップに関しては，民主的／権威的の面で若干の男女差がみられた以外には，リーダーシップのスタイル，評価，効果ともに男女差は非常に少ないことが明らかにされました。

（2）変革型リーダーシップに関する男女比較

　ARTICLES 15 に紹介するように，イーグリーら（Eagly et al., 2003）は変革型リーダーシップを測定する尺度 MLQ-5X（Multifactor Leadership Questionnaire Form-5X）を用いて，男女のリーダーシップスタイルを比較した 45 編の論文をメタ分析しました。その結果は［図 6-5］のとおりです。ただしこの図は，第 1 章で紹介したバスとアボリオの結果と比較できるように，一部の変数のみを選んで作図しました。

変革型，交換型，放任型
リーダーシップ
——メタ分析による男女比較
イーグリーら（2003）

目 的

　男女のリーダーシップスタイルに関する 45 編の論文をメタ分析し，男女のリーダーシップスタイルを比較しました

方 法

　心理学，教育学，社会学分野のデータベースに収録された論文，学位論文および学会誌に掲載予定の論文の中から，変革的（transform, transforming, transformational），交換的（transactional）をキーワードとして論文を抽出し，さらに多因子リーダーシップ尺度（および類似の尺度）を用いて指導的立場にある人を評価した論文 45 編が本研究の分析対象となりました。これらの 36％はリーダーの自己評価，38％が部下からの評価，2％が同僚からの評価，24％は複合的な評価（自身と部下など）を扱っていました。

　多因子リーダーシップ尺度は，変革型リーダーシップが 4 下位尺度（カリスマ性，士気の鼓舞，知的刺激，個人的配慮）と交換型リーダーシップが 4 下位尺度（状況に応じた報酬，逸脱管理（能動的），逸脱管理（受動的），無干渉（自由放任）），成果が 3 下位尺度（優れた努力，有効性，満足感）の計 11 下位尺度から構成されます。分析対象となった 45 編の論文では，11 下位尺度の中でデータがあるものについて効果量が算出されました。

変革型，交換型，放任型リーダーシップ ｜ イーグリーら（2003）

結 果

　[図6-5]は，下位尺度ごとに効果量（Cohen's d）を示したものです。研究結果から，女性リーダーは男性リーダーより変革型リーダーシップスタイルを採用する傾向があり，男性リーダーは一般的に交換型リーダーシップスタイルを採用する傾向がみられます。ただし，交換型リーダーシップスタイルのうち「状況に応じた報酬」では女性リーダーが男性リーダーより得点が高いことが示されました。

　効果量は d＝0.2 前後で小さな差，d＝0.5 前後で中程度の差，d＝0.8 前後で大きな差と判断されますので，今回の研究では，リーダーシップスタイルに僅かな男女差が示されましたが，男女リーダー間の効果量はいずれも小さな差の範囲に留まっています。

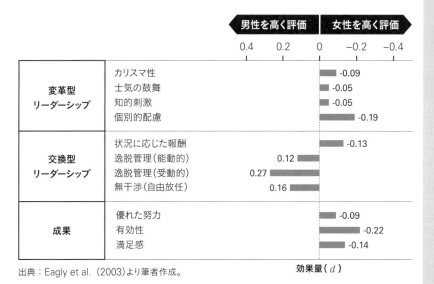

出典：Eagly et al.（2003）より筆者作成。

[**図 6-5**] リーダーシップスタイルの男女比較

[図6-5]からわかるように，変革型リーダーシップの全ての因子と交換型リーダーシップの状況に応じた報酬の因子，さらに成果の3因子（優れた努力，有効性，満足感）において，女性は男性より得点が高いことが示されました。一方，交換型リーダーシップの3因子（逸脱管理（能動的），逸脱管理（受動的），無干渉（自由放任））では，男性の得点が女性より高いという結果となっています。これらのパターンはバスとアボリオ（Bass & Avolio, 1994）の結果と驚くほど一致しています。しかし，効果量はイーグリーらの研究のほうが大分小さな値となっていることから，多数の研究を総合的にみることにより，平均化された男女のリーダーシップスタイルには殆ど差異がないということが結論づけられます。

効果量の値から男女差の程度を判断するめやすについて，$d = 0.2$ 前後で差は小さい，$d = 0.5$ 前後で差は中程度，$d = 0.8$ 前後で差は大きい，というものが一般的です。今回の d は最も高い値で 0.27（逸脱管理（受動的））ですから，全体に差は全くないかあっても小さい範囲に留まっていることが分かります。イーグリーらが結論づけているように，MLQ によって測定されたリーダーシップスタイルは，男女で非常に類似していると言えるでしょう。

また，リーダーシップの有効性という面で，女性リーダーは男性リーダーと比べて遜色がなく，むしろより高く評価される可能性があることも，この研究から明らかになりました。この点もバスとアボリオの研究と同様の結果でした。

(3) リーダーシップの類似性についての研究と現場の解離

本章でみてきたように，研究からはリーダーシップのスタイルや効果性について男女差が殆どないことが 1990 年代から検証されてきたにもかかわらず，その後30 年が経過した現在でもトップの地位に就く女性リーダーは非常に限られたままです。このような社会の現状と研究上の解離はなぜそのままにされているのでしょうか。

この点に関して，非常に強固なステレオタイプによって社会や職場が変化しないということが多くの研究者によって指摘されています。また，ステレオタイプの解消だけでなく，社会制度や職場の慣行などシステムの変更がなければ女性活躍は進まないと主張する研究者も近年増加しています。しかしそれ以前に，一般の人々が

これらの研究知見を目にする機会がそもそも無いのは残念なことです。もっと研究知見を社会に知らせていくことが，研究者の責任でもあると思います。

KEYWORDS

対人志向的リーダーシップスタイル　interpersonally oriented leadership style
フォロワー間の対人関係に配慮し，リーダーとフォロワーの間に相互信頼を創り出すような行動スタイル。

課題志向的リーダーシップスタイル　task oriented leadership style
フォロワーの役割や手順を明確化することによって，目標達成に導く行動スタイル。

民主的リーダーシップスタイル　democratic leadership style
平等主義的な集団風土を作り，それを維持しようとするリーダーシップのあり方。このタイプのリーダーがいる集団のメンバーは，自ら計画を立案し，遂行して問題を解決しようと試み，創造的でモラルが高いとされる。

権威的リーダーシップスタイル　authoritarian leadership style
リーダーがフォロワーの意見や好みを考慮することなく方針を決定するリーダーシップのあり方。リーダーが不在のときには作業効率が落ち，リーダーに対する依存心が強く，より不満が高くなる傾向があるとされる。

第 **7** 章

組織の構造や制度に関する理論

1 ── 女性のリーダーシップに及ぼす社会構造や制度の影響

　私たちは置かれた状況によって制約を受け，独特の行動や意識を示すことがあります。本節では，このような状況的制約に注目する社会構造的視点からリーダーシップの男女差を考察します。

（1）予言の自己成就

　予言の自己成就とは，1948年に社会学者のマートン（Merton, 1948）が提唱した概念であり，「最初の誤った状況の規定が新しい行動を呼び起こし，その行動が当初の誤った考えを真実なものとすること」と説明しています。例えば，受験生がきっと失敗すると思い込んでしまうと，不安な受験生は勉強するよりも，くよくよして多くの時間を浪費し，試験では実際に失敗してしまうというような状況が当てはまります。

　宗方（1996）は，男性上司が女性部下に対して抱いた先入観（女性は昇進・昇格意欲が乏しい）が，女性部下への働きかけを消極的にすることで，女性部下の意欲を低めてしまう事態を予言の自己成就概念で説明しました。例えば，「総合職として勤続3年目のSさんが，女性蔑視の上司のもとで働くうちに，徐々に自信とやる気をなくしてしまう」という事態です。

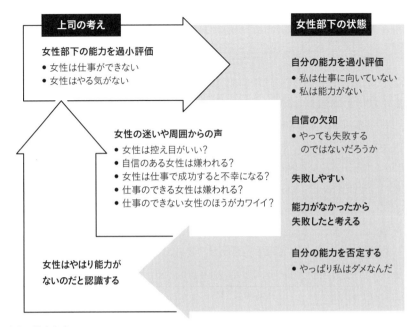

上司の考え

女性部下の能力を過小評価
● 女性は仕事ができない
● 女性はやる気がない

女性の迷いや周囲からの声
● 女性は控え目がいい？
● 自信のある女性は嫌われる？
● 女性は仕事で成功すると不幸になる？
● 仕事のできる女性は嫌われる？
● 仕事のできない女性のほうがカワイイ？

**女性はやはり能力が
ないのだと認識する**

女性部下の状態

自分の能力を過小評価
● 私は仕事に向いていない
● 私は能力がない

自信の欠如
● やっても失敗する
  のではないだろうか

失敗しやすい

**能力がなかったから
失敗したと考える**

自分の能力を否定する
● やっぱり私はダメなんだ

出典：筆者作成。

［**図7-1**］　予言の自己成就からみた上司と女性部下の影響関係

　［**図7-1**］は，上司と女性部下の心の動きと行動の流れを示したものです。入社当初は，意欲と自信に満ちていたＳさんですが，女性の能力を評価してくれない上司と毎日接しているうちに，「私は仕事に向いていないのかな」「能力がないのかな」などと不安になり，仕事上の失敗も多くなってきました。「女性は控え目がいい」「自信のある女性は嫌われる」などという周囲の声も気になります。さて，この一見ありふれた状況のなかには，いくつかの重要な疑問が隠されています。

　①　なぜＳさんは，自分の能力を過小評価するようになったのか。
　②　なぜＳさんは，仕事で成功することや昇進することに不安を感じるのか。
　③　なぜＳさんは，失敗の原因を自分の能力がないからと考えたのか。

④　なぜＳさん一人の失敗が，女性全体のこととして一般化されてしまう
　　のか。

　これらの疑問への答えは，私たち人間がいかに他者や組織そして社会といった，
自分をとりまく環境から影響を受けやすいかを考えると分かります。
　さてもう一度，予言の自己成就のメカニズムを整理してみましょう。予言の自己成
就とは，ある人（A）が他者（B）に対して「彼女（彼）は……である」といった仮
説をもつと，Aはその仮説を実現させるような行動を無意識にとり，その結果として
Bの行動が仮説どおりになってしまうという事態をさします。Ｓさんの事例にもどる
と，上司は「どうせ女性は男性より劣る」と思っているので，女性部下の仕事は応
援してくれません。それどころか，女性がよい成績をあげると機嫌が悪くなってしま
います。上司のこのような態度や行動は，女性の部下たちのやる気を低下させ，
仕事ぶりを悪くさせてしまいます。そして最終的には，「女性は能力がない」という
上司の予言は成就したことになってしまうのです。
　山口（2017）は予言の自己成就について，「ある人々が他の人々に対し，一定の
結果の予言をすると，それが他者の特定のインセンティブを変えることで予言が実
現してしまう」と説明しています。そしてその例として，企業が女性雇用者にいず
れ結婚・育児離職をするからという予測のもとに，男性雇用者と同等に昇進・昇
給の機会や OJT（On the Job Training）の機会を与えないために，女性雇用者
が離職する事態をあげています。
　このように周囲からの影響によって，女性の意識や行動が変わってしまうことは
女性自身も，影響を与えている周囲も気づいていないことが多いというところに怖さ
があります。

（2）ピグマリオン効果

　心理学の古典的な研究として，**ピグマリオン効果**と呼ばれる研究をご存知の方
も多いと思います。ローゼンタールとジェイコブソン（Rosenthal & Jacobson，
1968）は，米国の小学校で大規模な実験を行いました。

彼らは，ハーバード躍進学習能力検査という新しい知能検査を各学年で実施し，特定の子どもについて「残りの80%の子どもに比べて，来年までに学習能力の著しい芽生えを示す」とクラス担任に伝えました。1年後，ローゼンタールらはもう一度同じ知能検査を実施し，1年前の結果と比較しました。その結果が［図7-2］です。

　［図7-2］から低学年の児童で特に知能検査の得点が増加しているのがわかります。注目すべき点は，この増加が教師の期待でしか説明できない点です。なぜなら優秀だと告げられた子どもたちは，実は実験者が無作為に抽出したにすぎなかったからです。また子どもが優秀であるという偽りの情報は，クラス担当の教員だけが知っていたのです。この研究には，サンプルが少ない，高学年では効果がみられないなどの批判がありましたが，教師の期待が生徒の成績に影響することについていくつかの追試で実証されています。

　この研究は「教室の中のピグマリオン」というタイトルがつけられていますが，ピ

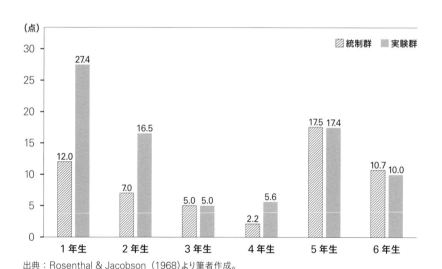

出典：Rosenthal & Jacobson（1968）より筆者作成。

［図7-2］　実験群と統制群の成績比較（IQ合計点の増加分）

グマリオンとはギリシャ神話に出てくる王様です。ピグマリオンは自分が作った女性の彫像を深く愛し，彫像が実際の女性になるという願いがかなったことから，期待が実現することの象徴として使われています。また，親の期待も子どもの成績に影響することが知られています。さらに子どもだけでなく，大人や高齢者を対象とした期待の効果も検証されました。

　以上のように期待は私たちの意識と行動を前向きなものにする上で，非常に効果的な要因です。逆に，期待されない人々はどのような影響を受けるのでしょうか。女性が学業の面でも職業についても，親や教師からあまり期待されずに成長し，就職後も上司や職場から期待されないとしたら，そのネガティブな影響は計り知れないものがあると推測されます。女性の就業意欲や昇進意欲が低いという現状について，期待という側面からの解釈は役立つ可能性があります。

KEYWORDS

予言の自己成就　self-fulfilling prophecy
最初の誤った状況規定が新しい行動を呼び起こし，その行動が当初の誤った考えを真実なものとすること。

OJT　on the job training
被雇用者の知識，スキル，能力の向上発達を目的として，通常の仕事時間内に職場で課される訓練。職場内訓練とも訳される。対比される訓練として，職場以外の場所，多くは研修室などで行われる Off-JT（off the job training）がある。

ピグマリオン効果　Pygmalion effect
指導者や上司による期待が弟子や部下の振る舞いを期待どおりに導く効果。予言の自己成就あるいは期待効果の一種である。

---

2 ── トークン理論

　リーダーシップ研究は非常に学際的であり，心理学以外でも盛んに研究されてき

ました。本節では，社会学者カンター（Kanter, 1977）が行った研究から，組織の男女比が管理職の行動に与える影響について考察します。

（1）トークンとは

　カンターは 1977 年に，大企業での**エスノグラフィー**研究に基づく『企業のなかの男と女』という本を出版しました。同書でカンターは，組織の特定の集団における人数的な違いが不平等を生み出していくメカニズムをトークン理論として提唱しています。**トークン**（象徴）とは，組織内での集団に占める一定の地位やランクの人数が 15%以下のメンバーをさします。例えば，ある企業における女性管理職の割合が 10%であれば，この職場で女性管理職はトークンとして扱われます。少数派は個人として扱われず，むしろ女性の代表として扱われるので，「トークン（象徴）」と名づけられました。小さなグループの場合，トークンは 1 人か 2 人であるかもしれませんが，そのような場合にトークンが力を持つことは難しいのです。

　カンターによれば，少数派が 35%ぐらいの割合になるとようやく均等なバランス状態となるので，この比率を集団としても個人としても存在することが可能となる比率であると主張しました。［図7-3］は，組織内の構成メンバーの分類を示したものです。図の中にでてくる単一グループ，非対象グループ，傾斜グループ，均衡グループは，それぞれ以下のように説明されます。

①　単一グループとは，性別，人種などで同一性を保ち，集団類型的には 100%対 0%の比率を構成する。

②　非対称グループでは，85 対 15 の割合を上限として，あるグループが多数派となり，他のグループが少数派となる。多数派グループは少数派グループの特徴まで支配することから**ドミナント**（支配グループ）と呼ぶ。少数派は，個人として扱われず，例えば女性の代表として扱われるので，**トークン**（象徴）と名づけた。

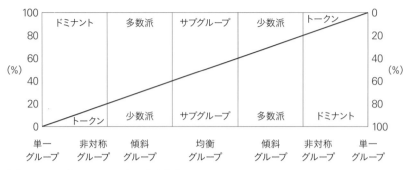

出典：Kanter（1993 = 1995）より筆者作成。

[図 7-3]　組織内の構成メンバーの分類

 ③ 傾斜グループでは，構成員が65対35ぐらいの割合にあり，多数派はドミナントのような力はもたない。

 ④ 均衡グループでは，構成員の割合が60対40から50対50であり，グループのバランスが均衡する。グループの雰囲気や人間関係は均衡関係を反映し，多数派も少数派も単なるサブグループの1つとなる。各人の実績は，メンバーの類型分類上の特徴に帰されることがない。

 以上のように，組織がどのような人員によって構成されているかによって，各メンバーのもつ権力や影響力は左右されます。特に，トークンと名づけられた少数派による他者や組織への影響力は，非常に限られたものとなります。構成比と勢力の関係を具体的かつ詳細に示したカンターの研究は，研究者だけでなく当時の米国社会にも大きなインパクトを与えました。

（2）トークンが経験しやすい問題

 トークンがなぜ特異な状況に置かれるかについて，カンターは以下のように説明しています。集団での唯一のメンバーである「ソロ」と15％以下の「トークン」は，

[表7-1] トークンが経験しやすい問題

可視性	注目の的になるということであり，トークンは少数者であるがために，その行動が何かにつけて目立ちやすくなる。その結果として可視性が高まる。
対照性	両極化や誇張化ともいわれる。他のメンバーと異なる社会的特徴を備えた存在が現れると，多数派メンバーは自分たちとの相違点をより意識して誇張するようになる。
同化性	トークンの特徴は少数であるがために多様性がなく，ステレオタイプ化されやすい。トークンは他との違いが際立つ一方で，ステレオタイプに当てはまらない個人としての特徴は見過ごされがちである。

出典：Kanter（1993 ＝ 1995）より筆者作成。

数の上での多数派やドミナントと比べて，地位，威信，そして組織内での影響力が低く，［表7-1]に示したような可視性，対照性，そして同化性などといった多様な問題によって否定的な経験をしがちです。

　トークン理論は，すべての下位集団に平等に適応されるわけではないといわれます。例えば，女性職のなかでの男性トークンは，男性優位な職業で女性トークンが直面するような経験はせず，むしろ有利な立場にあることが指摘されています。少数派は数の上で少ないというより，勢力の弱さを示しており，その意味では劣勢集団といったほうが正しいのかもしれません。

(3) トークンであることによる行動傾向

　これまで女性管理職の行動傾向とされてきた多くが，トークンであることによるものであるというのが，カンターの主張です。トークンは様々な精神的ストレスに晒されるといわれます。対人関係における不満，自己に対するイメージの不安定さ，他者と自身からの異なる要求に対応することから生じるフラストレーション，情緒不安定などの精神的，社会的困難，自己表現の抑制，無力感，あるいは自己嫌悪感などです。これらの症状や問題行動は，両価的な地位あるいは不明瞭な地位をもつ人々の多くに見られる現象として理解することができます。組織はそこにいる人間に影響を及ぼし，反対に人々の行動は置かれている状況を映し出します。カンター

は人々の行動が，[表7-2]～[表7-4]に示される，①機会の構造，②権力の構造，③集団の属性比率による影響によって特徴づけられる可能性があることを指摘しています。

　カンターによれば，職場において男女間の行動の違いと思われているものが，組織内で男女が置かれている状況に対する反応であるということになります。例えば，

[表 7-2]　機会の構造による影響

機会が少ない人	機会が多い人
・自分のやる気を抑える。一般的に異動を望まず，責任や参加が増えることの価値を認めない。	・やる気がある。
・自尊心が低く，自分の能力を過小評価する。	・自尊心が高く，自分の能力の価値を認め，高く見積もる。
・仕事以外の活動に満足を求め，逃避を夢に見ることが多く，自分の職歴を中断する（時にはその職務自体の不安のための中断もあるが）。	・仕事を人生の中心的関心事とみなす。
・「水平的」な思考を持ち，仲間と比較をする。	・組織に専念し，そのために犠牲を払いその目標の価値を認める。
・権力が高い人間，経済管理の人間に批判的である。あるいは少なくともそういう人間と自己同一化することができない。	・競争的でライバルと張り合う傾向がある。
・直接的に抗議をしたり変化を求めたりすることが少なく，むしろ不満を述べ合ったり他者を拘束しようとする。	・「垂直」志向があり，上部にいる人間と比較する。
・仲間に忠誠心を強く要請して，彼ら（彼女ら）に仲間集団を擁護することを求め，集団意識を強める。その集団のメンバーが異動することを妨げる。	・より権力がある人間に愛着を持ち，彼ら（彼女ら）から認められることを求め，同一化しようとする。
・より大きな組織よりも身近な集団に愛着心を持ち，それゆえ，視野が狭い。動かずにじっと耐える。	・権力と活動志向の非公式グループを作る。
・最低限生き伸びることと外部からの報奨にこだわる。その仕事の経済的あるいは社会的な利益にこだわる。	・不満がある時は変革を求め，活発な抗議活動に関わる。集団行動や公的な集会，変革への提案などに加わる。
	・自分を小さな単位のメンバーではなく，より広い組織のメンバーとみなす。
	・異動し続けないと苛々不満を抱く。
	・異動と成長への道具として仕事に関わる。それゆえに，学習の可能性など本質的な側面に関心を持つ。

出典：Kanter（1993 ＝ 1995）より筆者作成。

[**表 7-3**]　権力の構造による影響

組織権力が少ない人	組織権力が大きい人
・集団の士気が低い ・より指示的で権威的な振る舞い方をする ・統率力を保持し，部下の成長や自律のために与えるべき機会を制限し，密接な監督をする。 ・部下を自分の地位の評価や地位の高さの準拠体系として用いる。 ・才能ある部下の足を引っぱることで，交替させられるかもしれないという脅威を減らそうとする。 ・説得的な権力よりも高圧的な権力を用いる。 ・自分の縄張を支配することにこだわり，ふさわしくない場においてもそれにしがみつく。 ・あまり好かれないし，権力が高い人々との会合ではあまり話さない。	・集団の士気を高く保つ。 ・部下は否定性や攻撃性を持たないことが多い。部下の間に批判的な行動は少なく，より協調的な行動が現れる。それゆえ，強い統率力を行使する必要が少ない。 ・あまり厳格ではない。指示的だったり権威的な行動をあまりとらず，部下に統率力を委託することが多い。自由裁量を許すことが多い。 ・部下に自分と共に異動する機会を与え，才能ある部下を見いだし向上させる。 ・行動は妨害的ではなく援助的なことが多い。 ・周囲に好かれ，会合では話しかけられることが多い。より多くのコミュニケーションを持つ。

出典：Kanter（1993 = 1995）より筆者作成。

[**表 7-4**]　集団の属性比率による影響

集団に同じ属性の人が少ない人	集団に同じ属性の人が多い人
・目立つことが多く，「見せ物」になる。 ・同調するようにとの圧力や間違いをしないようにとの圧力をより多く感じる。 ・「信用」を得るのがより難しい。管理的職務のように不確実性が高いところでは特にそうである。 ・孤立し周辺的な存在となる。 ・非公式な同僚間のネットワークから除外される傾向が強く，それゆえ同盟を通して得られる権力に限界がある。 ・自分と似た人が上層部に少ないために「スポンサー」がつきにくい。 ・固定観念で捉えられ，その能力発揮が限定される役割にはまりやすい。 ・より多くのストレスを感じる。	・その集団の一員だとみなされやすく，溶け込みやすい。 ・コミュニケーション重視の管理的職務にふさわしい存在とみなされる。 ・管理職など不確実性が高いポジションへの「信用」が得られやすい。 ・地位の高い組織成員による「スポンサー」がつきやすい。 ・正確な捉えられ方をする。一貫したアイデンティティを持ち，自己表現が楽である。 ・ストレスが少ない。

出典：Kanter（1993 = 1995）より筆者作成。

男性の方が野心的で仕事熱心であり，女性は人間関係をより重視すると考えられている場合に，このような行動傾向は女性の仕事による機会が少ないからともいえます。実際，昇進や異動の機会が少ない男性の行動も，仕事への意欲が低く，仕事以外の活動に満足を求め，仕事よりも人間関係を優先するような社交的な仲間集団を作る傾向がありました（Kanter, 1933 = 1995）。

（4）組織は画一化を求める

　組織は，無意識に従来の制度を維持する傾向があり，そのために女性がリーダーになることが阻害されていると，カンターは警告しました。新しく誰かを昇進させたり採用する場合に，在職者が自分に似た人を選抜する傾向にあるというのです。このプロセスにおいて，ドミナントグループは組織内で地位を維持し周囲を制御することが保証されます。画一化が進むことによって，外集団がリーダーになることは困難となり，権威のポジションにアクセスすることはドミナントグループによって独占されてしまいます。

　上司が自分と似た人を昇進させる理由について，カンターは経営管理の職にまつわる不確実性を低め，確実性を高めるためであるとして以下のように説明しています（Kanter, 1977）。「確実性を高めるため，社会的他者を排除する堅牢な内部組織の発達，社会的に似た背景をもつ仲間への支配権の委譲，同調性の重視，無限の忠誠心の要請，社会的に異種とみなされる人物との関わりから生まれる緊張関係を嫌いコミュニケーションの楽な方を選ぶことである」。

　カンターは変わるべきは女性個人ではなく組織であると考え，個人モデル（職場の不均衡は個人の内部に原因がある）を否定しました。個人モデルは，女性間の差異や職場での男女の行動に共通性があることを無視する傾向があります。カンターの主張から40年以上が経過した今日でも，女性活躍が進展しない理由として，「女性の意欲が低い」といった女性個人の問題が重視されています。この点については次の節でとりあげるように，山口（2017）やティンズリーとイーリー（Tinsley & Ely, 2018 = 2018）もカンターと同様，女性活躍が進まない本当の理由は，職場の構造や制度にあると指摘しています。

KEYWORDS

エスノグラフィー　ethnography
集団や社会の行動様式をフィールドワークによって調査・記録する手法およびその
記録文書のことを表す文化人類学，社会学の用語。エスノ（ethno-）は「民族」
を，グラフィー（-graphy）は「記述」を意味し，一般に「民族誌」と訳される。

トークン　tokens
象徴という意味をもち，組織内での集団に占める一定の地位やランクの人数が15％
以下のメンバーをさす。

ドミナント　dominant
組織内での集団に占める人数が60％〜80％を占める集団は，少数グループを支
配する傾向にあることから，多数集団をこのように名づけた。

3 ── 社会的ネットワーク理論

　本節では，ティンズリーとイーリー（Tinsley & Ely, 2018）が提唱した，社会的
ネットワーク理論を紹介します。イーリーは，「女性は競争心が弱い」などといった
俗説に疑問をもつよう呼びかけ，女性活用が進まない本当の理由を**社会的ネット
ワーク理論**によって説明しています。

（1）女性の昇進が停滞する本当の理由

　女性の昇進が停滞したり管理職が少ない理由として，仕事と家庭の両立が困難
であるということがしばしば挙げられます。しかし，イーリーとパダビッチ（Ely & Pa-
davic, 2020）によれば，「過重な労働を是とする文化」がもっとも大きな理由であ
り，背景にはそれを覆い隠そうとする社会的・心理的防衛システムが働いていると
指摘しています。
　イーリーとパタビッチの調査では，仕事と家庭の両立による葛藤は男性も同様に

抱いていました。しかし，組織は家族との時間がとれない悲しみを感じているのは女性だという設定をつくり上げることによって，男性が仕事熱心な労働者として行動することを可能にし，女性には職場にいることは場違いだと日常的に意識させ，向上心を抑制する圧力になると主張しました。

この研究から，女性の昇進を阻害する圧力として，[表7-5]に示した3点が明らかになりました。1つ目の圧力は，仕事と家庭のバランスを取るために，女性はパートタイム勤務や社内向けの役割への異動といった調整措置を取るように促され，それによって出世コースから外れてしまうというものです。男性の場合にはたとえ仕事と家庭の葛藤を感じていたとしても，調整措置を利用した人は皆無でした。女性だけが調整措置を利用することによって，出世コースを外れたという不名誉なレッテルを貼られ，個人レベルでは権力，地位，収入が犠牲になりました。そして集団レベルでは，権力のある地位は男性のものという図式が継続することになるのです。

2つ目の圧力は，攻撃的で男らしいスタイルを受け入れるべきだというプレッシャーです。女性たちは人間関係を重視するスタイルを放棄しなければならいと感じるかもしれません。女性らしくすることで，切れ者ではないという印象を与えかねないからです。

3つ目の圧力は，子どものいる管理職が悪い母親と認識される可能性についてのプレッシャーです。高い業績を示した子どものいる管理職に対する批判と評価の

[表7-5]　女性の昇進を阻害する3つの圧力

圧力　1	仕事と家庭のバランスを取るための調整措置となるパートタイム勤務や社内向けの仕事への転換は，出世コースから外れるという圧力。
圧力　2	攻撃的で「男らしい」スタイルを受け入れて，「女性ならでは」の人間関係を重視するスタイルを放棄しなければならないという圧力。
圧力　3	子どものいる女性管理職が「悪い母親」として批判される。仕事と家庭を両立すること，あるいは出世を目指す若手の女性社員にとって，仕事に打ち込むことは多大な代償を伴う恐れがあると感じさせる圧力。

出典：Ely & Padavic（2020）より筆者作成。

低さは，若手の女性社員にとって，仕事に打ち込むことは大きな代償が伴うという
メッセージになるのです。これらの背景には長時間労働という問題があり，それに
直面した女性たちは厳しいジレンマに陥るというのがイーリーとパダビッチの主張で
す。

（2）女性の活躍を促すには

ティンズリーとイーリー（Tinsley & Ely, 2018）は，「職場の男女格差はどのよう
に生まれるのか」と題する論文の中で，ジェンダーギャップが生じる理由についてメ
タ分析を用いて検討しています。一般的には，**ジェンダーパリティ（男女均等）**を
実現できないことの説明として，女性は交渉が下手，自信がない，リスクを回避し
すぎる，キャリアより家庭を大事にするので必要とされる時間を働かない，などが
挙げられます。

しかし，それらは科学的に裏づけられているわけではありません。メタ分析による
と，男女の平均的な性向や考え方，スキルには差がほとんどありません。もし男女
に何らかの心理特性の違いがみられるなら，それは異なる環境や状況が原因であ
ると考えられます。例えば多くの研究から，重要な情報を収集し，支援を受ける
チャンスを提供するネットワークには，女性のほうが組み込まれにくいことがわかっ
ています。ネットワークに組み込まれないことで，昇進に関する情報が入手しにく
かったり，上司に野心や熱意が伝わらないといった不利益が生じます。

ティンズリーとイーリーは，女性が潜在能力を発揮し，成功へのチャンスを最大
化するためには，女性をとりまく背景や状況を変化させる必要があると指摘します。
それが［**表7-6**］に示した，女性の活躍を促す4段階のアプローチです。

第1のアプローチは，女性と仕事にまつわる世の中の俗説に疑問をもつことで
す。これまでの男女差研究からは，競争心や野心，自信について男女差は認めら
れていません。

第2のアプローチは，男女をめぐる固定観念を覆す情報を与え，別の妥当な説
明を考えさせることです。これは次のステップに進むための必要条件となります。

第3のアプローチでは，文脈を変え，結果を評価するというステップを加えま

[表 7-6]　女性の活躍を促す 4 段階アプローチ

	活躍を促す行動
アプローチ 1	俗説に疑問をもつ。 ・女性は競争心が弱い。 ・野心がない。 ・仕事で成功するために必要な自信がない。
アプローチ 2	別の妥当な説明を考える。 ・女性としての難点が問題なのではない。 ・自信や成功をもたらす条件を男性のように経験できないことが問題である。
アプローチ 3	しかるべき変更を行い，結果を評価する。
アプローチ 4	経験的な学習を促す。以下の内容について継続的に学習する。 ・女性に対する思い込みを疑う。 ・状況を積極的に変えることで，女性に成長やチャンスを与える。

出典：Tinsley & Ely（2018）より筆者作成。

す。例えば，男性上司が女性部下に対して自己主張が弱いと感じたとしても，それを女性だからと考えずに，フィードバックを十分に提供してみるなど，文脈を変えて対応することで結果がどうなるかを実験してもらいます。

　第 4 のアプローチは，経験的な学習を促し，固定観念を排した新たな説明や変化が何をもたらすかを，継続的に学び続けるステップです。例えば，定期的に集まって自分たちの学びを共有し，互いにそれを疑い検証するということを続けます。その結果，女性の限界をめぐる古い物語に代わる新しい物語（どうすれば会社が全社員をもっと支援できるかなど）が生まれるようになるだろうと，ティンズリーとイーリーは予測しています。

KEYWORDS　　**ジェンダーパリティ　gender parity**
ジェンダー均等，ジェンダー公平などとも訳される。組織全体，およびそれぞれのレベルにおける女性数と男性数を半々にすること。

第 **III** 部

女性のリーダーシップを
理解するための重要な概念

第 8 章
女性リーダーに関するメタファー

1 ── ガラスのメタファー

　広く知られているガラスの天井をはじめ，女性がリーダーになることに関するガラスを使ったいくつかのメタファー（喩）を取り上げ，ガラスのもつ意味について考察します。

（1）ガラスの天井──今も続いているのか？

　1986年に『ウォール・ストリート・ジャーナル』の記者キャロル・ハイモウィッツ（Carol Hymowitz）とティシー・シェルハート（Timothy D. Schellhardt）は，「出世の階段を着実に上ってきた女性も，やがて目に見えないバリアにぶつかる。経営陣の座にまではあと少しなのに，どうしてもこの**ガラスの天井**を破れない」という記事を書きました（1986年3月24日）。その記事に添えられたイラスト（[図8-1]）が印象的なものだったこともあり，多くの読者の注目を集めることになりました。「ガラスの天井」というメタファー（喩）は，ゴールがすぐそこに見えていながら，そこにたどり着けないもどかしさをみごとに捉えています。特に「ガラス」は，女性が組織の階段を登っているときに遭遇する，「見えない透明なバリア」を巧みに表します。
　ガラスの天井という言葉は，一般の人々の間で瞬く間に流行しただけでなく，女性のリーダーシップについて研究している学者の間でも注目されるようになりました。

出典：Hymowitz & Schellhardt（1986）.

［図 8-1］　ガラスの天井を描いたイラスト

　米国心理学会のデータベース PsycINFO を用いて，「ガラスの天井」をキーワードとした検索を行ったところ，338 件（2022 年 11 月）の論文が抽出されました。
　コッターら（Cotter et al., 2001）は，2001 年に発表した「ガラスの天井の影響」と題する論文の中で，ガラスの天井が特殊なタイプの不平等を表現していることを認識すべきであると主張しています。ガラスの天井を他のジェンダー差別と区別するために，彼らは以下の 4 つの基準を提案しました。

　　①　他の特性によって説明することができないジェンダー差別である。
　　②　組織の上位レベルで強力な影響のあるジェンダー差別である。
　　③　上位レベルへの昇進機会に適用されるジェンダー不平等であるが，そ

れは単にそのレベルでのジェンダー配分を反映しているのではない。
④　キャリアの進展につれて増加するジェンダー不平等である。

　ガラスの天井は，女性が組織で上層部の地位にいないことを説明する最も有力なメタファーとなり，職場だけでなく政治や法曹の世界など多くの分野でガラスの天井が存在することが認識されるようになりました。そして多くの国，多くの組織における女性の不平等を分析する枠組みとして用いられてきました。さらに，女性の不利益をたとえるいくつかのガラスのメタファー（ガラスの崖，ガラスの壁，ガラスのエスカレータなど）へと拡張されました。

（2）ガラスの崖 —— 危機的状況では女性リーダーが選ばれる？

　ライアンとハスラム（Ryan and Haslam, 2005）は，**ガラスの崖**という概念を提唱しています。彼らは，実験研究と公文書の分析を通じて，女性は危険なリーダーシップ地位に就きやすく，そこで失敗する公算が高いことを発見しました。

　彼らの研究は，ジャッジ（Judge）が 2003 年に『タイムズ』に書いた記事への反論でした。その記事には，女性が役員の多くを占める 10 社のうち 6 社が相対的に低い業績にあるのに対し，役員に女性が少ない企業 5 社（役員全員が男性）の業績は高いというものでした（2003 年 11 月 11 日）。このデータをもとに，ジャッジは女性が役員に昇進することを企業は警戒すべきだと主張したのです。これに対してライアンらは，ジャッジが引用した 6 社中の 5 社で，女性が役員になる前にすでに業績が悪化しており，不安定な業績が女性起用の主要な理由であったことを突き止めました。

　ARTICLES 16 に紹介する論文の中で，ライアンらは自分たちの主張を支持する根拠を提示し，危機的な状況では組織は「管理職といえば男性」という古い格言から離れ，その代わりに「危機といえば女性」と考えることを示しました。「管理職といえば男性」というステレオタイプを明らかにしたシャイン（Schein, 1973）の研究では，成功している管理職の特性と男性一般の特性が似ていたのは 92 項目中の 60 項目，18 項目については男性一般とも女性一般とも似ていない，8 項目

ガラスの崖
——不安定なリーダー地位には女性が抜擢されやすい

ライアンとハスラム（2005）

目 的

　近年では企業の高い地位にある女性も増えてはいるが，男性にくらべるとそれらは「ガラスの崖」ともいうべき状況で，その地位はリスキーで不安定なものです。本研究はこの仮説を検証するために，女性または男性の役員メンバーの着任前後での企業業績を比較しました。

方 法

　FTSE100企業における2003年の資料に基づき，女性が2003年中に役員になった企業で着任の月を調べました。その結果，19人の女性が2003年に役員に就任していたため，比較のために2003年に男性を役員として指名した19の企業を選び，可能な限り指名の時期とセクターをそろえました。

　企業の業績は，①広範なその年の企業業績測度，②月毎の株価，の2つの指標が用いられました。

結 果

　女性がリーダーになることと企業の業績に関係があるかをテストするために，女性役員の割合と2003年の年間業績の相関係数を算出したところ，$r(97)=-0.14$, $p=0.09$（片側）となりました。この結果から，役員中の女性の割合が高くなるにつれて，

ARTICLES 16

ガラスの崖　|　ライアンとハスラム（2005）

企業の業績が悪くなるということが示されました。

　次に，月毎の業績を2003年の前半と後半で比較しました。その結果，[図8-2]に示したように，指名前の業績が男性を役員として指名した企業では安定していた（aとb）のに対し，女性を指名した企業は直前の業績が不安定（cとd）であることが明らかになりました。企業トップに就いた女性は，滑り落ちやすい崖の上に立っているようなものだとライアンらは主張します。また，危機的な状況にあるとき，女性への期待が高まることについて，「管理職といえば男性」が「危機といえば女性」になることを示唆しました。

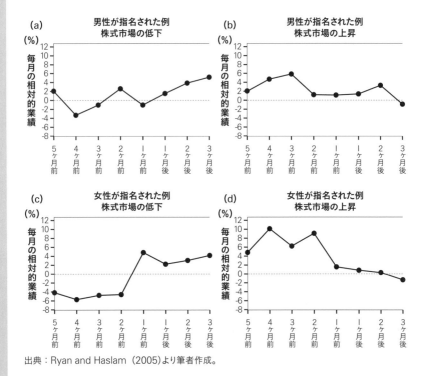

出典：Ryan and Haslam（2005）より筆者作成。

[図8-2]　男女別にみた指名前後の業績

では女性一般の特性と似ているとされました。なお，上記以外の6項目は，男性・女性・管理職の識別に不適切な項目として，事前に除外されました。成功している管理職の特性と女性一般の特性が似ているとみなされた項目は，①理解する，②直感的な，③援助的，④繊細な，⑤洗練された，⑥横暴でない，⑦他者の気持ちに気づく，⑧人間性の価値，でした。これらの項目の多くは，危機的な事態において人々から強く望まれるものではないかとライアンらは考えました。平時であれば，男性的な特質によってリーダーシップは発揮されますが，危機に際しては直感的な判断や他者の気持ちに気づいて応答や支援を行うなど，人間的な価値が重視されるということになります。

　しかしこのように，特殊な背景のもとに女性がリーダーとして選ばれた場合には，女性リーダーがその地位に留まるための困難が多く，ガラスの崖に立たされているような状況となるかもしれません。

　ライアンらの提示したガラスの崖現象は，もし女性が危機的な状況でリーダーに抜擢される場合に，女性リーダーは窮地に陥る可能性が高いということを教えています。企業は女性をリーダーとして抜擢することにより，よい評価を得ることができ，抜擢された女性自身もチャンスが与えられたと認識します。しかし実際には，それは困難の大きい抜擢であり，失敗しやすい状況での抜擢なのです。もし女性がリーダーとして成果を十分に上げられなければ，女性だからということに失敗の原因を帰せられることになりかねません。

　別の視点で考えると，男性中心の組織が危機的な状況ではあえて外集団のメンバーである女性を抜擢することで，内集団の安全性を維持しようとしているのかもしれません。しかもこのプロセスは，無意識あるいは無自覚に選択されている場合が多いのです。ライアンらの研究よって明るみに出たガラスの崖現象は，単にメタファーとして興味を引くことに留まらず，女性がリーダーのポジションに就くときの「複雑で巧妙な見えにくい障壁」に気づかせてくれます。

（3）ガラスの壁 ── 女性は中枢職務への異動が難しい？

　ガラスの天井から始まり，組織のジェンダー差別を表現することばとして，いくつ

かのガラスのメタファーが追加されてきました。その一つは**ガラスの壁**です。女性は地位の高い仕事には就くことができないなど，女性の昇進を阻む具体的で目に見えるバリアは**コンクリートの壁**と呼ばれました。コンクリートの壁が立ちはだかる時代では，男女間の労働分離（男性職と女性職がはっきり分かれている状態）は自然な法則と考えられていました。一部の女性はこの壁に戦いを挑みましたが，多くの場合には絶対的なバリアとしてただそれを受け入れていたのです。

ILO（国際労働機構）による「性別職務分離を克服する（Overcoming gender segregation）」と題する報告書（ILO, 2019a）では，ガラスの壁が取り上げられ，それが生じる背景とその対処法について詳しく解説されています（[図8-3]参照）。女性の労働市場への参加が進む一方で，トップレベルのリーダーにつく女性がなかなか増加しない理由として，この報告書は**性別職務分離**とそれを生みだしてきた「ガラスの壁」の存在を指摘しています。

第4章でも取り上げていますが，人びとはある種の仕事を，男性職あるいは女性職と捉えています。例えば，助産師や保育士，栄養士は殆どが女性であり，鉄道機関士や船長，パイロットは殆どが男性です。今日では，多くの女性も管理職や雇用者になっていますが，詳しくみると特定の分野の経営やビジネス活動に集中しています。しかもそれらの多くは収入の低い職務です。なぜこのような職業分離が続いているのでしょうか。

ILOの報告書によれば，トップリーダーに就きにくい理由は，単にトップの直前で「ガラスの天井」に遮られるだけでなく，最初の配属が周辺的な業務であることに加えて，キャリアの途上で中枢の職務への異動がしにくいからだとされます。この異動を遮っているのが「ガラスの壁」です。女性たちは，就職後に横の異動（他の部署への異動）が少ないことが，多くの調査や研究から明らかになっています。その結果として，管理職に必要なスキルや経験を身につけていないのです。

このように，ガラスの壁は企業の中で男性たちが能力を独占することによって，女性がCEOや執行役員となる道を閉ざします。女性が集中しやすい部署として，ILOは人材（51.8%），財務・管理部門（49.8%），マーケティング・営業（37.8%）をあげています。これらの部署では女性の中間あるいはシニア管理職が比較的多く

出典：ILO（2019a）より筆者作成。

[**図 8-3**]　ガラスの壁のイメージ図

出典：ILO（2019a）。

[**図 8-4**]　男女の職務分離のイメージ図

います。[**図 8-4**]は，ILO の報告書に掲載されている男女の職務分離を示したイラストです。

　女性が執行役員についたとしてもガラスの壁の影響は残るといわれます。より影響力のある部門（会計監査，給与，ガバナンス委員，会長など）では女性の執行役員が少ないのです。ILO の報告書（ILO, 2019a）では，世界規模でみた場合に企

業の 78%は男性が経営トップの座に就いています。

　次に，ガラスの壁はどのように作られるのかを見ていきます。女性はビジネスや経営に関するスキルと経験が欠如しがちなために，ジェンダー分離が生じていることは既に指摘しましたが，ガラスの壁を生みだす原因は多岐にわたっています。ILO の報告ではこれらを［表8-1］のように，ジェンダー化された採用，キャリアパスの分岐，女性の自己査定，ジェンダーバイアスの 4 点から説明しています。

　性別職務分離を克服することは，女性がビジネスの分野で活躍することを促進し，企業の業績全体を向上させるうえで非常に重要なことです。ジェンダー多様化が進み，各層でジェンダーバランスが実現している企業の業績は相対的に良好であることが明らかとなっています（Noland et al., 2016）。性別職務分離の克服はまた，男性にとっても選択肢の範囲を広げるという面でメリットがあります。それでは，企業はどのようなことに着手すべきでしょうか。以下は，ILO が提言する性別職務分離を克服するステップです。

　　① 男女のキャリアパスは異なるべきというジェンダーバイアスを見直し，採用と昇進手法を改善すべきである。そのためには，候補者の性別がわからないようなブラインド評価を用いるのがよい。
　　② ジェンダー多様化のための注意喚起と雇用者訓練を積極的に行うことが必要である。特に管理者がジェンダーバイアスの問題点とジェンダー多様化のメリットを理解することが重要である。
　　③ 管理職になるための男女の候補者へのメンターとコーチ，そして一人ひとりに対応したコーチングが有効である。
　　④ ジェンダー多様性を支持するための責任ある管理職を任命する。
　　⑤ 男女のために，柔軟な仕事調整などのワークライフバランス施策を導入する。
　　⑥ 被雇用者全員に見える形で，ジェンダー多様化に対するトップのコミットメントを策定する。
　　⑦ 資質のある女性を上級管理職や執行部，CEO に就かせるよう準備し

[表8-1] ジェンダーによる職業分離がおこる要因

ジェンダー化された採用	雇用者が男女を採用するときに，男性向き・女性向きという意識があることにより，男女のキャリアパスが異なり，男性がより高いレベルの管理職につく傾向が高い。
キャリアパスの分岐	同等の資質をもつ男女は，最初は同じような仕事に配置されるが，年数が経過するにつれ，女性はより目立たない，責任の少ない配置についたり，異動が少ないことにより，遅れをとるかもしれない。
女性の自己査定	女性は自分自身がサポート役や教育・訓練，サービス部門に向いていると思いがちである。家庭責任による葛藤，長時間労働，異動や遠隔地への赴任などが，昇進を躊躇させるかもしれない。
ジェンダーバイアス	ジェンダーバイアスが，採用や昇進の決定に影響する。上層部は自分と同じような人(同性，同じ背景，考え方，言語など)と一緒に働くことを望む傾向にある。教育や養育を通してしみ込んだジェンダー的・文化的ステレオタイプにより，男女をそれぞれ画一的な集団とみる傾向がある。

出典：ILO（2019a)より筆者作成。

選任する。クリティカルマス（最小必要人数）を充足する人数の女性を選任する。
⑧　ジェンダーバランスを監視し，主要な役員会の会長や取締役として女性をより多く選任する。

（4）ガラスの床 ── 女性は仕事にアクセスし難い？

　ガラスの床という比喩は，女性やマイノリティ集団にある人々が就職の段階で制限をうけることを表します。日本では社会的地位の高い専門職（医師，研究者，大学教員など）に就いている女性の割合が著しく低い状況にありますが，この現象にもガラスの床が関係している可能性があります。

　2019年の統計によると，日本における女性医師の割合は21.8%，女性研究者

は 16.6％といずれも OECD で最下位です（OECD, 2021b）。かつて，医学部の入学試験で女子学生の合格が制限されていた事件が報道されましたが，教育機関へのアクセスにおいても「ガラスの床」が存在しているといえるでしょう。

ところで，「ガラスの床」よりも「粘着性の床」（Booth et al., 2003）のほうが深刻だという主張もあります。「粘着性の床」とは，女性や特定集団の人々が職場の底辺に張りつくように，低賃金の仕事に滞留してしまう雇用パターンを比喩しています。例えば，秘書，看護師，ウェイトレスなどの「ピンクカラー」といわれる職業，事務職や福祉職が当てはまります。「ガラスの天井」を経験する女性が比較的高学歴であるのに対し，**粘着性の床**を経験する女性の学歴は相対的に低い傾向があります（Khanna, 2012）。さらに低開発国などでは，女性を低賃金で単純作業をする労働者と位置づけている場合もあり，男女の賃金格差を広げる原因となっています。

原（Hara, 2016）は，厚生労働省の「賃金構造基本統計調査」のデータを使って，日本の労働市場ではどのような目に見えない障壁が存在する可能性があるのかを検証しています。男女の賃金データから上位 10％（90％以上の人）と下位10％のそれぞれで男女格差を比較し，ガラスの天井と粘着性の床の両方の現象が観察されたと結論しました。そして粘着性の床が生じる理由として，男女で割り振られる仕事が異なることをあげ，男性はキャリアトラックを伴う仕事が，女性はキャリアトラックを伴わない仕事が割り振られやすいからだとしています。

原はガラスの天井が観察される理由としては，職場での教育の質に男女差があることをあげています。さらに，ガラスの天井については男女活躍推進法の導入など女性管理職の登用を促す対策があるが，粘着性の床への対策も必要であると指摘しています。

（5）ガラスのエスカレータ ── 男性は昇進しやすい？

ガラスのエスカレータは，女性の多い職場で少数の男性が，組織の階層を早いスピードで昇進していくというジェンダー特権を反映した比喩です。例えば，化粧品会社や百貨店など，採用時に殆どが女性であるような職場で，一握りの男性職

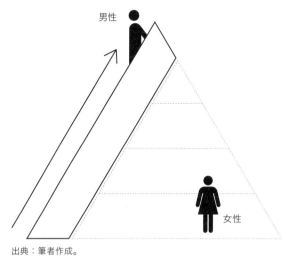

男性

女性

出典：筆者作成。

[図8-5] ガラスのエスカレータ

　員が組織のピラミッドの頂点に向かって，エスカレータに乗っているかのように昇進していきます（[図8-5]）。

　第7章で取りあげたカンター理論によれば，女性が職場の少数派である場合にはトークン（象徴）として様々な不利益を被る可能性があります。しかし男性が少数派の場合には，必ずしも不利益を経験しないとカンターも指摘しています。ブディグ（Budig, 2002）は，男女の賃金格差が勤続年数とともにどのように変化するのかを，男性優位職，女性優位職，均衡のとれている職業で分析しました。その結果，いずれの職業においても男性の賃金増加が勝っていることがわかりました。男性は職場での割合が低い場合でも，昇進スピードが速く，その結果として男女の賃金格差がますます拡大するのです。男性はたとえトークンであっても，昇進は有利であることが実証されました。

（6）ガラスのメタファーの意味 —— 見えないバリアを解消するために

　以上にみたように，「ガラス」は女性が組織でキャリアを発展させるときに，それ
を妨げる「見えない障壁」があることを非常に巧みに表しています。企業側も働く
人々も，その存在に気づき難く，非難したり抗議することが難しい差別があることを
示唆しています。そして，打ち破ることは不可能ではありませんが，組織の調和を
破壊する行為なので破片が飛び散ったり，時には破片が突き刺さるといった危険性
さえ感じさせる喩えです。

　女性が直面するバリアは上方向の天井だけでなく，横方向にもあり，床にも存
在することを一連のガラスのメタファーが教えています（[図8-6]）。原（Hara,

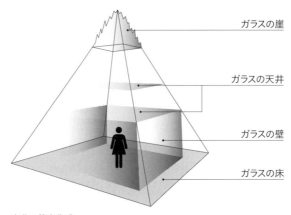

ガラスの崖

ガラスの天井

ガラスの壁

ガラスの床

出典：筆者作成。

[図8-6]　ガラスのメタファー

ガラスの天井　glass ceiling
女性が上位の管理職に昇進することを妨げる目に見えない障壁のこと。1986 年に
ウォールストリートジャーナルの 2 人の記者が使ったことで注目された。

ガラスの崖　glass cliff
企業の業績が悪化したときなどに女性がトップに抜擢される可能性が高く，その場
合には，トップの座を維持することが困難であることを喩えている。ライアンとハスラ
ムが提唱した概念。

ガラスの壁　glass wall
女性がトップの地位にアクセスしにくい理由として，キャリアの途上で中枢の職務へ
の異動が少ないことがあげられているが，この横の移動を阻む障壁のこと。

コンクリートの壁　concrete wall
女性の職業的活躍を阻む「絶対的な障壁」を表すメタファー。制度や慣習によっ
て女性の行動や教育機会が制限された時代では，女性が専門的職業や指導的地
位に就くことは完全に阻止されていた。現代でも特定の国や地域では，コンクリー
トの壁が存在する。

性別職務分離　gender segregation of job
男女で職種やキャリアに偏りがあることを意味する性別職業分離に対し，性別職務
分離は同じ職種内で男女の仕事の割当に偏りがあることを指す。多くの職場では，
女性が総務や企画などの事務部門，男性が営業や研究・開発などに配置される傾
向にある。

クリティカルマス　critical mass
集団の中でたとえ大多数でなくても，存在を無視できないグループになるための分
岐点をさす人数。

ガラスの床　glass floor
女性やマイノリティが就職の段階で受ける制限を表したメタファー。

粘着性の床　sticky floor
女性や特定集団の人々が職場の底辺に張りつくように，低賃金の仕事に滞留してし
まう雇用パターンを表したメタファー。

ガラスのエスカレータ　glass escalator
女性の多い職場で，少数の男性が組織の階層を早いスピードで昇進していく現象を
表したメタファー。

2016）も指摘したように，昨今では女性活躍が国の政策上も重視され，社会全体でガラスの天井には関心が高まっています。

　一方で，キャリアの初期や準備段階でのバリアである「ガラスの床」や，キャリアの道のりで常に経験するかもしれない「ガラスの壁」についてはまだ十分な理解と対策が施されていない状況です。今後は国も組織もこれらのバリアを解消するための努力をしていくことが必要であり，男女平等な職場環境と教育訓練のなかで女性をキャリア初期から一貫して育成していくことが望まれます。

2 ── ガラスの天井からキャリアの迷宮へ

　イーグリーとカーリ（Eagly & Carli, 2007）は，女性がリーダーになる途上にさまざまな障害があることを，迷宮というメタファーで表現しました。本節では，キャリアの迷宮とはどのようなものか，その迷宮を通り抜けるにはどのような戦略があるのかについて紹介します。

（1）キャリアの迷宮とは

　21世紀に入り，欧米では管理職の地位に就く女性たちが増加し，ガラスの天井は乗り越えられる障害と見なされるようになりました。確かに少なくとも一部の女性にとってトップへの道のりは存在しますし，実際に何人かはそれを見つけます。しかし，その道のりは非常に険しく，出口に辿りつくことが難しいことから，イーグリーとカーリ（Eagly & Carli, 2007）は**キャリアの迷宮**というメタファーを提唱しました。彼女らは，ガラスの天井によって女性がリーダーの地位に到達するときに直面するバリアを説明しようとするときに，［**表8-2**]に示した7つの誤りがあると主張しています。

[表 8-2]　ガラスの天井の誤りとキャリアの迷宮

	ガラスの天井 7 つの誤り	⇒	キャリアの迷宮
1	女性がエントリーレベルでは，平等なアクセスを手に入れている。	⇒	エントリーレベルから継続的にバリアが存在する。
2	組織の高いレベルに，特別で絶対的なバリアが存在する。	⇒	組織の全てのレベルに，複雑で多様なバリアがある。
3	女性への全てのバリアは，取り除くのが難しく，予測できない。	⇒	女性へのバリアは予測可能であり，取り除くことができる。
4	1 つの同質なバリアが存在すると考える。	⇒	女性リーダーは，複雑で多様な障害物を経験する。
5	女性がリーダーになるための戦略はないと考える。	⇒	女性がリーダーになるために，多様な戦略がある。
6	バリアを克服する可能性がないと考える。	⇒	女性はバリアを克服し，リーダーになる可能性がある。
7	リーダーシップの道のりを無視する。	⇒	思慮深い課題解決が，リーダーシップの道のりを促進する。

出典：Eagly & Carli（2007）より筆者作成。

（2）キャリアの迷宮を通り抜けるための戦略

　女性が迷宮を通り抜けてリーダーの地位を獲得するために，どのような戦略があるとよいのでしょうか。イーグリーは，以下のように 2 つの戦略を提案しています。

①　作動性と共同性のブレンド

　　　リーダーシップへの抵抗を乗り越えるために，女性は周囲からの 2 つのタイプの疑念に応えていく必要があります。疑念の 1 つは，人々は女性リーダーに対して，リーダーとして十分に作動的ではないと考えることです。

　　　もう 1 つの疑念は，女性リーダーが女性として十分に共同的ではないというものです。こういった疑いの背景には，リーダーは作動的である

べき，女性は共同的であるべきという思い込みがあります。この考え
は，女性リーダーを評価する際の，**ダブルバインド**を生み出します。
作動性と共同性を併せ持つことは難しいかもしれませんが，女性には
特にそれが必要でありそのことによって男性と同等と見なされることにな
ると，イーグリーは主張しています。歴史上のリーダーとして，ジャンヌ
ダルク，マザーテレサ，マーガレット・サッチャーなどは，このブレンド
型リーダーシップによって民衆から支持を得たと考えられます。また，
ブレンド型のリーダーシップスタイルは変革型リーダーシップの特徴とも
重なります。

② **社会的資本を築く**

組織内外の仲間と良好な関係をもつことは，**社会的資本**となります。
職場は仲間からの支援によって前進するのであって，それなしには成り
立ちません。ネットワークを作ることには，情緒的サポート，顧客とのコ
ンタクト，仕事の見通しについての導き，内部情報，仕事関連の問題
へのアドバイス，仕事関連の広範な情報，などを得ることができるとい
う利点があります。

イーグリーは仕事と家庭のバランスをとることの重要性も強調していま
す。仕事役割と家庭役割の双方を担っている人々は，確かにストレス
も多いのですが，総合的な健康度と幸福度が高いことが多くの研究で
明らかにされています。その理由として，仕事役割での満足感と家庭
役割での満足感が相乗的に加わることにより，結果として大きな満足
感を生みだすからだとされます。さらに仕事か家庭のどちらかで生じた
問題を解決することが，他方の問題解決に役立ち，問題解決能力や
スキルが向上するからという理由もあげられています。イーグリーが提
言した女性活躍のための具体的な戦略については，第11章で取りあ
げます。

KEYWORDS

キャリアの迷宮　labyrinth of leadership

イーグリーとカーリによって提唱された，キャリアを追求する女性の前に立ちはだか
る関門についてのメタファー。原論文（Eagly & Carli, 2007）では，「女性とリー
ダーシップの迷宮（Women and labyrinth of leadership）」というタイトルであ
るが，本書では『ハーバード・ビジネス・レビュー』の日本語訳から「キャリアの
迷宮」という表現を採用した。

ダブルバインド　double bind

個人が他者から矛盾するメッセージを受けとるような状況のこと。例えば，女性リー
ダーが女性らしくあることを期待されると同時に，リーダーとして男性的特性を期待
されるとき，女性らしいだけではリーダーとして適切でないと評価され，リーダーとし
て優れている場合には女性らしくないと批判されることがある。

社会的資本　social capital

人々の協調行動が活発化することにより社会の効率を高めることができるという考え
方に基づき，社会の信頼関係，規範，ネットワークといった社会組織の重要性を説
く概念。社会関係資本と称されることもある。

第9章
女性のリーダーシップを理解するキーコンセプト

1 ── アンコンシャスバイアス

　女性のリーダーシップを理解するためのキーコンセプト（重要概念）として，本節では**アンコンシャスジェンダーバイアス**を取りあげます。第3章ではゴールドバーグの古典的な研究を紹介しましたが，本節では最近の研究を紹介します。

（1）第二世代のジェンダーバイアス

　政治や経済の分野で女性リーダーが十分に増加しない背景には，無意識のジェンダーバイアスが依然として存在し続けていることを，多くの専門家が指摘しています。マドセンとアンドラーデ（Madsen & Andrade, 2018）はアンコンシャスジェンダーバイアスについて，人が意識の上ではジェンダーステレオタイプを否定しているにもかかわらず，無意識的にステレオタイプに基づく評価をしてしまうことと説明しています。このことは，**第二世代のジェンダーバイアス**として近年注目を集めています。
　第二世代のジェンダーバイアスという言葉を最初に使ったのは法学者のスターム（Sturm, 2001）だといわれています。かつてのあからさまな差別である**第一世代のジェンダーバイアス**と対比させ，近年の複雑で微妙な差別の様相を第二世代のバイアスと表現しました。職場や教育機関でのジェンダー差別は法律によってかなり規制することができましたが，第二世代のバイアスは，相互作用のパターンや非公

式の規範，ネットワーキング，メンタリング，評価などに巧妙に組み込まれているため，対処が難しいとされます。

イバーラら（Ibarra et al., 2013）は「女性の台頭——見えない障壁」と題する論文の中で，第二世代のジェンダーバイアスは目に見えにくい形をとりながら，女性の職業上の発展を著しく妨げると警告しています。それは文化的背景や組織の構造の中に埋め込まれており，意図的ではないが男性には自然なかたちで利益を与え，女性には不利益を与えるような相互作用のパターンとなっているからです。

イバーラらは第二世代のジェンダーバイアスの例を，①女性のための**ロールモデル**の不足，②**ジェンダー化**された**キャリアパス**とジェンダー化された仕事，③女性はネットワークとサポートにアクセスし難い，④ダブルバインド，としています。［**表9-1**］は，それぞれの内容を詳しく説明したものです。

女性のためのリーダーシップ開発プログラムでは，これら第二世代のジェンダーバイアスに関する理論や研究をしっかりと学ぶ必要があります。これらの内容を含むリーダーシップ研修を設計し，女性のみのグループで研修を行うことが重要であるとイバーラら（Ibarra et al., 2013）は主張しています。

（2）アンコンシャスバイアス研修

最近では多くの国が政府主導で，**アンコンシャスバイアス研修**（UBT：Unconscious Bias Training）を実施しています。また企業や大学でも，独自のプログラムが開発され，いつでもアクセス可能なサイトでの研修もさかんに行われています。UBTは，人々がアンコンシャスバイアスとはどのようなものかを理解し，そのネガティブな影響を排除できるように訓練するプログラムです。UBTはオンラインか対面で行われ，類似した内容から構成されます。［**表9-2**］は，英国の「平等と人権局」（Equality and Human Right Commission）が実施している無意識バイアス研修の内容を示したものです。

アンコンシャスバイアス研修の効果については，英国政府が厳格な研究方法によって評価し，効果と限界について報告しています。この報告によると，研修は潜在的ジェンダーバイアスを低減する効果があったということですが，完全に排除す

[表9-1] 第二世代のジェンダーバイアスの例

①女性のためのロールモデルの不足	
	ロールモデルのあり方や行動は，自分のスタンダードとして行動の仕方を学ぶ貴重な経験である。意欲のあるリーダーはロールモデルを求めるが，シニアリーダーの地位にある女性が少ないために，女性にとって信頼できる女性のロールモデルも少ないこととなる。若い女性たちは，ロールモデルからアドバイスや支援を得ることに困難を感じることが多い。
②ジェンダー化されたキャリアパスとジェンダー化された仕事	
	ある時期まで働く人の多くが男性だったために，会社という組織の構造やそこでの仕事の仕方は，男性の人生や状況にフィットするようにデザインされてきた。例えば，営業や運営業務に配置転換されることは，シニアリーダーになるための重要なステップであるが，その職務は男性が独占していることが多い。職務の価値に関しても，女性が携わることの多い影の仕事（チームづくり，危機管理など）は会社から低く価値づけられる傾向がある。こうした職務分離は必ずしも差別ではないが，それらが蓄積すると女性に大きな不利益をもたらす。企業全体がリーダーシップ役割に適しているのは男性だと考えることによって，男性は自然にそれを追求し，その地位に到達する。
③女性はネットワークとサポートにアクセスし難い	
	非公式のネットワークはリーダーになるための貴重な資源となるが，女性が接近するのは困難なことが多い。男女が同性の他者と相互作用をする時に，実際にはある種の差が生じる。男性は力のある男性と相互作用し易いことから，男性のネットワークは女性のネットワークより有利かもしれない。影響力のある同僚にアクセスし難いことは，昇進への障壁となる。さらに男性のネットワークは情報が豊富な支援を提供し，男性はメンターを得やすい状況に置かれることが多い。
④ダブルバインド	
	多くの文化において男性とリーダーシップは密接にリンクしている。理想的な男性と理想的なリーダーは，決断力があり，主張的で，独立心があるという共通点があるとされる。対照的に，女性は善良であること，世話をすること，自己中心的でないことが期待される。女性的な資質とリーダーシップに必要とされる資質の間にあるミスマッチは，女性リーダーをダブルバインドの状態におく。男性にとって自信があること，主張的であることが，女性にとっては高慢で不快な行動と見られてしまう。その一方で，権威のある地位にいる女性がいわゆる女性的スタイルをとるなら，好ましいとは思われても尊敬されることはない。彼女らは，厳しい決定をするためにはあまりに感情的であり，強いリーダーであるためにはあまりに気が弱いと見なされるからである。

出典：Ibarra et al. (2013)より筆者作成。

[表9-2] アンコンシャスバイアス研修

プログラム	内容
アンコンシャスバイアステスト(IAT：Implicit Association Test) の実施	一般的な IAT は，男性または女性に否定的と肯定的な刺激を結びつける反応時間を測定する。
アンコンシャスバイアステストに関する解説	参加者の結果について説明する。
アンコンシャスバイアスの理論	無意識のバイアスに関する理論を教える。
アンコンシャスバイアスの影響	無意識のバイアスがもたらす影響を統計に基づいて例示する。
アンコンシャスバイアスの影響を排除する方法を示す	反ステレオタイプ的な例を示すことはバイアス排除の効果がある。ブラインド選択はバイアスの影響を減らすことができるなど。

出典：Equality and Human Rights Commission（2018）より筆者作成。

ることは難しいこと，顕在的なバイアスには効果が見られなかったなどの限界が指摘されました。また，行動変化に関しては検証方法に課題があること，研修による逆効果（かえってバイアスが高まる）も示唆され，これらは今後の課題とされました。

ジーノとコフマン（Gino & Coffman, 2021）は，「アンコンシャスバイアス研修はなぜ機能しないのか」と題する論文のなかで，従来の研修ではたとえバイアスを自覚できても軽減につながらないとして，効果のある具体的方法を 5 つ提案しています。バイアスを実質的に低減させるためには，研修後に踏み込んだ長期的な活動が欠かせません。5 つのアプローチは以下のとおりです。

① **変わる力があることを強調する。**
バイアスがあることを自覚するだけでなく，成長できることに焦点を当てる必要がある。固定観念に反する情報に触れることや，社内でバイアスに関する体験談を語り合うような機会をつくることも有効である。

② **共感を生み出す。**
他者の視点に立つ機会を設けることにより，偏見をもたれているグルー

プに対するバイアスが減り，無意識の偏見が抑制されることが研究から明らかになっている。

③　**異なるグループ間の交流を促す。**
　アンコンシャスバイアス研修自体が，従業員同士の交流の機会になる。普段は接することが少ない人々に好奇心をいだいて接し，一緒にバイアスを克服するための方法を探求する。勤務中に誰と交流しているかを追跡し，自分の対人関係の偏りを自覚することも効果的である。

④　**正しい実践と継続的な学習を奨励する。**
　従業員の行動を促すための方法として，改善にコミットする，メンターを探す，改善の進捗を追跡することなどがあげられる。

⑤　**インパクトを最大化するために全社的な戦略を設定する。**
　昨今では，ダイバーシティ（多様性）とインクルージョン（包摂）にエクイティ（公平性）を加え，**DEI**（Diversity Equity Inclusion）に取り組むことが推奨されている。組織が DEI の向上に向けて全社的にしっかり取り組むことで，会社に対する従業員の支持が高まる。そのためには，組織の現状をデータに基づいて把握したうえで，必要な研修内容を判断し，研修を実施する，そして研修の効果を測定するといった一連のプロセスが求められる。

　以上のように，アンコンシャスバイアス研修は長期的に取り組む必要があります。従業員が自分自身や自分の組織の中にあるアンコンシャスバイアスを認識し，その克服方法や進捗評価の方法を自分たちで編み出すことが何より重要です。そのことによって，自分たちで職場環境をよくするのだという意識と意欲を育てることができるとジーノとコフマンは主張します。

アンコンシャスジェンダーバイアス　unconscious gender bias
意識の上ではジェンダーステレオタイプを否定しているにもかかわらず，無意識のレベルでステレオタイプに基づく評価をしてしまうこと。潜在的ジェンダーバイアス，第二世代のジェンダーバイアスともいわれる。

第二世代のジェンダーバイアス　second-generation gender bias
中立的または非差別的にみえる慣行のなかに潜む，性別を基にした無意識の歪んだ認知。文化的背景や組織の構造の中に埋め込まれているために自覚されにくく，男性には自然なかたちで利益を与え，女性には不利益を与える可能性がある。

第一世代のジェンダーバイアス　first-generation gender bias
職場や教育現場で行われていたあからさまな性差別とそれを生み出す歪んだ認知。かつては合法的であったが，現在では法的に規制されている。

ロールモデル　role model
言葉としては役割モデルという意味であり，具体的な行動や考え方を学習・模倣する対象となる人物のこと。職場では，他の従業員の手本となるような人物をさす。

ジェンダー化　gendered
社会制度が性別によって固定化，秩序化されている様態。例えばジェンダー化された労働という場合に，職域や職務が男女で分離されていることを表す。

キャリアパス　career path
職業生活において，ある職位に就くまでに辿ることとなる経験や順序のこと。個人の視点からは，将来自分が目指す職業に対して，どのような形で経験を積んでいくかという順序や計画を指す。

アンコンシャスバイアス研修　UBT：Unconscious Bias Training
人々が無意識のバイアスとはどのようなものかを理解し，そのネガティブな影響を排除できるように訓練するプログラム。多くの大企業や欧米の大学で実施されている。

DEI　diversity equity inclusion
企業が優先して取り組むべき人事に関する3つの課題（多様性，公平性，包括性）。多様性は，人種，宗教，性別，性的指向，年齢，身体的障害などが多様であること。公平性は，社内の手続き，方針，およびリソースの配分において，正当性と公正さを促進すること。包括性は，心理的にも安心感をもち，組織内の意思決定プロセスに十分に参加できるようにすること。

2 —— 潜在的なステレオタイプ

　人々が無意識のレベルで有しているステレオタイプは，**潜在的ステレオタイプ**（implicit stereotypes）と名づけられています。本節では，近年注目を集めている潜在的なステレオタイプを測定する検査を紹介します。

（1）潜在連合テスト

　第5章では無意識のステレオタイプの影響を，暗黙裡のパーソナリティ理論という視点から紹介しました。人々がリーダーに対して無意識にいだいている特性や能力に関する推論が，リーダーシップ認知や評価に影響することが多くの研究によって示されています。社会全体としては男女平等を意識レベルで否定する人は少なくなっていますが，無意識のレベルでは女性リーダーに対する態度のなかに，差別的な考え方がまだまだ残っている可能性があります。

　この点について，潜在的なステレオタイプをより直接的に測定する方法として，グリーンワルドとバナージ（Greenwald & Banaji, 1995）は**潜在連合テスト**（IAT：Implicit Association Test）を開発しました。IATは，ステレオタイプ的な連合（例えば，花＝快，虫＝不快）と反ステレオタイプ的な連合（花＝不快，虫＝快）に要する時間の差からステレオタイプの強さを測るものです。反ステレオタイプ連合がステレオタイプ連合より連合処理時間が長いほど，ステレオタイプを保持しているということになります。IATを用いた研究は近年増加しており，人種やジェンダーに関するステレオタイプ，習慣的な行動（喫煙や食習慣）に関する自己概念，年齢に関する自己概念，不安に対する自己概念などについて研究されています。

（2）ジェンダーキャリア潜在連合テスト

　IATは人種や年齢だけでなく，ジェンダーに関する潜在的ステレオタイプを測定することもできます。例えば，ジェンダーとキャリアに関するIATでは，「女性＝家

	A		

　女性の名前と家庭についての語では，左の○に印をつけてください。それ以外のもの（男性の名前と仕事についての語）には，右の○に印をつけてください。

　左上から始め，上から下にすべての項目に順番に回答してください。その後，右の列に移ってください。すべて回答したら，かかった秒数を右下に書いてください。

女性または 家庭		男性または 仕事	女性または 家庭		男性または 仕事
○	彼女	○	○	女性たち	○
○	庭	○	○	家庭	○
○	彼女を	○	○	男性	○
○	オフィス	○	○	マネージャー	○
○	彼	○	○	男性たち	○
○	洗濯物	○	○	給料	○
○	少女	○	○	彼女	○
○	仕事	○	○	オフィス	○
○	彼を	○	○	少年	○
○	職業	○	○	庭	○
○	彼の	○	○	彼を	○
○	ブリーフケース	○	○	結婚	○
○	女性	○	○	女性	○
○	台所	○	○	子ども	○
				かかった秒数 ＿＿＿ 間違いの数 ＿＿＿	

出典：Banaji & Greenwald（2013)より筆者作成。

[図 9-1]　ジェンダーキャリア IAT のテストA

庭」「男性＝仕事」というステレオタイプ連合と「女性＝仕事」「男性＝家庭」という反ステレオタイプ連合の回答時間の差を測定することにより，人々の潜在的なジェンダーステレオタイプの存在を明らかにすることができます。

　女性の名前と仕事についての語では，左の○に印をつけてください。それ以外のもの（男性についての語と家庭についての語）には，右の○に印をつけてください。

　左上から始め，上から下にすべての項目に順番に回答してください。その後，右の列に移ってください。すべて回答したら，かかった秒数を右下に書いてください。

女性または 仕事		男性または 家庭	女性または 仕事		男性または 家庭
○	彼女	○	○	女性たち	○
○	庭	○	○	家庭	○
○	彼女を	○	○	男性	○
○	オフィス	○	○	マネージャー	○
○	彼	○	○	男性たち	○
○	洗濯物	○	○	給料	○
○	少女	○	○	彼女	○
○	仕事	○	○	オフィス	○
○	彼を	○	○	少年	○
○	職業	○	○	庭	○
○	彼の	○	○	彼を	○
○	ブリーフケース	○	○	結婚	○
○	女性	○	○	女性	○
○	台所	○	○	子ども	○
				かかった秒数　＿＿＿	
				間違いの数　＿＿＿	

出典：Banaji & Greenwald（2013）より筆者作成。

[図 9-2]　ジェンダーキャリア IAT のテスト B

　[図9-1]に示したジェンダーキャリア IAT のテスト A は，ステレオタイプ連合（女性＝家庭，男性＝仕事）にかかった時間を測定するものであり，[図9-2]に示したテスト B は反ステレオタイプ連合（女性＝仕事，男性＝家庭）にかかった時間を測定する

ものです。多くの場合，ステレオタイプ連合は反ステレオタイプ連合より短時間で終了します。その時間差が大きいほど潜在的なジェンダーステレオタイプが強いと見なされます。研究においては一般的に，ステレオタイプ連合と反ステレオタイプ連合の時間差を効果量 d で表し，男女や集団間の違いをこの効果量によって比較します。

　ノゼックら（Nosek et al., 2002）は，人種，年齢，ジェンダー，自尊感情などに関するステレオタイプについて，Web 実験で得られた IAT データを分析しました。ARTICLES 17 ではジェンダーとキャリアに関する分析結果を紹介します。ノゼックらはジェンダー（男女の名前）とキャリア（家庭と仕事）に関する刺激語を含んだ IAT を用いて，Web によるデータ収集をしました。グリーンワルドとバナージの IAT 同様，ステレオタイプ連合（女性 = 家庭，男性 = 仕事）にかかった時間と反ステレオタイプ連合（女性 = 仕事，男性 = 家庭）にかかった時間を比較しました。ノゼックらは約 60 万件のデータを分析し，平均の反応時間 95 秒，標準偏差 133 秒，効果量 $d = 0.72$ という結果を得ました。

　この分析では，ステレオタイプ連合が反ステレオタイプ連合より時間が短い時に効果量が正の値をとるように設定されていることから，「女性 = 家庭」「男性 = 仕事」の連合が「男性 = 家庭」「女性 = 仕事」の連合より早く認知されたことがわかります。また効果量が $d = 0.72$ という値であることから，両者の差が大きめであることもわかりました。次に，この結果を男女別に示したものが ARICLES 17 の［図9-3］です。

KEYWORDS

潜在的ステレオタイプ　implicit stereotypes
自己報告による顕在的ステレオタイプに対して，潜在連合テスト（IAT）で測定されたステレオタイプ。自動的ステレオタイプとも呼ばれる。

潜在連合テスト　IAT：Implicit Association Test
グリーンワルドとバナージ（1995）によって開発された，潜在的認知（自身で認識できない認知的態度）を測定する方法。

ARTICLES 17

ウェブ調査からみた人々の潜在的ステレオタイプ
——男性は科学と仕事，
女性は文学と家庭

ノゼックら（2002）

目 的

　この研究では，人種や性別（ジェンダー）といった社会集団とステレオタイプとの関連を，潜在的ステレオタイプと顕在的ステレオタイプという側面から調べています。

方 法

　Web 実験で得られた約 60 万件のデータを分析しました。潜在的ステレオタイプは IAT を使用し，ステレオタイプ連合テストと反ステレオタイプ連合テストそれぞれの回答時間を比較しています（テストの内容は［図 9-1］［図 9-2］参照）。

　顕在的ステレオタイプは，「仕事は男女のどちらと関連していると思いますか」と「家庭は男女のどちらと関連していると思いますか」に 5 段階（「1 ＝強く女性に関連」～「5 ＝強く男性に関連」）で回答してもらい，その得点を比較しています。

結 果

　［図 9-3］は，ジェンダーとキャリアに関する潜在的ステレオタイプと顕在的ステレオタイプの効果量を男女で比較したものです。結果を要約すると以下のようになります。

① 潜在的ステレオタイプの効果量をみると，女性が 0.76，男性が 0.66 となっていることから，男女ともにステレオタイプ連合が反ステレオタイプ連合より短時間であ

り，その差がかなり大きいことが分かる。

② 顕在的ステレオタイプの効果量（回答がステレオタイプ的であるほど正の高い値）を
みると，女性が 0.43，男性が 0.62 であることから，女性は男性より顕在的ステ
レオタイプが低い。

③ 総合的にみると，男性では潜在的ステレオタイプと顕在的ステレオタイプの効果量
が同程度であることから，意識的にも無意識的にもジェンダーとキャリアの結びつ
きはステレオタイプ的である。女性の場合には，顕在的ステレオタイプに比べて潜
在的ステレオタイプが高いことから，意識的にはジェンダーステレオタイプに捉われ
ていないと考えているが，無意識レベルではステレオタイプに捉われている可能性
がある。

　以上の結果についてノゼックらは，女性にとってジェンダーに関する顕在的ステレオタ
イプは，社会的（外的）な圧力や個人的（内的）な基準によって，意識的に弱められ
る傾向があるのだろうと解釈しています。

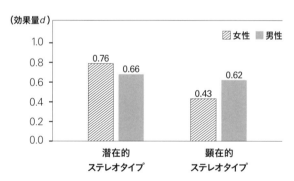

出典：Nosek et al.（2002）より筆者作成。

[図 9-3]　潜在的ステレオタイプと顕在的ステレオタイプの
　　　　　男女別効果量

3 ── ステレオタイプ脅威

(1) ステレオタイプ脅威とは

　少数派などといわれる集団に所属する人々は，自分たちの社会集団に結びつけられたステレオタイプにしばしば気づかされ，他者がそのステレオタイプに基づいて自分たちを評価しているということにも気づかされます。そして自分が否定的なステレオタイプのレンズをとおして評価されていると考えるとき，学習成績や競技記録などが実際に低下することが研究から明らかになっています（Beilock & Mc Connell, 2004）。このようなステレオタイプがもつ否定的な影響力を**ステレオタイプ脅威**と呼び，「ある個人が，自分の属する集団に結びつけられたネガティブなステレオタイプによって評価されるのではないか，という懸念をもつような困難な状況」と定義されます。

　スティールとアロンソン（Steele & Aronson, 1995）は，白人と黒人の大学生を対象として難しい英語のテストを実施し，ステレオタイプ脅威の現象を明らかにしました。事前に「この研究は言語能力に関連する様々な個人的要因の影響を明らかにするためのものです」と教示された黒人大学生は，同じ教示を受けた白人大学生よりテストの点が低くなりました。「この研究は難しい問題を解く方法を明らかにするためのものです」と教示された黒人大学生と白人大学生では，テストの点に差がありませんでした。このようにステレオタイプに関する刺激を受けた直後には，その影響によるネガティブな影響が生じて，実際の能力が発揮できない可能性が示唆されました。

　ジェンダーに関するステレオタイプ脅威の例として，女性では理数系の教科でテストの直前に男女の能力差があると言及されることにより，学力テストの成績が低下することが知られています。スペンサーら（Spencer, et al., 1999）は，数学で上位の成績をもつミシガン大学の男女学生を対象として，数学のテストを実施し，ステレオタイプ脅威の影響を検証しました。この論文の研究 2 では，「男女差あり条件」（テストに解答する直前にこれから解く問題は「性差がある」と告げる条件）と，「男

女差なし条件」（これから解く問題は「性差がない」と告げる条件）のそれぞれで，男女の得点を比較しています。

　結果は［図9-4］に示したとおり，「男女差なし条件」では男女差が検出されず，「男女差あり条件」では女性の平均得点が有意に低い（5％水準）ことがわかりました。さらに解答に要した時間を「男女」と「テスト条件」の組み合わせで比較したところ，「男女差あり条件」では男性（817秒）に比べて女性（609秒）の解答時間が若干短いことがわかりました。ちなみに男女差なし条件の解答時間は男性（697秒）と女性（659秒）でほぼ同程度でした。

　これらの結果からスペンサーらは，このテストで測定された数学能力には本来性差がないにもかかわらず，「男女差がある」という刺激が女性にとってはステレオタイプ脅威となり，女性の成績を低下させたと結論しました。また，「男女差がある」と告げられた場合に男性の平均得点が若干高くなっていることに関して，有意差ではないため慎重に解釈すべきとしながら，「男女差がある」という教示が男性の成績に何らかの利益をもたらした可能性があることを示唆しました。加えて，解答時間に関する分析から，ステレオタイプ脅威は女性の解答意欲を低めた可能性があることにも言及しています。

　この論文の研究3では，男女差に全く言及しない「統制条件」についても分析

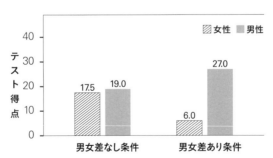

注：男女差あり条件の女性の得点が他の3群より5％水準で低い。
出典：Spencer et al.（1999）より筆者作成。

[図9-4]　条件別にみた男女のテスト得点の比較

していますが、「統制条件」の結果は「男女差あり条件」と驚くほど類似していました。つまり、女性は何も言われない場合であっても、常にステレオタイプ脅威に晒されている可能性があるのです。そして女性がステレオタイプ脅威によって成績を低める現象には不安が介在しており、不安の高さが脅威による影響を強めることも明らかとなりました。

（2）女性のリーダーシップに及ぼすステレオタイプ脅威の影響

　デイビスら（Davies, et al., 2005）は、ARTICLES 18 に紹介するように、女性らしさを強調したテレビコマーシャルが、女子学生のリーダーシップ役割への関心を低下させてしまうことを実験で明らかにしました。この実験では 6 つの TV コマーシャルが用いられ、4 つはジェンダー中立的な内容でしたが、2 つはジェンダーステレオタイプ的な内容（1 つは若い女性が新しいにきび薬をみて興奮し、ベッドの上で跳ねているもの、もう一つは女子学生が同窓会のクイーンになることを夢見ているもの）でした。

　研究 1 では、ジェンダーステレオタイプ的なコマーシャルを見た女性は、その後で行った課題においてリーダーシップ役割を選択する割合が低くなりましたが、中立的なコマーシャルの視聴による影響はありませんでした。男子学生では、中立的なコマーシャルもステレオタイプ的なコマーシャルも、その後の課題での役割選択に影響を与えていません。研究 2 では、「男女差については多くの議論がありますが、私たちの研究ではこれから行う課題において男女差はまったくないことが明らかになっています」という文言を教示に加えることで、アイデンティティの安全性（女性が自身のアイデンティティをステレオタイプによって脅かされるのを防ぐ）を確保しました。その結果、女子学生でもリーダー役割の選択率は低下しないことが分かりました。

　ステレオタイプ脅威が女性のリーダーシップ意欲を低下させることは、多くの研究によって明らかにされてきましたが、デイビスらの研究はそれを防ぐ方法を明らかにした点で、貢献度が高いと思われます。ステレオタイプ脅威が予想される事態では、ステレオタイプ的な刺激が脅威を活性化させることから、そういった刺激を抑制する必要があります。同時に、ステレオタイプの内容が事実に反しているという知識を常に広めることも重要な教育的配慮であると言えるでしょう。

女性のリーダーシップに対する
ステレオタイプ脅威の影響
──ステレオタイプ的なコマーシャルを見た女子学生は？

デイビスら（2005）

目 的

研究1：ジェンダーステレオタイプ的なコマーシャルの視聴が，女性のリーダーシップ課題への意欲を低めるかを検討しました。研究2：ステレオタイプ的なコマーシャルの視聴と同時に，アイデンティティの安全性を確保することにより，ステレオタイプ脅威による悪影響を解消できるかを検討しました。

方 法

研究1：研究に参加した61人の大学生（男子30人，女子31人）は，ジェンダーステレオタイプ的なコマーシャルを見る群と，ジェンダー中立的なコマーシャルを見る群のどちらかに配置されました。参加者はコマーシャル視聴後に，問題解決場面が提示され，リーダーあるいは課題解決者の役割を取ることにどの程度興味があるかを7段階で聞かれました。研究2：116人の大学生（男子58人，女子58人）が実験に参加しました。コマーシャルは研究1と同じものを使用し，視聴後の課題も同じでしたが，アイデンティティ安全群では，「これまでの我々の研究ではリーダーシップや課題解決における男女の差はみいだされていない」という文が加えられました。

ARTICLES 18

女性のリーダーシップに対するステレオタイプ脅威の影響 ｜ デイビスら（2005）

| 結 果 |

　研究１：男性は視聴したコマーシャルの影響はほぼ見られませんでしたが，女性では
ステレオタイプ的コマーシャルを見た群のリーダー役割への興味が低くなりました（［図
9-5］）。

　研究２：女性のデータを分析したところ，アイデンティティ安全群ではステレオタイプ
的コマーシャルによるステレオタイプ脅威は回避されました（［図9-6］）。

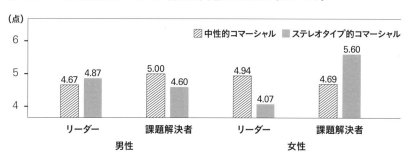

注：得点は，１点（全く興味がない）〜７点（非常に興味がある）。
出典：Davis et al.（2005）より筆者作成。

[図 9-5]　男女別に見た役割選択に与えるコマーシャルの影響

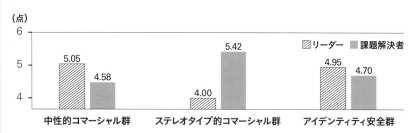

注：得点は，１点（全く興味がない）〜７点（非常に興味がある）。
出典：Davis et al.（2005）より筆者作成。

[図 9-6]　役割選択に与えるコマーシャルと安全性の影響（女性の結果）

（3）ステレオタイプ脅威のメカニズム

ホイトとマーフィーは（Hoyt & Murphy, 2016）は，女性のリーダーシップに及ぼすステレオタイプ脅威のメカニズムを説明するために，「ステレオタイプ脅威の契機」「脅威喚起／反応の調整要因」「ステレオタイプ脅威の結果」からなるモデルを提唱しています（[図9-7]）。

ステレオタイプ脅威の契機とは，脅威が生じるきっかけを意味しており，より露骨なものから微妙なものまで広い範囲にわたり多様な形態を示します。女性に求められる役割とリーダーに求められる役割の不一致を連想させるような刺激は，ステレオタイプ脅威の契機として最も主要なものです。トークン（集団の中の少数者）やソロ（集団の中で一人だけ）というような数の上での少数派は，ステレオタイプ脅威を招きやすい要因となります。テレビコマーシャルやドラマでジェンダーステレオタイプ的な番組を視聴することも，女性がリーダーに挑戦することや男性的分野を選択する意欲を低めることがわかっています（Davis et al., 2005）。男性優位な職場や競争的

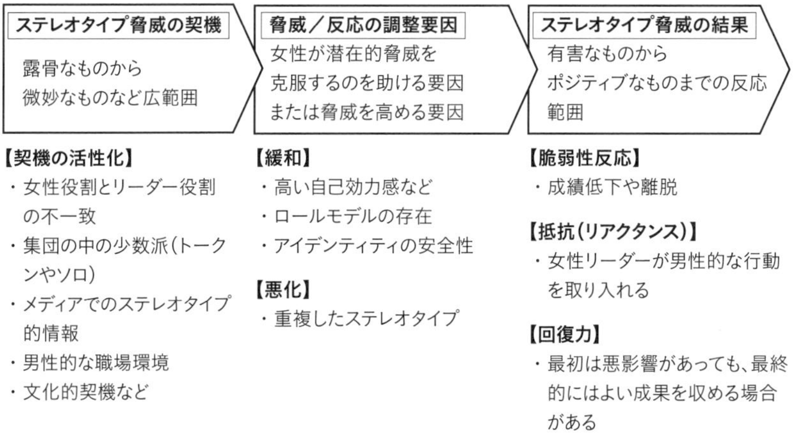

ステレオタイプ脅威の契機	脅威／反応の調整要因	ステレオタイプ脅威の結果
露骨なものから微妙なものなど広範囲	女性が潜在的脅威を克服するのを助ける要因または脅威を高める要因	有害なものからポジティブなものまでの反応範囲

【契機の活性化】
・女性役割とリーダー役割の不一致
・集団の中の少数派(トークンやソロ)
・メディアでのステレオタイプ的情報
・男性的な職場環境
・文化的契機など

【緩和】
・高い自己効力感など
・ロールモデルの存在
・アイデンティティの安全性

【悪化】
・重複したステレオタイプ

【脆弱性反応】
・成績低下や離脱

【抵抗(リアクタンス)】
・女性リーダーが男性的な行動を取り入れる

【回復力】
・最初は悪影響があっても、最終的にはよい成果を収める場合がある

出典：Hoyt & Murphy（2016）より筆者作成。

[図 9-7] リーダーシップに関するステレオタイプ脅威のプロセスモデル

な分野で働いている女性にとって，特に生得的な才能が成功の必要条件であるというような信念は，脅威の契機となりやすい要因とされています。

脅威喚起／反応の調整要因とは，女性が受けそうな脅威を克服するのを助ける要因とされ，女性を脅威から守り脅威による否定的な反応を低減するのに役立つ要因のことです。近年，これらを明らかにする研究が注目されています。これらの要因は，個人レベルから組織レベル，状況レベルまでの広い範囲で存在しています。

個人レベルでは，能力，野心，自立心，主張的であること，自己評価などがステレオタイプ脅威の受けやすさに関連していることがわかっています（Bergeron, 2006）。例えば，リーダーシップ能力への**自己効力感**が高い女性はより良い成果を発揮し，高いレベルの精神的健康度を示すことが報告されています（Murphy, 1992）。また交渉力は開発可能であると信じることにより，交渉力に関するステレオタイプ脅威に抵抗できることが示唆されています（Kray et al., 2010）。

ロールモデルは，ステレオタイプ脅威の非常に重要な調整要因です。特に女性のロールモデルはアイデンティティの脅威から身を守る役割を果たし，ステレオタイプ化された領域での成功が達成可能であることを示します。また女性の自己評価と行動にプラスの影響を与えます。ただし，あまりに高いレベルのロールモデルは女性の自己評価を低下させる可能性があることも知られています（Parks-Stamm et al., 2008）。

ステレオタイプの種類や数は，重要な調整要因となります。特に，重複したステレオタイプに晒されることは，脅威を高めることがわかっています（Hoyt & Murphy, 2016）。例えば集団の中で単独の女性が，偏見や期待に直面する場合では，複数の脅威に同時に晒されることになり，その影響力は増幅します。

ステレオタイプ脅威の影響力を低める要因の一つは，**アイデンティティ**の安全性を確保することです。例えば，性差が存在しないことを告げるだけで，アイデンティティが守られるケースがあります。先にみたデイビスら（Davis et al., 2005）の研究では，ステレオタイプ的なテレビコマーシャルが女子学生のリーダー役割に対する意欲を低めましたが，リーダー役割の選択に男女差がないことを告げることでアイ

デンティティの安全性を高めることができました。また，**リフレーミング**（枠組みを変える）も脅威の影響を低下させる可能性があります。例えば女性は一般に交渉が苦手とされますが，これを質問の機会と捉えることによりアイデンティティが脅かされずにすみます。

　ステレオタイプ脅威の結果については，**脆弱性**反応といわれる成績低下やその分野からの離脱など，重大な悪影響が示されています。それは単にパフォーマンスの低下だけでなく，自信を喪失させ，その分野で努力する意欲や達成に向けた行動を減退させます。結果として，所属する分野や集団から離脱する可能性を高めます。

　一方，ステレオタイプ脅威の反応として，反ステレオタイプ的な行動に積極的に取り組む場合もあります。これは**リアクタンス**反応とよばれ，男性的なスタイルを選ぶことによりステレオタイプ脅威から逃れようとする場合がこれに当てはまります。しかしリアクタンスとしての反ステレオタイプ行動には，上司や同僚，部下からの反感を買ったり，意図した成果が出ないといった犠牲が伴う場合が多々あります。

　ステレオタイプ脅威に対する反応として，一般的に悪影響が指摘されますが，好ましい影響もあることがわかっています。例えば，交渉の場面で最初は女性が男性に劣っていたにもかかわらず，最終的にはよい成果を収めたとする研究があります（Small et al., 2007）。起業に対する意欲の面では，分野がジェンダー中立であることにより起業に対する苦手意識が低まることが報告されています（Gupta et al., 2008）。

　女性のリーダーシップに関するステレオタイプ脅威のプロセスは，広範な要因が複雑に絡んでいますが，研究知見もかなり蓄積され，現場での応用が期待されるところです。まずは，ステレオタイプ脅威のメカニズムを女性が理解し，それらを克服する方法があることを知ることが重要だと思います。

KEYWORDS　**自己効力感**　self-efficacy

ある課題遂行に対する自分自身の能力についての，個人の主観的な知覚。感情，動機，行動の変化の主要な決定要因として，バンデューラにより提唱された。

アイデンティティ　identity
自分は他とは区別される独立した存在であるという意識。

リフレーミング　reframing
別の観点をもつことによる態度変化を目的として，思考を再概念化するプロセス。
例えば，見方を変えることによって，弱さや難しさが強さやチャンスに変わる。

脆弱性　vulnerability
ストレスフルな状況にさらされたときに，ある状態や障害，疾患になりやすい敏感性
を有すること。

リアクタンス　reactance
苦痛や不安，抵抗，自由回復の願望によって特徴づけられる動機づけのこと。ある
行動をとるように強制されたと感じると，反発しようとして，その反対の行動をとりや
すくなる。

4 ── 両面価値的性差別

　本節では，グリックとフィスク（Glick & Fiske, 1996）が提唱した両面価値的性
差別を取りあげ，それらがどのようなものかを明らかにし，測定するための尺度を
紹介します。加えて，両面価値的性差別による影響について考察します。

（1）両面価値的性差別とは

　グリックとフィスクは，**両面価値的性差別**（ambivalent sexism）という概念を提
唱し，それを測定するための尺度を開発しました。彼らによれば，差別は一般的
にはある集団に対する反感から生じるもので偏見の行動表明ですが，性差別は男
女という親密な関係性の中で生ずる差別であり，非常に**アンビバレント**（両価的
な）な側面があるとされます。そのため女性に対する両面価値的性差別は，**敵対**

的性差別（hostile sexism）と**好意的性差別**（benevolent sexism）から構成されるというのが，グリックとフィスクの主張です。

　敵対的性差別とは，「女性の能力は男性より劣っている」などのあからさまな差別ですが，好意的性差別は「伝統的女性役割を受け入れる女性を保護するような好意的で騎士道的な態度」であり，一見すると礼儀正しい行動であるため，女性自身が差別だと気づきにくいという性質があります。しかし時には危険であることがわかっています。

　ダーデンら（Dardenne et al., 2007）による，化学工場の採用面接と昇進選抜テストを装った実験では，敵対的性差別場面（女性は動揺しやすい），好意的性差別場面（男性があなたを助けるので心配ない）を設定し，いくつかの課題を行わせました。その結果，好意的性差別条件のほうが認知的課題の成績が悪く，それが自己疑念や自尊心の低下によるものだと分かりました。つまり，敵対的性差別と同様に好意的性差別も女性のワークモチベーションの低下と自尊感情の低下を招きますが，その程度は好意的性差別によってより強く引き起こされる可能性があるのです。

（2）両面価値的性差別尺度

　グリックとフィスクが開発した両面価値的性差別尺度は，敵対的性差別と好意的性差別から構成されています。敵対的性差別尺度は単一尺度ですが，好意的性差別尺度は①**家父長主義**，②**男女の差異化**，③**異性愛主義**，という3下位尺度をもち，それぞれの内容は［**表9-3**］のように説明されます。

　両面価値的性差別尺度の日本語版は，これまで何人かが作成を手がけており，最近では森永ら（2020）が日本の働く女性に特化した好意的性差別尺度の作成を試みています。［**表9-4**］は，森永らによる好意的性差別尺度の因子分析結果です。

　グリックとフィスクは，両面価値的性差別尺度を用いた研究を概観し，これまでに分かったことを以下のようにまとめました。

[**表 9-3**] 好意的性差別の下位尺度と内容

家父長主義 paternalism	女性は能力のない存在であり保護されるべきものとみなす。
男女の差異化 gender differentiation	敵意的な競争的差異化と好意的な補完的差異化がある。競争的差異化は男性だけが社会組織を支配するために必要な特性をもっているとみなし，男性が支配権力をもっている社会システムを正当化する。補完的な差異化は伝統的な性別役割が相補的であるように，女性はポジティブな特性をもっており，それが男性を補っているとみなす。
異性愛主義 heterosexuality	女性を支配したいという欲求つまり異性愛主義的敵意と，男性の持っている心理的な親密さへの欲求つまり異性愛主義的親密からなる。

出典：森永ら(2020)より筆者作成。

[**表 9-4**] 好意的性差別尺度

下位尺度	項目例
家父長主義	・女性には家庭責任があるので，あまり責任の重い仕事を任せるのは気の毒だ。 ・女性はあまり社会経験がないので，経験のある男性がサポートすべきだ。 ・体力のことを考えると，量が多く時間のかかりそうな仕事は，男性が担当するのがよい。
男女の差異化	・男性が活躍できるのも，女性が陰で支えているおかげである。 ・弱い立場の人々に対する思いやりは，男性より女性の方が優れている。 ・子育てについては，男性は女性にかなわない。
異性愛主義	・仕事で成功したとしても，女性と恋愛や結婚をしていない男性は何かが欠けている。 ・恋愛や結婚など，異性と親密な関係をもっていない人は，本当に幸せとは言えない。

出典：森永ら(2020)より筆者作成。

① **敵対的性差別と好意的性差別の相補的関係**

2つの性差別は因子的には独立しているにもかかわらず，個人のレベルでは中程度の正の相関があることがわかっています。文化比較研究によると，敵対的性差別の高い国では好意的性差別も高いことが明らかになりました。つまりこれまでの研究から，個人のレベルでも文化のレベルでも，人々が敵対的性差別を支持しているなら好意的性差別も支持し，逆に一方を拒否するなら他方も拒否するという関係が成り立つことがわかりました。こうして敵対的性差別と好意的性差別は相補的にジェンダー不平等を強化しており，構造的なジェンダー不平等の国レベルでの指標となり得ます。

② **好意的性差別が女性に与える独特の問題**

好意的性差別を支持する男性は，女性は純潔でなければならないと考えるため，レイプにあった女性被害者をより責める傾向がありました。またもし女性が職場で好意的性差別を期待するようにしむけられると，彼女らの業績は悪化しました。好意的性差別を支持する女性は，パートナーの一見すると保護的にみえるが実は頑なな性差別を受け入れ，学歴や収入の高いパートナーを好みました。

③ **両面価値的性差別という視点の有益性**

両面価値的性差別という視点から性差別を構造的に分析することは，男女関係の複雑さを探求する上で有益です。特に女性に対するポジティブな偏見の危険な側面に気づかせることで，この分野の研究に刺激を与え研究を推進することができます。

KEYWORDS

両面価値的性差別　ambivalent sexism
2つの性のうちの1つに対して，否定的態度と肯定的態度が共存することによって
特徴づけられる性差別主義。たとえば，女性に対するそのような態度は，一方で恐
怖と敵意を抱きながら，もう一方では誇張された騎士道精神と保護を示すことがあ
る。

アンビバレント　ambivalent
矛盾する，正反対の感情や態度が同時に存在すること。同一の人物，対象，出来
事，状況に対して快感と不快感，好意と敵意を同時に抱くこと。

敵対的性差別　hostile sexism
女性に対する，誤った柔軟性のない一般化をもとにした嫌悪。

好意的性差別　benevolent sexism
女性をステレオタイプ的に，限定された役割を担うものと見なしている点で差別的で
あるが，主観的にはポジティブな感情をもち，支援的なあるいは親密さを求めるよう
な行動を引き出す傾向もある。

家父長主義　paternalism
権威者が自らの権威を，本来なら個人の選択や良心にまかされる領域にまで拡張す
る指針や態度。通常は，そうすることがその個人の幸福や保護に不可欠であるこ
とをその根拠とする。

異性愛主義　heterosexuality
自分とは逆の性別に魅力を感じることのみを認め，同性愛を認めない考え方。

第10章
女性のリーダーシップを阻害する要因

1 ── ジェンダーに基づくリーダーシップバリア

　女性がリーダーシップの地位につくことを阻害する要因について，これまで多くの研究が行われてきました。本節では阻害要因を系統的かつ網羅的に明らかにしたディールとズービンスキー（Diehl & Dzubinski, 2016）の研究を紹介し，ジェンダーに基づくリーダーシップバリアの特徴について考察します。

（1）バリアの構造

　ジェンダーに基づくリーダーシップバリアは，女性がリーダーの地位を目指すときに直面する障壁のことであり，ディールとズービンスキーによって提唱されました。

　彼女らは高等教育機関と宗教組織でインタビュー調査を行い，質的なデータ分析から女性リーダーが経験する 27 のバリアを抽出しました。従来の研究では特定のバリアだけに注目される傾向がありましたが，ディールらの研究では女性のリーダーシップバリアを網羅的に洗い出し，マクロ（社会），メソ（組織），マイクロ（個人）のレベルそれぞれに分類した上で，総合的に分析している点に特徴があります。［図 10-1］に示したように，27 のバリアはマクロレベルが 6，メソレベルが 16，マイクロレベルが 5 のバリアとなっています。

　女性たちはリーダーシップ地位に到達するまでに多くのバリアを経験しますが，そ

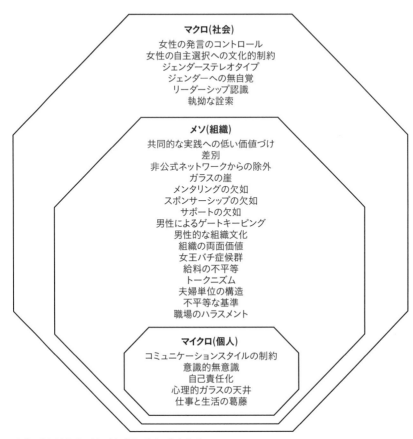

マクロ(社会)
女性の発言のコントロール
女性の自主選択への文化的制約
ジェンダーステレオタイプ
ジェンダーへの無自覚
リーダーシップ認識
執拗な詮索

メソ(組織)
共同的な実践への低い価値づけ
差別
非公式ネットワークからの除外
ガラスの崖
メンタリングの欠如
スポンサーシップの欠如
サポートの欠如
男性によるゲートキーピング
男性的な組織文化
組織の両面価値
女王バチ症候群
給料の不平等
トークニズム
夫婦単位の構造
不平等な基準
職場のハラスメント

マイクロ(個人)
コミュニケーションスタイルの制約
意識的無意識
自己責任化
心理的ガラスの天井
仕事と生活の葛藤

出典：Diehl & Dzubinski（2016）より筆者作成。

［**図 10-1**］　ジェンダーに基づくリーダーシップバリア

れらは社会や組織の中に存在するだけでなく，本書でも既に取り上げてきたように女性自身の個人的なレベルでも生起し，バリアはリーダーシップ能力に対する女性自身の評価やリーダーになることへの意欲にも影響を与えます。女性が直面する広範で多様なバリアを系統的に明らかにすることにより，女性を支援するためのより

有効な方策を提供することが可能になります。そこで以下には，マクロ，メソ，マイクロのそれぞれで生起するバリアについて説明します。

（2）マクロ（社会）レベルのバリア

　マクロレベルのバリアは，女性がリーダーシップ地位に向けて前進または成功することを妨げる社会の中に存在するバリアであり，［**表10-1**］に示した6つのバリア（①女性の発言のコントロール，②女性の自主選択への文化的制約，③ジェンダーステレオタイプ，④ジェンダーへの無自覚，⑤リーダーシップの認識，⑥執拗な詮索）が特定されました。これらは，女性が専門分野でリーダーシップを発揮することを妨げ，女性リーダーを真剣に育成し登用しようとする際に困難をもたらします。

　マクロレベルの6つのバリアのうち，「ジェンダーステレオタイプ」と「リーダーシップ認識」については本書でもとりあげています。「女性の発言をコントロールする」「女性の自主選択への文化的制約」「執拗な詮索」といったバリアについてはここで初めて取り上げます。これらのバリアはその存在が見えにくいものですが，実際には社会の中に蔓延しており，女性たちの行動や思考を大きく制限していることに改めて気づかされます。

　特に日本社会では，女性は発言を控えることや親や配偶者の意向に沿うことがよしとされ，自主性や主体性が育ちにくい社会規範が強く，これらは女性がリーダーになることを躊躇させる大きな圧力となっていると思われます。

（3）メソ（組織）レベルのバリア

　メソレベルのバリアは，［**表10-2**］に示したように16のバリア（①共同的な実践への低い価値づけ，②差別，③非公式ネットワークからの除外，④ガラスの崖，⑤メンタリングの欠如，⑥スポンサーシップの欠如，⑦サポートの欠如，⑧男性による**ゲートキーピング**，⑨男性的な組織文化，⑩組織の両面価値，⑪**女王バチ症候群**，⑫給料の不平等，⑬**トークニズム**，⑭夫婦単位の構造，⑮不平等な基準，⑯職場のハラスメント）が集団や組織の中に存在することが明らかにされました。これらのバリアは，女性がリーダーシップを発揮したときにその貢献を低めるようにはたらき，組織における女性リーダーの効

[**表 10-1**] マクロレベルのバリア（説明とインタビュー回答例）

	説明	インタビュー回答例
①女性の発言のコントロール		
	女性が会話にいつどのようにかかわるかには制約があるかもしれない。特に，女性が周囲と異なる意見を表明しようとするとき，難しい状況になる。女性リーダーは男性たちに受け入れられるようにコミュニケーションすることが求められがちである。	「私は自分の意見をいう時には，いつも自分らしくないやり方で攻撃的になる必要がありました。それはとても難しいことで，発言することを諦めてしまうことも多いのです」。
②女性の自主選択への文化的制約		
	女性が自分の研究分野やキャリアを選択することに対して，社会による抑圧があるかもしれない。女性が大学の専攻を選ぶときに，社会的期待に影響されることがあると研究は示している。ある女性は大学進学を諦めて短大に入学した。また，リーダーになる前に子育てを期待されたり，子どもがいる女性には育児を優先するよう圧力があった。	「私は子どもの頃，将来は教師になるしかないと考えていました。その時代では，女の子はみな看護師か教師になるために学校に行きました」。
③ジェンダーステレオタイプ		
	女性リーダーは，社会が抱いているステレオタイプに苦しんでいるようだ。そういったステレオタイプはしばしば昇進に影響し，実力と経験のある女性を押しのけて，男性がリーダーに選ばれることがよくある。	「社会では学長や副学長は男性であると思われています。ですから女性の私が学長であることに違和感があるようです」。
④ジェンダーへの無自覚		
	職場におけるジェンダーの役割についての知識や気づきが欠如していることをジェンダー無自覚という。ある女性たちは，職場にはもうジェンダー問題はないと感じているようだ。しかし実際には，職場にジェンダー差別が依然として存在するので，そのことに無自覚であることは結局バリアとなる。	「私はこれまでガラスの天井を意識したことはありません。私をリーダーに抜擢したのは男性ですし，実力でここまでこれたと思っています」。
⑤リーダーシップの認識		
	伝統的に，リーダーシップは男性性に結びついている。このような認識はリーダーシップ役割への女性の昇進とリーダーとなったときにどうふるまうかに影響をもたらす。特にリーダーの女性が作動的であることに対して批判が出る。	「私が夫と一緒にいたとき，周囲は夫がリーダーだと思っているようでした。男性は仕事上の戦略をリードしている人と見なされやすいのです」。
⑥執拗な詮索		
	リーダーシップにある女性は過度に批判的に監視されることがある。女性リーダーは，その振る舞いから服装まで，細かく観察され評価される。	「私はいつも，十分に専門家らしく見えるかどうか気にしていました。そしていつも注意深く自分をどのように提示するか考えました」。

出典：Diehl & Dzubinski（2016）より筆者作成。

	説明	インタビュー回答例
①共同的な実践への低い価値づけ		
	女性の共同的な貢献は，組織がスムーズに運営され続けることに役立ち，他の人々がもっている能力を引き出すという貢献があるにもかかわらず，それらはしばしば軽視される。プロジェクトを改善する，同僚を助ける，会議の記録をつける，オフィスの冷蔵庫をきれいにするなどといった活動は，それを表す言葉がないために，目に見えにくい貢献となりがちである。	「男性の同僚は，リーダーとして強引さがない私のやり方が気に入らないようでした。私は共同的にやりたかったので，決定を下す前に状況を理解しようとしました。」
②差別		
	法整備などによりあからさまな性差別はなくなったが，見えにくい差別と目に見える差別の双方が職場には依然として存在し，女性のリーダーシップの妨げとなっている。性別が人種や年齢と結びついて，二重三重の差別となることもある。	「私は 24 歳のとき，中間管理職としてかなり大きな部署を担当し，上手くやっていました。しかし上司は，あなたはこの 3 カ月よく頑張ったが，若いし女性だからサポート役にまわりなさいと言いました」。
③非公式ネットワークからの除外		
	女性は長い間，男性の非公式な社会的ネットワークに加わることがなく，そのことによって有益な情報を受ける機会が得られず，メンター関係やスポンサー関係を経験できず，意思決定に参加する機会から除外されてきた。これらはどれも，女性がリーダーとして成長するときに役立つ重要な要素である。	「大学以外の社会的な集まりがあったとき，あなたは例外だからと言われて，私は招待されませんでした」。
④ガラスの崖		
	女性は，失敗しやすくリスクの高いリーダー役割に登用されやすいと言われている。そしてもし失敗したときには責められることになる。	「私のいるチームは，メンバー間に緊張のある難しい状態でした。上層部はそれを見放していたため，私に任せたのだと後で知りました。しかし私が若く経験がないために上層部は私を責めたのです」。
⑤メンタリングの欠如		
	重要なメンタリング関係の欠如は，女性のキャリアの成長を妨げる。上層部の女性リーダーにとって，特に女性のメンターの果たす役割は重要である。インタビューでは多くの女性が初めてのリーダーであると言及したが，それ自体が女性メンターの不在を意味する。	「私にはメンターがいなかった。良い上司やメンバーによって適切に指導されていたら，もっと上手くやれたと思う」。

⑥スポンサーシップの欠如	
スポンサーとは，より上の地位に推薦し，引き上げてくれる存在を意味する。資格も能力もある多くの優秀な女性たちが，スポンサーがいないためにリーダーやその候補者になれずにいる。57歳の事務部長は，これまでの自分のキャリアで誰もスポンサーがいなかったと語った。	「上司から，あなたは女性だし，これまでの10年間のキャリアをみると，これ以上何も望まないでしょと言われた」。
⑦サポートの欠如	
仕事に不可欠なサポートを得られない女性リーダーが多く存在する。女性は，合法的に約束が反故にされることを経験しがちであることが，研究から分かった。	「私はある職員を解雇する決定をしましたが，男性の上役がそれを認めませんでした」。
⑧男性によるゲートキーピング	
組織の中で男性は，女性がリーダーシップ地位にアクセスすることと女性の権力の双方をコントロールするだろう。いくつかの組織では，男性リーダーはトラブルを避けるために，組織の男性文化に適合するような女性を注意深くリーダーに選ぶ。	「社長が私に地域ディレクターになってほしいと考えた時，まず夫に相談し夫と話し合いました」。
⑨男性的な組織文化	
男性的な規範の強い組織文化のなかで，女性が適応的に働くことは厳しいことだ。女性の大学役員は，日常的に排除される経験について語った。	「会議の連絡がこないことがよくあったのですが，『あなたのことを忘れていた』と言われました。私はゴルフもしませんし，共通の話題がないからでしょう」。
⑩組織の両面価値	
組織に特有の言葉や活動があるために，女性はリーダーシップに自信を失うかもしれない。女性の大学役員は，上司にもっと上のポストを要求したときに，上司の態度がアンビバレント（両面価値的）であったと語った。	「上司はそうすると言ってくれたのですが，迷ったあげく，そのポストを2つに分けて楽な方を私に勧めてきました。もう一方は別の人に決めているということでした」。
⑪女王バチ症候群	
トップの地位にいる女性は他の女性が昇進するのを助けようとしなかったり，それを遮ることさえある。	「私が一緒に働くことになった女性の一人は，私の問題点を指摘し，誰もあなたを好んでいないとまで言いました。そして昇進の機会があったときにそれを阻止しました」。
⑫給料の不平等	
女性は同等の男性同僚に比べて，安い賃金で雇われ続けることがある。インタビュー調査では，給	「別の男性牧師を雇うことになったとき，私より資格や教育歴がな

与の不平等についてしばしば耳にした。	いにもかかわらず，フルタイムとして私よりもずっと多い給料で雇いました」。

⑬トークニズム

トークンとは組織内での割合が 15％以下の集団のことである。トークンは過度に注目されたり，意見がとおらなかったり，様々な制約を受けることがある。	「私が役員になったのは，組織のなかに女性が一人もいないのはよくないので，一人でも女性が必要だったからでしょう。」「私が会議のテーブルにつくと，そこには女性が殆どいませんでした。困った時に助けてくれる他の女性が必要だったのですが」。

⑭夫婦単位の構造

組織は公式であれ非公式であれ，夫婦単位で仕事に当たることを求めます。	「あなたがフルタイムで働いているからといって，夫の仕事上の会合にいつも来ないというのはどういうことなのかと不満を言われました」。

⑮不平等な基準

女性はしばしば男性に比べて，より高い水準の業績が求められる。	「認めてほしいのなら，もっと一生懸命働かなければならないと感じました。男性は私ほど一生懸命働いていないのに，何故か尊敬を得ているようでした」。

⑯職場のハラスメント

女性は職場でしばしば，言語的虐待や暴力，セクシャルハラスメント，不快感を与える行動，脅迫などを経験する。それらの行為の目的は，女性に何らかの力を見せ従わせることだ。	「私は男性上司から，言葉による虐待を受けました。なぜなら，私は彼にへつらってペコペコしないからです」。

出典：Diehl & Dzubinski（2016)より筆者作成。

果を制限します。集団と組織の中には多くのバリアが存在することが分かります。

　メソ（組織）レベルでの 16 のバリアのうち，「男性によるゲートキーピング」「女王バチ症候群」「夫婦単位の構造」「職場のハラスメント」の 4 点以外は，本書でも取り上げてきました。現在の職場に存在する差別や女性へのサポートの欠如，不平等なスタンダード，男性的な職場文化などは，第 9 章で取り上げた第二世代

のジェンダーバイアスに該当するものであり，無自覚のうちに男性には有利に女性には不利に作用しています。かつてのようなあからさまな偏見や差別，女性を排除する制度はなくなりましたが，目に見えにくい巧妙なバリアが女性のリーダーシップ達成を阻害し続けています。

（4）マイクロ（個人）レベルのバリア

　個人のレベルではたらくバリアは5つ（①コミュニケーションスタイルの制約，②意識的無意識，③自己責任化，④心理的ガラスの天井，⑤仕事と生活の葛藤）あります。これらの障壁は第一に女性自身に関するものであり，男性に要求される以上の責任を女性に重荷として背負わせます。研究から明らかにされたのは，女性が自分自身の中で，あらゆる面でリーダーとしての成功を思いとどまらせ，妨げるようなバリアを経験するということです。［表10-3］にマイクロレベルのバリアを説明します。

　マイクロレベルでの5つのバリアのうち，本書で取りあげたのは「仕事と生活の葛藤」のみであり，「コミュニケーションスタイルの制約」「意識的無意識」「自己責任化」「心理学的ガラスの天井」といったバリアは取りあげていません。また先行研究でもこれらは殆ど注目されてこなかったバリアです。しかし女性が必要以上に自分の行動を制限したり，自罰的になったり，時に意識化することを無意識に抑圧しているといった現象を明らかにしたことは，現代女性が置かれた複雑な状況を的確に表しており，非常に示唆に富んでいます。

（5）ジェンダーに基づくリーダーシップバリアの特徴

　ディールとズービンスキーが行ったインタビューによる研究からは，質問紙調査などでは明らかにできない複雑なバリアも抽出され，非常に興味深い結果となっています。

　マクロ，メソ，マイクロという3つのレベルに分けてバリアを分類したことにより，女性のリーダーシップを阻害する要因の構造が理解しやすくなっています。マクロ（社会）レベルのバリアが6種類，マイクロ（個人）レベルのバリアが5種類であることに比べて，メソ（組織）レベルのバリアが16種類と，他の2つのレベルにくら

	説明	インタビュー回答例
①コミュニケーションスタイルの制約		
	女性リーダーは，自分が話す内容や話し方を注意深く検討しなくてはならない。指示的なコミュニケーションスタイルを用いると，女性のジェンダー規範を破ることになるが，ためらいがちな情緒的な言葉遣いだとリーダーとしての能力が疑われてしまう。	「どのように話せば私の情熱が伝わり，尊敬されたり感謝されたりするのか，私は話す内容や声のトーンについて男性以上に注意深く選ばなくてはなりません」。
②意識的無意識		
	何人かの女性たちは，職場でジェンダーが果たす役割について知識がない。これらの女性は問題が発生したときに，実用的な理由によってこれらを無視する。女性たちは，女性だという理由で女性を擁護することが，自分の評判に傷をつけることだと考えているのかもしれない。	「私は自分には権利があるなどと言いません。男性の 3 倍働かないと認めてもらえないということが真実でも，私は女性のカードを切りません」。「最も資格の高い人が女性であってもリーダーシップ役割を女性が担うのはよくないと思う」。
③自己責任化		
	時に女性は，組織やシステムの問題に対して自分に責任があると思ってしまうかもしれない。周囲の男性にはそのような課題がないとみると，女性はそれが自分のせいで起きたのだと仮定してしまう。	「私は自分のチームに対して個人的な責任を感じています。彼らがダメージを受けて苦しんでいることを，専門家としてよく理解できます。私はそのことでとても悩んでいます」。
④心理的ガラスの天井　Rhode（2017）バイアスとステレオタイプに記述有		
	女性が社会の期待を内在化させて行動するとき，主張的であることを好まず，自分の能力を過小評価するかもしれません。このように女性は自分の望みや要求，自分を擁護するために交渉することを抑制してしまう。	「私は取締役会から CEO になりなさいという要求に対して完全に準備ができていませんでした。私はなぜそれが間違っているのか，なぜ私がその役割に適していないのかを伝えようとしました」。
⑤仕事と生活の葛藤		
	専門職としての責任と個人的あるいは家庭人としての責任のバランスを取ることは，女性の課題として長年議論されてきた。	「仕事と家庭生活のバランスを取ろうとするのは本当に困難です。母親にしかできないことがあるので，その重みを感じます。私が母や妻としての役割のために仕事の役割を無視しているかですか？　男性には聞かない質問なので，私は考えないようにしています」。

出典：Diehl & Dzubinski（2016）より筆者作成。

べて著しく多いことから，バリアは特に組織の中に様々な形で存在していることが分かります。

　27のバリア全体から，その種類の多さと範囲の広さに驚きます。そして多くのバリアが無意識的あるいは無自覚の状態で，女性たちをとりまく社会と組織の中，そして女性自身の思考や感情の中に潜んでいることを，この研究は浮き彫りにしています。

KEYWORDS

ゲートキーピング　gate keeping
ゲートキーパーが門番，監視人という意味であることから，集団の中で一定の人が他者を見張り，指示を与えるような状況を表す。家庭内では家事や育児に対して妻が夫をゲートキーピングし，職場では男性が女性をゲートキーピングするとされる。

女王バチ症候群　queen bee syndrome
男性的な組織のなかで，より高い職位に到達した女性が後輩や他の女性たちの成功を阻止するような行動をとること。

トークニズム　tokenism
社会学者カンターが提唱した概念。組織における少数派が，数的不均衡によって不利な状況に陥ること。

---

2 ── 日本における女性リーダーシップの阻害要因

　本節では，日本の女性活用における阻害要因について，多くの先行研究で指摘されてきた課題の中から，「日本的雇用慣行」「長時間労働」「間接差別と統計的差別」「遅い昇進」を取りあげ，女性活用がなぜ進展しないのかを明らかにします。

（1）日本的雇用慣行に基づく阻害要因

　日本の職場で，女性がリーダーとして登用されることを阻害する最大の要因として，かなり以前から**日本的雇用慣行**が指摘されています。日本的雇用慣行とは，終身雇用制度，年功序列賃金制度，企業内組合の3点を特徴とする雇用慣行とされます。

　山極（2020）は日本で女性活躍が進まない要因について，税制・社会保障制度，保育所の未整備，高等教育環境，法的な問題などが複雑に絡んでいるとしながらも，主たる要因は高度経済成長期に定着した日本的雇用慣行にあるとしています。日本的雇用慣行により，長時間労働と終身雇用が可能な男性正規従業員と，正規，非正規を問わず主に二次的・補助的業務に従事しキャリアパスのない女性従業員からなる，性別による雇用の二極化が進行することになったからです。さらに日本的雇用慣行は以下のような具体的な形をとって，女性活躍を阻害すると山極は指摘しています。

　　①　長時間労働と固定的性別役割分担との対構造。
　　②　労働時間の長さではかる人的評価。
　　③　日本特有の雇用形態の区分化と多層化。
　　④　女性の昇進意欲に影響する社内外の価値観や制度等。
　　⑤　夫の昇進・昇格を優先する家族の意識や行動。

　それでは，日本型雇用慣行を変化させ，女性活用を促進するために何をすべきでしょうか。山極はこの点について，ダイバーシティ施策とワークライフバランス施策の統合・推進が効果的であると指摘します。既に女性管理職登用に成功している会社では，二つの施策を同時進行することにより，長時間労働の削減や固定的性別役割分担意識が変化し，男性の育児参画を促すものとなっていることを明らかにしました。

（2） 長時間労働

　長時間労働と日本的雇用慣行とは補完的な関係にあり，日本の労働問題を考える上で長時間労働は避けられない課題となっています。日本的雇用慣行を継続する限り，長時間労働が会社に対する忠誠心の証として評価され，恒常的に長時間労働が可能な人のみが正社員となり管理職に昇進するという構造が維持されます。日本の管理職割合の男女格差を分析した山口（2014）によれば，ホワイトカラー正社員の男性が女性より課長以上の割合が高いのは，労働時間が長いことによります。さらに，この分析の中では女性管理職が男性管理職より長時間労働を強いられる状況にあることも示唆されました。

　大湾（2017）はある製造業企業に勤める社員の年間労働時間と昇進の関係を分析し，労働時間と昇進の関係は男女共に労働時間が多いほど昇進しやすい傾向があるが，女性の方が勾配は急であることを明らかにしました。男性並みに働き長時間労働をこなしている少数の女性たちは，平均的な男性より優秀で昇進確率も高くなりますが，総合職キャリアコースから外れた女性は残業時間も少なく，人的資本投資も少ないため管理職になる可能性はかなり低くなります。こうした二極化によって，労働時間と昇進の正の相関関係が女性の場合により強くなるのです。昇進意欲の高い女性は，長時間労働という形で自らのやる気とコミットメントを経営陣に示す必要があるため，男性以上に長時間労働に向かうのではないかと大湾は推測しています。

（3） 間接差別と統計的差別

　厚生労働省による企業への意識調査によれば，日本で女性管理職割合が少ない理由として「勤続年数の不足」がしばしば挙げられます。しかし山口（2014）は，女性管理職割合低迷の主要因は**間接差別**にあるとしています。2006 年に改正された男女雇用機会均等法では，間接差別を「性別以外の理由を要件に，一方の構成員に他の性の構成員と比較して相当程度の不利益を与えるものを，合理的理由なく講じること」とし，以下の 3 つの場合を間接差別としています。

① 労働者の募集または採用に当たって，労働者の身長，体重または体力を要件とすること。
② コース別雇用管理における「総合職」の労働者の募集または採用に当たって，転居を伴う転勤に応じることができることを要件とすること。
③ 労働者の昇進に当たり，転勤の経験があることを要件とすること。

　山口（2014）は，日本企業における総合職と一般職の区別であるコース制や，男女賃金格差を生む企業内トラッキング制度は，すべて間接差別として禁止されるべきであると主張しています。そして，このような間接差別的制度が，特に管理職の女性割合を大きく減少させ，大きな男女賃金格差の一因でもあると指摘しています。したがって，女性活躍を大きく進めるためにはコース制や企業内トラッキング制度を排して，男女を同等に採用・配置する人事制度へと転換することが求められます。

　統計的差別とは，ある集団の平均的な統計的データによって，その集団に属する個人を判断することです。例えば，女性の離職率が統計的に高いことから，企業が女性への投資を控え，採用，教育・訓練，昇格・昇進などに慎重になるのは統計的差別によります。山口（2008）は，日本における女性に対する統計的差別の特殊性を以下のように要約しています。

① 女性の結婚・育児による高い離職率が統計的差別の主たる原因であること。
② わが国の雇用が年功賃金制度や正規雇用者への強い雇用保障のもとにあること。
③ 企業のワークライフバランス施策の取り組みが欧米と比べて遅れていること。
④ 人事決定が主として人事部・人事課の裁量に委ねられていること。

山口は，統計的差別が企業と社会に不利益をもたらす理由の1つとして**逆選択**という現象をあげています。企業は自社に有益な職員を選ぼうとするにもかかわらず，女性に統計的差別による対応をすることによって優秀な女性職員は退職しやすく，比較的生産性の低い女性が残るという状況を生みだしてしまいます。企業が女性活躍を推進するためには，統計的差別について理解を深め，これを防止することが不可欠です。

（4）遅い昇進

　大湾（2017）は，女性活躍を阻害する要因として，①不平等な家庭内分業，②長時間労働，③遅い昇進，の3点をあげています。家庭内分業と長時間労働については既に取り上げているため，ここでは遅い昇進について考察します。

　日本では管理職を選抜する時期が遅いため，昇進スピードも他国に比べて際立って遅くなります。課長になるのは平均で40歳前後といわれますから，多くの場合に女性はその前に出産し，出産後は**マミートラック**に移ってしまう傾向にあります。優秀な女性たちがこのように管理職コースから外れることは，企業にとっても大きな

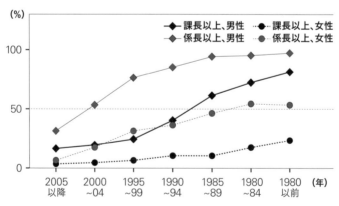

注：分母は男女別の正社員
出典：山口（2014）より筆者作成。

[**図10-2**]　管理職割合の勤続年別男女格差

損失であるだけでなく，キャリア志向の女性にとって意欲を低下させる要因ともなります。

　男女間の昇進スピードの差も問題視されています。出産によって女性は昇進スピードが遅れるだけでなく，それ以前に既に男女の昇進スピードには差があるといわれます。その原因は先にみた統計的差別によるものです。女性の人材育成政策は総合職と一般職というコース制がとられてきました。現在では表面的にはコース制を採用しない企業は増えましたが，実際には同時期に入社した男女の昇進スピードには明らかな差があります。

　山口（2014）は，2009 年に経済産業研究所が行った『仕事と生活の調和（ワーク・ライフ・バランス）に関する国際比較調査』の日本データ（1,677 の企業に従業する 23 歳～59 歳の男性 6,480 人，女性 3,023 人）を用いて，現在の勤め先への入社年で分類した勤続年数の 5 年区分別に，課長以上の管理職割合と係長以上の管理職割合（分母は男女別の正社員数）を男女別に比較しました。

　[図10-2]はその結果を示したものですが，女性の昇進スピードが男性に比べて著しく遅いだけでなく，男性では最終的に約 8 割が管理職になっているにもかかわらず，女性の多くは一生働いても管理職になれないというのが現実です。

KEYWORDS

日本的雇用慣行　Japanese-style Employment Practices
終身雇用，年功序列賃金制，企業別組合からなる雇用慣行。「企業が新卒者を一括採用し，生涯にわたる長期雇用を前提として，従業員が若年の時は賃金を上回る仕事をさせながら，企業内人材育成や配置，異動等によりキャリア形成をはかり，中高年期になって蓄積された人的資本への対価として仕事を上回る賃金を支払うことにより，その会社固有の技術や文化をもつ熟練従業員を長期に確保する仕組みである（厚生労働省，1998）」。

間接差別　indirect discrimination
性別以外の理由を要件に，一方の構成員に他の性の構成員と比較して相当程度の不利益を与えるものを，合理的理由なく講じること。

統計的差別　statistical discrimination
ある集団の平均的な統計的データによって，その集団に属する個人を差別的に判断
すること。

逆選択
質の違うものを同一に扱うと，良い質のものが去り，質の悪いものが手元に残る現
象。例えば，女性を平均離職コストをもとに一律に賃金を低くすると，比較的生産
性の高い女性ほど，先に辞めてしまう。

マミートラック　mommy track
仕事と子育ての両立はしやすいが，昇進・昇格の機会が少ないキャリアコース。対
極はキャリアトラックと称される。

第11章
女性のリーダーシップを促進する要因

1 ── 促進要因の分類

　AAUW（American Association of University）はリーダーシップのジェンダー格差を解消するために，個人レベル，企業レベル，政策レベルでの改善が必要であると提言しています（AAUW, 2016）。本節ではこの提言に基づき，女性のリーダーシップを促進する具体的方策について考察します。

(1) 個人レベルの促進要因

　AAUW（2016）は，大学生および若い世代の女性たちがリーダーシップのジェンダー格差を解消するために，個人レベルで何をすべきかについて9項目を提案しています。リーダーシップに関する知識を身につけること，目標を設定し障害物に対する準備を行うこと，女性活躍に積極的な職場で実際の経験を積むことが強調されています。

① リーダーシップについて学ぶ

　これまでに女性リーダーシップに関する書籍や論文は，ビジネスや政治，教育そして他の分野で多数出版されています。近年は多くの大学でリーダーシップについての授業も盛んにおこなわれるようになりまし

た。女性たちが積極的にリーダーシップについて学び，知識を身につけることが重要です。

② **根拠のあるリーダーシップ研修に参加する**
学術的な研究に基づく根拠のあるリーダーシップ研修に参加することが重要です。AAUW は女子大学生向けの訓練プログラムやワークショップを提供しています。

③ **スポンサーを見つける**
リーダーとして成長するために，リーダーシップ地位にある人から学ぶ機会を見つけ，将来の学びに投資をすることはあなたの責任です。また，リーダーとしての経験豊富な人は，後進のためにスポンサーになることが望まれます。

④ **自分のバイアスを理解する**
全ての人が無意識に潜在的バイアスをもっています。例えば，意識上では性役割規範に囚われていないと考えている人も，直感的に判断や選択をする場合には無意識の思い込みが影響することが研究から分かっています。潜在連合テスト（IAT）などを受けて，自分のバイアスに気づくことが推奨されます。

⑤ **ステレオタイプ脅威を理解する**
ステレオタイプ脅威の知識をもつだけで，その影響を少なくすることに役立ちます。また，ロールモデルがいるとステレオタイプに抵抗する上で助けになります。成長のマインドセットを持つように心がけることが重要です。成長のマインドセットとは，心がいつも学び成長するという信念であり，固定化した能力というステレオタイプ脅威の考えから自分を防御することができます。

⑥　リーダーシップのゴールを設定する

　　　ライフステージのどの段階でリーダーになれそうかを見通し，長期的に
　　計画することが重要です。すぐに志望する資格や地位が得られなくて
　　も，決してあきらめる必要はありません。

⑦　キャリアの潜在的な障害物に対して準備する

　　　仕事と家庭のバランスを取るのは誰にとっても簡単なことではありませ
　　ん。日本では特に依然として女性が家事や養育の負担に多くの時間と
　　エネルギーを費やしています。男性の協力を求め，仕事も家庭もとも
　　に充実できるように準備と工夫が必要です。

⑧　女性のリーダーシップを促進する職場を探す

　　　就職する前に様々な情報を得て自分の条件にあった職場を積極的に探
　　し，女性活用に関する職場の環境を知るようにすることは就職後の適
　　応に役立ちます。

⑨　リーダーシップスキル開発を含む自主的な参加機会を見つける

　　　リーダーシップには多くのスタイルがあります。就職前からボランティア
　　としてリーダーの経験を持つことは，リーダーシップのスキルを開発する
　　ための素晴らしい方法といえるでしょう。

（2）企業レベルの促進要因

　AAUW（2016）は，リーダーシップのジェンダー格差解消に向けた企業レベル
の取組について，5項目を提案しています。働き方の改善，女性リーダーを育成す
る研修やプログラムの充実，人材登用の改善が強調されています。

① **柔軟な働き方を提供する**

仕事によっては時間や場所が限定されますが，雇用主は勤務場所や時間について労働者の家族養育責任に適した柔軟な働き方へと基本的な規則を変更することが求められています。労働者の個人的なニーズと適合する労働時間を提供するように，会議や打ち合わせの時間をコアタイム内に調整すべきです。

② **時間ではなく生産性にフォーカスする**

朝早くから夜遅くまでの長時間勤務や頻繁な出張が，優秀なリーダーを育てるという考えは間違っています。これからの職場は，時間による管理ではなく，生産性とモラルを重視すべきです。

③ **根拠に基づくダイバーシティ研修を提供する**

ダイバーシティ研修プログラムは，研究知見に基づく効果的な内容であるべきです。特に，バイアスやステレオタイプに関する最新の根拠のある知見を取りあげて解説することが望まれます。

④ **スポンサーシッププログラムを活発に奨励する**

メンタリングプログラムも有用ですが，スポンサーシッププログラムは専門家から信頼され高い評価があります。スポンサーは昇進を後押ししてくれる存在であることから，女性がリーダーになることに直接的な効果があります。

⑤ **より良い人材が得られるよう採用や昇進の方法を改善する**

履歴書の**ブラインド評価**などのように，バイアスを減じるようにデザインされた政策方針とプログラムは，昇進プロセスでのバイアスを制限する上で効果的です。

（3）政策レベルの促進要因

　AAUW（2016）は，リーダーシップのジェンダー格差解消に向けた政策レベルの取組について，5項目を提案しています。現在も継続する性差別の撤廃と平等の推進強化，女性が働きやすい職場環境のさらなる充実，リーダーシップに向けた女性のエンパワメントが強調されています。

① 性差別が続いていることへ対応する
　職場の男女平等は，男女がリーダー役割を同等にバランスよく担うことによって推進されます。政府機関は，職場のあらゆる差別を解消するための実効性のある方針を定め，全ての職場がそれを遵守するように指導しなければなりません。

② 給料平等法を強化する
　女性が男性と同等の給料を得られるよう法律を定め，雇用主がそれに従うようにすることは基本的な事項です。

③ 休業施策を強化する
　病気や家族ケアのための有給休暇，育児休業は全ての労働者に保障されるべきです。養育責任をもつ女性のキャリアパスとリーダーシップ機会を妨げないように，休業施策を強化すべきです。方針策定者はこれらの法律を制定する義務があります。

④ 妊娠中の職員を保護する法律をアップデートする
　妊娠によって女性のキャリア追求が妨げられないよう，また雇用者が妊娠中の職員の健康保持に配慮するよう法律を定めるべきです。妊娠によって職務からの離脱やリーダーシップの機会の剥奪が起きないよう，常に法律を見直す必要があります。

⑤　**女性が高い給料の職務を求められるよう教育プログラムを支援する**

　　伝統的に男性が担当してきた職業は給料が高く，高い成長分野の傾向があります。バイアスのないカウンセリングとジェンダー平等を促進する教育プログラムを提供することにより，女性活躍を効果的に推進する職場文化へと変化させていくことが求められます。

（4）リーダーシップのジェンダー格差解消のまとめ

　［図11-1］は，AAUW によるリーダーシップのジェンダー格差解消への改善策を整理したものです。個人レベルでは，リーダーシップや自分のバイアスについての学びと理解が主要な改善策となっています。こういった学びの機会が大学や企業内だけでなく，社会全般に開かれることが望まれます。企業レベルでは，働き方と人事考課制度への根本的な変革が求められています。また女性をサポートし**エンパワ**

個人	企業	政策
①リーダーシップについて学ぶ。 ②根拠のあるリーダーシップ研修に参加する。 ③スポンサーを見つける。 ④自分のバイアスを理解する。 ⑤ステレオタイプ脅威を理解する。 ⑥リーダーシップのゴールを設定する。 ⑦キャリアの潜在的な障害物に対して準備する。 ⑧女性のリーダーシップを促進する職場を探す。 ⑨リーダーシップスキル開発を含む自主的な参加機会を見つける。	①柔軟な働き方を提供する。 ②時間ではなく生産性にフォーカスする。 ③根拠に基づくダイバーシティ研修を提供する。 ④スポンサーシッププログラムを活発に奨励する。 ⑤より良い人材が得られるよう採用や昇進の方法を改善する。	①性差別が続いていることへ対応する。 ②給料平等法を強化する。 ③休業施策を強化する。 ④妊娠中の職員を保護する法律をアップデートする。 ⑤女性が高い給料の職務を求められるよう教育プログラムを支援する。

出典：AAUW（2016）より筆者作成。

［**図11-1**］　リーダーシップの男女格差解消に向けた改善点

メントするための研修や訓練プログラムの強化も推奨されています。

　政策レベルでは，性差別についての意識改革，男女格差解消と女性労働者保護のためのさらなる法整備，女性のエンパワメント施策が指摘されています。個人，企業，政策のそれぞれのレベルは相互に影響し合い，社会や企業が変化することにより個人の意識が変わるだけでなく，個人の意識変化が企業や政策の変化を促します。3つのレベルが有機的に連携しながら社会全体を改善していくことが望まれます。

KEYWORDS

ダイバーシティ　diversity
多様な人材をいかす戦略を意味する。企業が多様な属性（性別，年齢，国籍など）と価値・発想をとりいれることで，企業の成長や個人の幸福をもたらす戦略のこと。

ブラインド評価　blind judgement
人の状況を評価する際に，影響を与える可能性のある情報を除いて評定すること。この手法は，意識的，無意識的なバイアスを除くために用いられる。

エンパワメント　empowerment
ある特定の教育や社会的な体系の中において，自分自身の人生をコントロールできる力を高めるために必要であるスキルや知識，自信を身につけられるように支援すること。

---

2 ─── 特に重要な促進要因

　AAUW の提言や先行研究の知見を参考として，本節では女性のリーダーシップを促進する重要な要因として，「偏見の解消」「職場環境の改善」「スポンサーシップの導入」「ネットワークの提供」「ポジティブ・アクション施策の強化」を取りあげます。

（1）偏見の解消

　女性とリーダーシップの研究を行ってきた多くの研究者が，女性リーダーに対する偏見の解消が最も重要な促進要因の1つであると指摘しています。特に，現代的な偏見として第二世代のジェンダーバイアスへの理解とそれを解消するための具体的方策を講じる必要があります。

　第9章で紹介したようにイバーラら（Ibarra et al., 2013）は，①女性のためのロールモデルの不足，②ジェンダー化されたキャリアパスとジェンダー化された仕事，③女性はネットワークとサポートにアクセスできない，④ダブルバインドの4つを具体例としてあげました。第二世代のジェンダーバイアスはあからさまな排除や差別ではない形での認知の歪みであり，男性には有利に女性には不利になるような相互作用のパターンといわれます。

　また，マドセンとアンドラーデ（Madsen & Andrade, 2018）が指摘するようにアンコンシャスバイアスの1形態でもあり，それが偏見であることに気づき難い形をとって組織や社会に巧妙に埋め込まれているため，解消することも困難なものです。第二世代のジェンダーバイアスの存在やその内容を，大学の授業や企業の新人研修などで，若い世代に広めることが重要です。また組織全体でこの問題への認識を高め，女性がなぜ管理職になることに消極的なのかをジェンダーバイアスの視点からも検討し，組織としてできることを実行する必要があります。

　偏見を生みだす元凶としてのステレオタイプにも，継続的に取り組む必要があります。これまでの研究から，時代が進んでもジェンダーとリーダーシップに関するステレオタイプは人々の頭の中に根深く植えつけられており，反ステレオタイプ的な経験をしてもステレオタイプ的な考え方は維持されてしまうことが示されています。例えば，母親は家庭外の仕事より家庭内での養育を優先すべきであるとする母親ステレオタイプは，女性がリーダー地位を追求するうえで否定的な影響を及ぼします。この**母親の壁**は，現代では他のステレオタイプより強力なものであるとされます。

(2) 職場環境の改善

　島（2021）は ARTICLES 19 に紹介するように，入社 1 年目から 5 年目にかけての男女の管理職志向の変化を調査しました。この研究では，まずどの時点でも女性の管理職志向が男性より低いことがわかりました。次に，2 年目以降は男女ともに管理職志向が下がる傾向にありますが，3 年目の下げ幅は女性の方が大きかったのです。早くも入社翌年には女性の管理職志向が大きく低下するという衝撃的な事実が示されました。

　また，島（2019）の分析を合わせると，残業頻度が高いこと，上司の育成熱意が感じられない場合，仕事の将来性がないと感じること，リーダーシップの自己評価の低さが，女性の管理職志向を低める要因であることを明らかにしました。

　島（2021）は，さらに一部の調査対象（14 人の女性）にヒヤリング調査を実施し，初期キャリアにおける女性の実態と課題を多角的に検討しています。その結果，以下の 3 点が明らかになりました。

> ① 結婚・出産後は仕事を辞めて専業主婦になるという人は皆無でしたが，定年まで勤めたいとする人は 1 人のみで，大半は育児と仕事の両立が難しいと考え，一時的な退職や転職を想定していた。
> ② 管理職を目指したくない理由としては，長時間労働で家庭との両立が難しい，妊娠を躊躇するなど犠牲が伴いそうと予想していた。ただ，絶対に拒否するのではなく，会社からの働きかけ次第という印象である。
> ③ 大学 4 年時点では確固たる意志があったわけではなく，管理職志向は入社先の環境に左右されることが示唆された。

(3) スポンサーシップ制度の導入

　女性がリーダー地位につくために，ロールモデル，**メンター**，**スポンサー**といっ

ARTICLES 19

女性の管理職志向の低さとその要因
—— 「男女の初期キャリア形成と
活躍推進に関する調査研究」による知見

島（2021）

目 的

　入社1年目から5年目にかけての男女の管理職志向の変化を調べ，女性の管理職志向を低下させる要因を明らかにすることを目的としています。

方 法

　調査対象は，大学もしくは大学院を終了後，2025年に入社した男女（男性157人，女性125人）であり，5回のWEBアンケートが実施されました。

結 果

　[図11-2]から明らかなように，男女の管理職志向は大きく異なり，「管理職を目指したい」とする割合は入社1年目で男性68.2%に対して，女性は14.4%に過ぎません。「どちらかというと目指したい」を含めると男性はほぼ全員となりますが，女性は6割程度です。しかも女性は年を追うごとにその割合が下がり，3年目には4割にまで落ち込みます。

　島（2019）が別途行った分析により，女性の管理職志向がより大きく低下する入社1年目から2年目にかけて，以下のような5つの要因が女性の管理職志向に影響していることが分かりました。

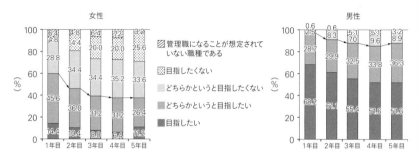

出典：島（2021）より筆者作成。

［図 11-2］　管理職志向の変化

① 1年目より残業頻度が増えると，2年目には管理職志向が低下する傾向にある。

② 上司の育成熱意を1年目より強く感じなければ，2年目には管理職志向が低下する傾向にある。

③ 将来のキャリアにつながる仕事をしていると思う女性ほど，管理職志向が高い。仕事の将来性を1年目より強く感じなければ，2年目には管理職志向が下がる傾向にある。

④ リーダーシップの自己評価が高い女性ほど，管理職志向が高い。1年目よりリーダーシップ力の自己評価が高まらなければ，2年目には管理職志向が低下する。

⑤ 「女性より男性のほうがリーダーに向いている」と思う女性ほど管理職志向が低い。1年目より「男性のほうが向いている」と思うようになると，2年目には管理職志向が低下する傾向にある。

[表 11-1] メンターとスポンサーの違い

メンター	スポンサー
・職位は問わない。 ・精神面でのサポート，改善すべき点についてのフィードバック，その他の助言を与える。 ・社内政治をうまく乗り切る方法を学ぶのを助ける。 ・メンティが自分の能力と価値に対してもっと自信をもつように努力する。 ・メンティの個人としての，またプロとしての成長に焦点を合わせる。	・影響力を持つ上級管理職でなければならない。 ・昇進に役立つ可能性のある他のエグゼクティブに，自分の弟子を合わせる。 ・有望なチャンスや，やりがいのある職があれば，自分の弟子を必ず検討してもらえるようにする。 ・悪い評判が立つのを防ぎ，悪影響を及ぼす上級幹部との接触を防ぐ。 ・自分の弟子を昇進させるために，奮闘する。

出典：Ibarra et al.（2010)より筆者作成。

た人的支援が重要な役割を果たしますが，多くの研究者は特にスポンサーの重要性を強調しています。

イバーラら（Ibarra et al., 2010）は「**メンタリング**では女性リーダーは生まれない」と題する論文のなかで，女性はメンタリングを受ける機会には恵まれているが，**スポンサーシップ**を受ける機会に恵まれていないことが，昇進の可能性を低める要因であると指摘しました。[表11-1]に示したように，メンターは相手が個人としても職業人としても成長するように「心理・社会的なサポート」を行い，さらに助言やコーチングなどキャリア面での支援を行う人です。

一方，スポンサーは昇進のために積極的に推薦してくれる人を指し，特に競争が激化する中間職以上の昇進においてスポンサーの役割が重要度を増すと考えられます。もし企業が，有能な女性たちを昇進させたいと思うなら，メンタリングとスポンサーシップを明確に区別した制度を確立する必要があるとイバーラらは主張します。

イバーラら（Ibarra et al., 2010）は一連の調査結果を分析し，女性は男性に比べてメンタリングを過剰に受ける一方，スポンサーシップが足りないために昇進していないと結論しました。さらにスポンサーシップがないと，トップの座に任命される

確率が低くなるだけでなく，それを目指すことに消極的になる可能性があることも示唆しています。

　企業での実施例によれば，スポンサーシップは人事考課制度や研修・育成，後継者計画などを含む包括的プログラムの一部として提供されることにより，効果が高まります。加えて，責任の付随するスポンサーシップが極めて有効であることも分かっています。すなわちスポンサーが担当した人の昇進に責任をもち，担当の女性が昇進しなかった場合にはスポンサーの失敗と見なされるようなあり方です。そして昇進後も一定期間，新しい職務の達成に向けて支援を続けることで，女性のリーダー養成が改善されます。

（4）ネットワークの提供

　ティンズリーとイーリー（Tinsley & Ely, 2018）は，第 7 章で取り上げた社会的ネットワーク理論において，女性がリーダー地位に就きにくい要因として，昇進や新しい挑戦にアクセスするために重要な情報を収集し，支援を受けることのできるネットワークに組み込まれにくいことをあげています。影響力のあるネットワークにアクセスすることは，リーダーシップの階層を昇っていくために重要なことです。ヒューレットら（Hewlett et al., 2010）によれば，影響力をもったリーダーを含むネットワークから社会的資本を得ることは，業績よりも重要です。

　女性は一般に高いコミュニケーションスキルを有し，ネットワーク作りに優れているといわれます。しかしビジネスの世界では，男性中心に形成されるいわゆるオールドボーイネットワークが，上級管理職への女性の昇進を妨げる可能性があります（Lalanne & Seabright, 2011）。女性リーダーを養成する講座や研修の中では，参加者が社内および社外でのネットワークがもたらす恩恵と，ネットワーク構築のノウハウについて学ぶプログラムが必要です。さらに，企業は女性たちにネットワーク作りのための機会を積極的に提供することも求められます。

（5）ポジティブ・アクション施策の強化

　ポジティブ・アクションとは，「社会的・構造的な差別によって不利益を被ってい

る者に対して，一定の範囲で特別の機会を提供することなどにより，実質的な機会均等を実現することを目的として講じる暫定的な措置」(内閣府, 2022) と説明されます。国も女性活躍推進法のなかで，積極的改善措置という用語によってポジティブ・アクションの必要性を喚起しています。

　川口 (2012) は ARTICLES 20 で紹介するように，20歳代の一般社員の昇進意欲を高める要因について**プロビット・モデル**を用いた実証的研究を行いました。この研究では，ポジティブ・アクションと昇進意欲との関連も分析しており，ポジティブ・アクションを熱心に実施している企業では男女ともに昇進意欲が高いことが明らかになりました（[表 11-2]参照）。ポジティブ・アクションを行う企業には公平な処遇や透明性のある評価制度があるために，男女とも昇進意欲の高い者がたくさん応募してくる可能性があると川口は述べています。

　[表 11-3]に示したように，10種類のポジティブ・アクション施策のうち6種類の施策が女性の昇進意欲を高めることが分かりました。これらのうち，「女性の能力発揮のための計画策定」「女性の積極的な登用」「セクハラ防止のための規程の策定」「男性に対する啓発」「職場環境・風土の改善」は1％水準で，「女性専用の相談窓口」は5％水準で影響があるという結果でした。これら6種類の施策のうち男性の昇進意欲に影響を与えていたのは，「男性に対する啓発（1％水準）」と「女性の能力発揮のための計画策定（5％水準）」の2つのみでした。また，男女の昇進意欲に直接的な影響がない施策は，「専任の部署・担当者の設置」「問題点の調査・分析」「女性の少ない職場に女性が従事するための訓練」「仕事と家庭のための両立支援の整備」でした。ただし，ポジティブ・アクション施策は相互に関連して効果を発揮する可能性があることから，間接的な効果についても考慮する必要があると川口は指摘しています。

　ポジティブ・アクション以外では，どのような要因が昇進意欲に影響を与えるのでしょうか。川口 (2012) は，「利用実績のある育児支援施策」「管理職と一般職の賃金格差」「管理職と一般職の労働時間格差」「正社員に占める女性の割合」「部課長に占める女性の割合」を「ポジティブ・アクション施策数」に加え，これら6要因および個人属性が昇進意欲に影響する程度をプロビット・モデルで分析しま

昇進意欲の男女比較
——女性の昇進意欲を高めるには

川口（2012）

目 的

　研究1では，男女の昇進意欲を比較しています。研究2では，男女の昇進意欲に影響を及ぼす要因を比較，分析し，女性の昇進意欲上昇のために必要な施策について議論しています。

方 法

　2006年に労働政策研究・研修機構が実施した「仕事と家庭の両立支援にかかわる調査」のデータを使用し，昇進意欲の男女比較を行いました。全国の300人以上の企業6,000社を対象に行った調査結果から，企業調査863社，管理職調査3,299人，一般社員調査6,529人の結果を総合的に分析しました。

結 果

　昇進意欲の男女比較については，[図11-3]に示したように以下のことが明らかになりました。

① 20歳代一般社員の昇進意欲については，女性は男性より非常に低い。

② 非役職者の女性では，76.6%が「役付きでなくともよい」と回答しており，管理職への昇進を望んでいる人は1割にも満たない。

③ 係長・主任相当の女性は4割強が管理職を目指している。

④ 男性の場合には役職者と非役職者のいずれも，6割程度が課長以上の管理職を目指している。

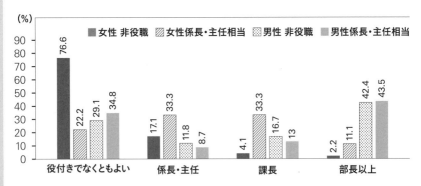

出典：川口（2012）。

[図 11-3] 今の会社でどこまで昇進したいか（20歳代一般社員）

本文で詳しく紹介しているように，この研究では男女の昇進意欲に影響する要因を分析した結果，以下の知見を明らかにしました（[表11-2]）。

① ポジティブ・アクションを熱心に実施している企業では，女性のみならず，男性も昇進意欲が高い。ただし，男性に対する効果は女性ほど明瞭ではない。

② 利用実績のある育児支援策数は，女性の昇進意欲とは統計的に有意な関係はないが，男性の昇進意欲には負の関係がある。

③ 女性管理職が多い企業では，女性の昇進意欲が高いが，男性の昇進意欲とは統計的に有意な関係がない。

[**表 11-2**] 　20 歳代一般社員（主任・係長相当職を含む）の昇進意欲

推定モデルと被説明変数	プロビット「係長以上への昇進希望ダミー」		順序プロビット「昇進意欲スコア」	
	女性	男性	女性	男性
ポジティブ・アクション施策数	*	—	***	*
利用実績のある育児支援策数	—	**(負)	—	**(負)
管理職と一般社員の賃金格差	—	—	—	—
管理職と一般社員の労働時間格差	—	—	—	—
正社員に占める女性の割合	—	—	*(負)	—
部課長に占める女性の割合	***	—	***	—
有配偶ダミー	—	—	—	—
子ども数	—	—	—	—
年齢	—	—	—	—
大卒ダミー	**	***	**	***
賃金の対数値	—	*	—	***
主任・係長相当職ダミー	**	—	***	—
総合職ダミー	***	—	***	—
コース別人事制度なしダミー	—	—	—	—
正社員数の対数値	—	**	—	*
定数	—	**(負)		

注 1：課長以上への昇進希望ダミー」は，「係長・主任」または「役付きでなくともよい」と答えた場合に
　　　0，「課長」または「部長以上」と答えた場合に 1 とする。
注 2：昇進意欲スコア」は，「係長・主任」または「役付きでなくともよい」と答えた場合に 0，「課長」と答
　　　えた場合に 1，「部長」と答えた場合に 2 とする。
注 3：*p < .05，　**p < .01，　**p < .001．（負）は元の係数がマイナスであるもの。
出典：川口（2012）より筆者作成。

した。[**表 11-2**]は，「係長以上への昇進希望ダミー」を被説明変数とするプロビッ
ト・モデルと，「昇進意欲スコア」を被説明変数とする順序プロビット・モデルの推
定結果（有意水準のみ）を示したものです。ポジティブ・アクション以外では，「部
課長に占める女性の割合」が女性の昇進意欲に統計的に有意（0.1％水準）なプ
ラスの影響があることがわかります。この点は分析結果のなかで際立っており，身
近なロールモデルの存在が若い女性の昇進意欲を高める上で重要な意味をもつと
いえるでしょう。次に，「実績のある育児支援施策数」は女性の昇進意欲と有意な

[**表11-3**] ポジティブ・アクション施策が昇進意欲に及ぼす影響

推定モデルと被説明変数	順序プロビット「昇進意欲スコア」	
	女性	男性
専任の部署・担当者の設置	—	—
問題点の調査・分析	—	—
女性の能力発揮のための計画策定	**	*
女性の積極的な登用	**	—
女性の少ない職場に女性が従事するための訓練	—	—
女性専用の相談窓口	*	—
セクハラ防止のための規程の策定	**	—
仕事と家庭のための両立支援策の整備	—	—
男性に対する啓発	**	***
職場環境・風土の改善	**	—

注：$^*p < .05$, $^{**}p < .01$.
出典：川口(2012)より筆者作成。

関係がなく，男性の昇進意欲とは負の関係があることが明らかになりました。この結果について川口は，**ワークライフバランス施策**が充実している企業には，昇進を望まず生活とのバランスを保ちながら仕事をする男性が多く集まるためではないかと推測しています。

　以上の結果から，女性の能力を高め，積極的に女性を登用し，職場の風土を改善するといった効果的なポジティブ・アクション施策の導入により，ロールモデルとなりうる女性管理職を増やすことが，女性社員の昇進意欲を高めることに繋がると示唆されます。

KEYWORDS　　**母親の壁**　maternal wall
子どもを持つ女性は，子育てを重視すべきであるという規範的ジェンダーステレオタイプにより，採用や昇進の機会を失いやすいことから，女性のキャリアを阻む障壁の１つとして提唱された。

メンター　mentor
若い人たちに，指導，教育，援助，助言などを行い，成長・発達を助ける働きを
する人。

スポンサー　sponsor
部下や後輩にスポンサーシップ（望ましい配置転換や昇進のための直接的な支援）
を提供する上司や先輩。

メンタリング　mentoring
メンターとメンティ（支援を受ける人，プロテジェともいう）との間の信頼や共感を
基盤とした自然発生的な支援関係。仕事のコツやスキルの教示，昇進準備などの
キャリア機能と，ロールモデル，カウンセリングなどの心理社会的機能が含まれる。

スポンサーシップ　sponsorship
部下や後輩が望ましいプロジェクトに参加できるように，またより望ましい 配置移動
や昇進が可能となるように支援する行動。

プロビット・モデル　probit models
1つの被説明変数が複数の説明変数によって影響を受ける程度を調べる回帰分析
において，被説明変数がカテゴリーデータである場合に採用される分析方法の1
つ。カテゴリーが3つ以上の場合には，順序プロビット・モデルとなる。

WLB 施策　Work Life Balance Policy
仕事と私生活との間に調和が保たれることを目指して，企業が行う取組。①法を上
回る育児休業制度，②法を上回る介護休業制度，③短時間勤務制度（育児・介
護以外），④フレックスタイム制度，⑤勤務地限定制度，⑥非正規社員の正社員
への転換制度，⑦WLB の取組（推進組織の設置など），⑧長時間労働是正の組
織的な取組などがある。

3 ── 女性のためのリーダーシップ開発プログラム

　イーリーら（Ely et al., 2011）は，これまでの伝統的なリーダー研修を見直し，
女性に特化した内容で女性だけを対象としたリーダーシップ開発プログラムを提唱
しています。ここでは，このプログラムの概要を紹介し，女性のためのリーダーシッ

プ研修について考察します。

（1）女性がリーダーシップ研修で学ぶべき内容

　女性リーダーを養成するための研修は，一般的な内容からなるリーダー研修に，ただ「女性を加えただけ」のものが多く，単に男性向けのものを女性に適用しているだけでは問題が解決しないとイーリーらは考えています（Ely et al., 2011）。なぜならこの25年程の間に，先進国では女性管理職割合は一定の増加をみましたが，上層部の管理職では依然として少数にとどまっています。

　ILO（国際労働機関）による2018年の統計（ILO, 2019b）では，世界全体での女性管理職割合をみるとジュニアマネジメント（初級管理職）が13.0％，ミドルマネジメント（中間管理職）10.5％，シニアマネジメント（上級管理職）8.2％，トップ5.1％と管理職のレベルが上がるとともに女性割合は低下します。この現象については，**水漏れパイプライン**（leaky pipeline）と表現されています。この実態から，女性の管理職養成が成功しているとは言い難いことが分かります。

　イーリーら（Ely et al., 2011）が提唱する女性のためのリーダーシップ開発プログラム（WLDPs：Women's Leadership Development Programs）は，女性がシニア管理職に向けて前進することを支援するものであり，①第二世代のジェンダーバイアス，②アイデンティティワーク，③リーダーシップの目的，という3つの原則を基に考案されています。以下にそれぞれを説明します。

　　①　**第二世代のジェンダーバイアスの分析からテーマとルーツを位置づける**
　　　　第二世代のジェンダーバイアスは目に見えない障壁だからこそ，意図的に学ぶ必要があるという問題認識が何より重要です。第二世代のジェンダーバイアスについては第9章で取りあげていますが，ロールモデルが少ないこと，ジェンダー化されたキャリアパスとジェンダー化された仕事，ダブルバインドなどがその例です。WLDPsではこれらの要

素がいかに女性のリーダー能力の発揮を妨害し，意欲を低下させるか
を認識させます。このことによって女性は自分の可能性を最大限に引き
出すことができない状況に置かれていることへの理解を深めます。ま
た，第二世代のジェンダーバイアスについては，女性だけでなく男性も
学ぶべきであると提案しています。

② 女性のアイデンティティワークをサポートする環境を作る

イバーラとバーブレスク（Ibarra & Barbulescu, 2010）によれば，職場
での**アイデンティティワーク**とは「職業人としての自分とは何かについ
て再構築，再定義すること」です。自分のストーリーを物語るセルフナ
ラティブが，キャリアの転換期におけるアインデティティワークの有効な
ツールとなります。管理職になることによって，男女を問わず職業人と
してのアイデンティティは多かれ少なかれ変化する事になります。

WLDPs では同様の経験をしている女性たちの集団を作り，参加者が
互いに共感をもちながらオープンに話すことにより，連帯感を高めるこ
とを目指します。そして今後，自分はどのようなリーダーになりたいのか
を他の参加者と比較しながら明確にしていきます。

③ リーダーシップの目的をしっかり定める

WLDPs では，他者が抱く印象を気にすることにエネルギーを割かず
に，リーダーシップの目的にしっかりと目を向けさせます。ジェンダーの
ステレオタイプに沿うように努力するのではなく，自分がよって立つべき
目的を定め，それに向かって自分らしく振る舞うことの重要性を教えま
す。時に，「女性らしくある」ということと「リーダーらしくある」という
ことが，ダブルバインドで葛藤に満ちたメッセージとなることを認識させ
ます。

しかし WLDPs では，両者は背反することではなく，融合できるものと
して捉えています。自分が大切にしたいこと，達成したいことに意識を

集中して，自分がどのような人間で何をする必要があるのかを再定義するよう奨励します。そのことによってダブルバインドを乗り越え，自分らしくあることを維持し，自分が依拠している価値と目的を前進させるアイデンティティを開発し実行することが可能となります。

（2）女性のみで行うリーダー研修のメリット

イーリーら（Ely et al., 2011）は女性のみを対象としたリーダーシップ研修の必要性を主張しています。女性のみの研修のデメリットは，男女の相互作用から切り離される，不自然な環境であるといった点があげられますが，メリットとしては女性が多数派として萎縮せずに参加できること，女性同士で考えや気持ちを共有できることなどがあげられます。イーリーらは必要に応じて男女混合か女性のみかを選択できることが好ましいと述べつつも，女性のみの研修が高い効果をもたらすことを強調します。研修を行う講師の性別については，女性に限る必要はなく，第二世代のジェンダーバイアスに精通していること，研修の中で論争が起きたときに参加者が信頼して議論できるような配慮ができることを前提条件としています。

WLDPs は何よりもリーダーシップアイデンティティを身につけるための研修であることに特徴があります。そのためのアイデンティティワークが最も重要な学習課題です。研修を受ける過程で，ジェンダーが女性のリーダーシップ形成にいかに影響を与えるかを理解し，リーダーとなることは自分にとってどのような意味があるのか，どのようなリーダーになりたいかを明確にしていきます。

WLDPs は女性個人だけでなく組織としてもメリットがあります。ジェンダー格差の解消を目指しているにもかかわらず十分な成果が出ていない職場に対しては，上級管理職の教育を通じて問題点を明らかにし解決策への手がかりを示唆します。上司のフィードバックや採用・昇進での査定などといった組織の日常的な業務の中に，いかにジェンダーバイアスが潜んでいるかをあぶり出し，職場を男女平等な状態へと改善する枠組みを与えます。

ビジネス環境の急激な変化の中で，ジェンダーに対する敏感さと組織に対する批

判的な眼差しを取り入れることは，女性だけでなく職場全体にとって良いことである
とイーリーたちは主張しています。

KEYWORDS

水漏れパイプライン　leaky pipeline
キャリアが進むにつれて女性の割合が減少する現象を喩えたことば。穴のあいた輸
送管から水が流れ出て水量が減るように，様々な要因によって女性がキャリアパスか
ら脱落する様子を表している。

アイデンティティワーク　identity work
キャリアの節目などでは，自分とは何かというアイデンティティの変更や修正，強化，
更新などが必要になる可能性があるが，そのための認知的，物理的，行動的な活
動をさす。

終　章

日本における女性活躍と女性リーダー養成

1 ── 日本における女性活躍の現状

　本節では，女性活躍に関連する法律が日本でどのように整備されてきたのかを概観し，統計的データに基づいて日本における女性活躍の現状を明らかにします。

(1) 女性活躍に関連する法律の整備

　内閣府によれば，女性活躍とは「男女共同参画社会基本法」の理念にのっとり，女性の活躍を迅速かつ重点的に推進することとしています。女性活躍に関連する法律は，1979年に国連において女子差別撤廃条約（女子に対するあらゆる形態の差別の撤廃に関する条約）が採択されたことに始まります。日本もこの条約に1980年に署名し，1985年に批准しました。

　1985年には，女子差別撤廃条約を受けて男女雇用機会均等法（雇用の分野における男女の均等な機会及び待遇の確保等に関する法律）が成立し，1986年に施行されました。男女雇用機会均等法はその後，1997年と2006年に改正され，職場における性差別禁止に向けて整備が進みました。

　育児と介護については，1991年に成立（1992年に施行）した育児休業法によって，1歳までの子をもつ男女労働者は育児休業を取得できるようになりました。1995年の改正では事業主に看護休暇制度導入が努力義務となり，1999年の改

239

正によって介護休暇制度が義務化されると，名称が育児・介護休業法と改められました。さらに改正を重ねる中で育児休業給付や休業期間の延長，非正規社員への拡大，男性の育児参加や働き方の見直しなどを含む，より実行力のある法律へと変化してきました。

2015年には女性活躍推進法が成立しました。この法律は「女性の職業生活における活躍を迅速かつ重点的に推進することによって，男女の人権が尊重され，かつ急速な少子高齢化の進展，国民の需要の多様化その他の社会経済情勢の変化に対応できる豊かで活力のある社会を実現すること」を目的としています。また2019年には改正され，情報の公開項目が拡大されるとともに，対象となる企業の規模が301人から101人へと変更されました。

以上の女性活躍に関する法整備とその効果について，薄葉（2020）は3つの時期に区分し企業の対応を整理しています。第一の時代は1986年〜1998年であり，企業は男女労働者の機会均等を主目的とする法対応として女性活用がスタートしました。第二の時代は1999年〜2014年であり，企業は女性活用より両立支援を推進しました。そして第三の時代は2015年以降であり，企業は均等施策と両立支援の連動による女性活躍推進に取り組んでいます。しかし，これらの法整備による女性活躍の成果はいまだ十分に発揮されておらず，女性管理職割合，男女の賃金格差をはじめとする職場のジェンダーギャップ縮小のスピードは非常に遅いと言わざるをえません。

（2）ジェンダーギャップ指数からみた女性の現状

近年，日本の**ジェンダーギャップ指数**（GGI：Gender Gap Index）が他の国々に比べて非常に低迷していることは周知のとおりです。

ジェンダーギャップ指数は，「経済」「政治」「教育」「健康」の4分野のデータから作成されます。[**図終-1**]は，世界経済フォーラムが公表を開始した2006年から2020年までの日本のジェンダーギャップ指数の順位を，総合と各分野別に示したものです。2006年には156ヶ国中80位でしたが，2019年121位，2020年120位と，15年間に日本は大きく順位を落としました。この順位は先進国の中

で最低レベル，アジア諸国の中で韓国や中国，ASEAN諸国より低い結果となりました。日本のジェンダーギャップ指数は，「政治」と「経済」の分野で特に低く，年を追うごとに順位が下がっています。

　政治分野では，①国会議員の女性比率，②閣僚の女性比率，③過去50年間の女性元首在位年数の3項目で得点が計算されますが，いずれの項目でも日本のスコアは低くなっています。日本は政治分野での女性リーダーが著しく少ない状態であり，世界から大きく取り残されています。政治の分野で平等度が高い国の多くがクオータ制を導入していることから，その効果が高いと推測されます。

　経済分野では，①労働力率，②同一労働での賃金格差，③収入格差，④管理職の男女比率，⑤専門家や技術職の男女比率という5つの指標から指数が算出されます。日本は女性管理職割合が低いことと賃金の男女格差が大きいことによ

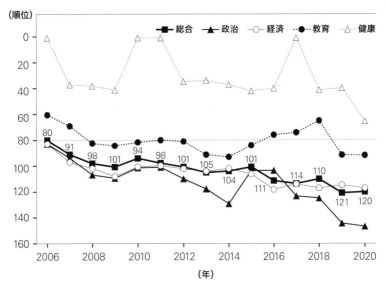

出典：JOICEF（2022）より筆者作成。

[**図終-1**]　ジェンダーギャップ指数の総合と分野別順位の推移

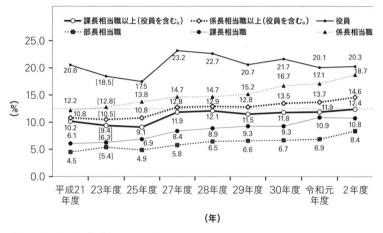

注：平成23年度の［　］内の割合は岩手県，宮城県及び福島県を除く全国の結果。
出典：厚生労働省（2021）。

［図終-2］ 役職別女性管理職割合の推移（企業規模10人以上）

り，この分野の順位が低くなっています。［図終-2］からも分かるように，平成21年
度以降の約10年間で女性管理職割合は，課長相当職以上を合わせて約2%し
か増加しておらず，世界からはますます取り残されています。

　実は教育分野でも，近年順位を落としています。教育分野の指標は，①識字
率，②初等教育（小学校）在学率，③中等教育（中学・高校）在学率，④高等
教育（大学・大学院）在学率ですが，これらのうち大学・大学院の在学率に男女
差があり，専攻分野も大きく偏っています。その結果として2006年の60位から
2021年には92位へと後退しています。OECD（2021a）も日本の教育に関し
て，特にSTEM分野（Science：科学，Technology：技術，Engineering：工学，
Mathematics：数学）の立ち遅れを指摘しています。この分野の学士取得者の女
性割合は16.0%であり，2019年時点でOECD加盟国中の最下位でした。

　健康分野は65位となっており，①出生時の男女比率，②健康寿命ともに，世
界の中である程度よい状態であるといえます。

（3）労働分野における女性の現状

　ジェンダーギャップ指数でも問題となっている経済分野について，女性の現状を
さらに詳しくみていきます。まず，役職別女性管理職割合の推移は［**図終-2**］に示し
たとおりです。2020 年までの約 10 年間に部長相当職は 4.5％から 8.4％，課長
相当職は 6.1％から 10.8％，係長相当職は 12.2％から 18.7％へと緩やかな増加
を示しています。

　しかし，一般的に管理職といわれる課長相当職以上の割合は 10.2％から
12.4％と微増でしかありません。政府は 2020 年までに女性管理職を 30％にする
という数値目標を掲げて女性活躍推進を表明してきたにもかかわらず，目標達成に
程遠い状態となっています。効果が表れていない状況をきちんと分析し，さらなる
対策が求められます。

　管理職だけでなく，医師，大学教員，研究者など専門職にある女性の割合も，
諸外国に比べて日本は低い状況です。［**図終-3**］は OECD が公表している統計資
料に基づき，海外諸国と日本の専門職者の割合を示したものです。この図からわ
かるように，中学校校長の割合が他国と比較して顕著に低い状態であり，2019
年の統計資料をみると小学校校長（21.8％）や高等学校校長（8.4％）も同様に低

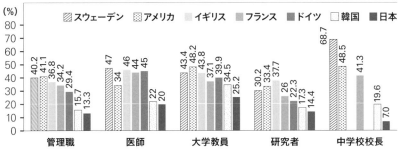

出典：OECD（2019）より筆者作成。

［図終-3］ 専門職女性割合の国際比較

くなっています。これら管理職や専門職に就いている女性が少ない結果として，男女の賃金格差が大きくなります。それだけでなく，意思決定を行う職に就いている女性が少ないことは，女性の社会的地位そのものを低めています。そして成長期にある女性たちが専門職の女性と接する機会が乏しいことはロールモデルの欠如にも結びつき，若い女性のキャリア意識そのものに否定的な影響を与える可能性もあります。

KEYWORDS **ジェンダーギャップ指数　Gender Gap Index**
非営利財団の世界経済フォーラム（World Economic Forum：WEF）が 2006 年より公表している，世界各国の男女間の不均衡を示す指標。指数は以下の 4 分野についてサブカテゴリーに基づき算出される。①教育分野（識字率，初等教育在学率，中等教育在学率，高等教育在学率の男女比），②経済分野（労働力率，同一労働での賃金格差，収入格差，管理職の男女比率，専門家や技術職の男女比率），③政治分野（国会議員，閣僚，過去 50 年の女性元首在任年数），④保健分野（出生時の男女比率，健康寿命）。

---

2 ── 女性活躍の効果

　本節では，女性活躍が推進されることで社会や組織が受ける肯定的影響について研究や調査結果から明らかにし，女性活躍がなぜ必要なのかを考察します。

（1）女性活躍の効果に関する世界レベルでの分析

　ILO（2019b）による「Women in business and management: The business case for change（ビジネスと管理における女性──変化のための事例）」は，世界 70ヶ国約 1 万 3,000 社を対象に行った調査結果に基づき，管理職のジェン

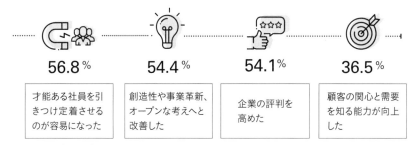

56.8% 54.4% 54.1% 36.5%

| 才能ある社員を引きつけ定着させるのが容易になった | 創造性や事業革新、オープンな考えへと改善した | 企業の評判を高めた | 顧客の関心と需要を知る能力が向上した |

出典：ILO（2019b）より筆者作成。

[図終-4]　ジェンダー多様性による効果

ダー多様性による主要な効果を［図終-4］のように報告しています。

　この調査では，「ジェンダーの多様性を促進する取り組みが事業業績を改善する」との考えに同意する企業が，回答企業全体の57.4%にのぼることが分かりました。また，管理職におけるジェンダーの多様性を追求しているとする企業の約4分の3が5%～20%の利潤があったと回答し，その大半が10%～15%の利潤増としています。個別項目としては，ジェンダー多様性によって「才能ある社員を引きつけ定着させるのが容易になった」と答えた企業は約56.8%，「創造性や事業革新，オープンな考えへと改善した」54.4%，「企業の評判を高めた」54.1%，「顧客の関心と需要を知る能力が向上した」と感じる企業は36.5%でした。

　また，この報告書は女性が上級管理職および主導的地位の3割を占めるようになると，ジェンダーの多様性が有益な効果を発揮し始めると記しています。こういった割合はクリティカルマスと呼ばれ，集団の中でたとえ大多数でなくとも，存在を無視できないグループになるための分岐点をさす人数です。象徴的な存在（トークン）に留まることなく，本来の役割を果たし，成果を残すために一定の割合が必要です。

　本書の第7章でもカンター理論の中で，少数派と多数派が均等なバランス状態となる比率は3割以上であると紹介しましたが，ILOも指摘しているように3割は大きな指標になると考えられます。さらにILOは，ジェンダー多様性による利益の

確保に向けて，以下のように具体的な提案を行っています。

① 労働市場における男女の役割についての偏見や男女賃金格差の克服
② 理系の学問や産業における女性の支援
③ 成果主義の採用
④ 昇進制度の見直しとジェンダーバイアスの制御

　ILO の提案は，社会全体における偏見の解消，職場における制度の改善，また女子の教育など，他の研究でも指摘されてきた女性活躍推進の方策と一致しています。ジェンダー公平性と多様性の推進は，企業だけでなく国レベルでの生産性を向上させ，ひいては従業員や国民の意欲と幸福感を高めるという点でより大きな意義があると考えられます。

（2）日本の研究でみる女性活躍の効果

　日本では女性活躍の効果を検証した研究は少ない状況ですが，山本（2014）は上場企業における女性活用状況と企業業績の関係を分析し，以下の結果を得ました。

① 正社員女性比率が高いほど企業の利益率が高まる傾向がある。
② 特に，正社員女性比率が 30%〜40% の企業で利益率が顕著に高い。
③ 年齢層別にみると結婚・出産・育児などで正社員女性が激減する 30 歳代の正社員女性比率が高い企業ほど，利益率が高くなる。
④ 中途採用の多い企業やワークライフバランス施策が整っている企業では，正社員女性比率の影響がより顕著である。
⑤ 管理職女性比率については，全般的には利益率との明確な関係性は見出せなかったが，中堅企業や中途採用の多い企業，あるいは，新卒女性の定着率が高い企業では，管理職女性比率が利益率にプラスの影響を与える。

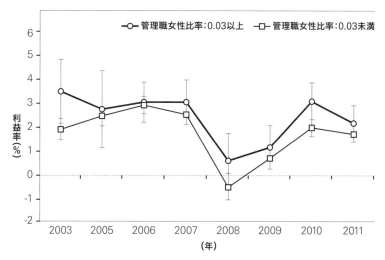

注：エラーバーは95％信頼区間。
出典：山本（2014）。

[図終-5]　女性管理職比率の違いによる利益率の推移

　[図終-5]は，山本が分析対象とした企業を女性管理職の割合によって2つのグループに分けて，2003年〜2011年の利益率を比較したものです。女性活用によって企業業績が向上した企業では，**ワークライフバランス施策**をはじめ女性が働きやすい環境の整備と積極的な女性管理職の登用によって，女性の潜在的な能力やスキルが活用され，生産性自体が高まった可能性を山本は指摘しています。

　山口（2017）は，経済産業研究所の調査データを用いて，従業員100人以上の日本企業について女性活躍の推進と生産性・競争力との関連を分析しました。その結果，企業が性別に関わりなく社員の能力発揮につとめる**GEO方針**（ジェンダー平等な組織としての方針）を持ち，実際に女性管理職の登用を推進することにより，企業の時間当たりの生産性が向上することが示唆されました。ワークライフバランス施策は単独では生産性・競争力を高めませんが，GEO方針と合わせ持つことで有効になることも分かりました。

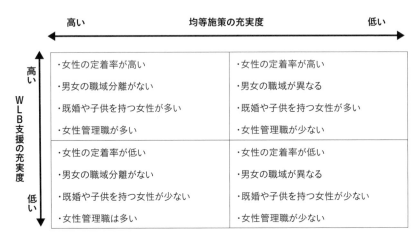

| 高い | 均等施策の充実度 | 低い |

| WLB支援の充実度 高い | ・女性の定着率が高い
・男女の職域分離がない
・既婚や子供を持つ女性が多い
・女性管理職が多い | ・女性の定着率が高い
・男女の職域が異なる
・既婚や子供を持つ女性が多い
・女性管理職が少ない |
| 低い | ・女性の定着率が低い
・男女の職域分離がない
・既婚や子供を持つ女性が少ない
・女性管理職は多い | ・女性の定着率が低い
・男女の職域が異なる
・既婚や子供を持つ女性が少ない
・女性管理職が少ない |

出典：佐藤・武石(2010)。

[**図終-6**] WLBと雇用機会均等の関係

　この点に関して佐藤・武石（2010）は，「ワークライフバランス支援の充実度」と「均等施策の充実度」という2次元を用いて，[**図終-6**]のように企業の現状を分類しています。現在の日本の多くの企業では第1象限のタイプ（ワークライフバランス支援は充実しているが均等施策の充実度は限定されているタイプ）ですが，第2象限のタイプ（ワークライフバランスと働き方改革を同時に実行するタイプ）を目指すべきだと指摘しています。

　阿部（2007）は，ポジティブ・アクションとワークライフバランスの取り組みを行っている企業ほど，企業の生産性と個人の生産性が高まっていることを示しています。ワークライフバランスの取り組みだけを行っている企業では両立支援制度が生産性には影響していないこと，女性労働者に対して偏見のある企業では生産性が低下する傾向があるとしています。女性を活用し生産性を向上させるためには，企業は女性の活用推進とワークライフバランスの充実という2つの面からのアプローチが有効であるといえるでしょう。

KEYWORDS　ワークライフバランス　WLB：Work Life Balance
仕事と家庭の調和がとれた社会とは，国民一人ひとりがやりがいや充実感を感じな
がら働き，仕事上の責任を果たすとともに，家庭や地域生活などにおいても，子育
て期，中高年期といった人生の各段階に応じて多様な生き方が選択・実現できる
社会である。具体的には，①就労による経済的自立が可能な社会，②健康で豊か
な生活のための時間が確保できる社会，③多様な働き方・生き方が選択できる社
会，とされる。

GEO 方針　gender equality of opportunity policy
会社が人事面で，「性別 に関わりなく社員の能力発揮を推進する」方針。

3 ── 女性活躍推進のために必要な変革

　本節では，女性活躍推進に向けて必要な変革について，（1）柔軟な働き方，
（2）クオータ制の導入，（3）教育分野の改革，という点から考察します。最後に
日本が目指すべき女性活躍と女性リーダー養成のあり方について論じます。

（1）柔軟な働き方

　わが国の労働環境で最大の問題点とされる長時間労働は，間接的に女性の活
躍を阻害しています。男性の長時間労働は不平等な家庭内分業の原因であり，女
性が企業で活躍しにくい労働環境でもあります。しかし，単に労働者全員の労働
時間を短くするのではなく，個人のおかれた状況やライフステージにあった働き方
が可能になるような，柔軟な勤務体制へと変革する必要があります。また，労働時
間の長さによって雇用条件が大幅に異なるのではなく，正規雇用者としてパートタイ
ム勤務ができる制度が望まれます。ここでは，海外の事例としてオランダの**労働時
間調整法**を紹介します。
　オランダも 1960 年代までは性別役割分業意識が強く，男性はフルタイムで働

き，女性は家事・育児に専念してきたといわれます。その後，労働力不足を補うために，女性のパートタイム労働を国が推進しました。OECDの定義によれば，パートタイムとは週30時間以下の就業者をさします。1980年代後半には母親が働くことへの人々の意識も就業を支持する方向へと変化し，1990年代終盤には否定的意見をもつ人は2割以下になったといわれます（佐藤, 2015）。

　法的整備について，1996年に制定された**労働時間差別禁止法**はフルタイムとパートタイム労働の雇用条件を平等にしたため，労働時間の長さによって時間当たり賃金や他の労働条件について差別することができなくなりました。その結果，単純作業だけでなく専門的な仕事でも条件が保障されたパートタイム労働が可能となります。

　さらに2000年に制定された労働時間調整法によって，労働者自らが労働時間を決める権利が認められました。1年以上勤務している従業員が2年に1度を上限に，勤務時間の短縮や延長を使用者に要請できます。子育てや介護などで家庭生活に重きをおきたい時期には労働時間を短くし，手が離れてからは長くするということが可能です。

　2016年1月に施行した**フレキシブル・ワーク法**では，労働時間数の変更に加えて，勤務時間帯と勤務場所の変更についても従業員から申請できるようになりました。これにより，在宅勤務をする従業員の柔軟性がさらに高まったといわれます。

　上記の法整備により，オランダのパートタイム労働者割合は2020年時点でOECD加盟国の中では36.9％と突出しています（OECD, 2021b）。日本も約26.8％と4番目の高さですが，オランダではパートタイム労働者のほとんどが正規雇用者である点が，日本とは決定的に異なります。オランダでは女性の56.8％がパートタイム労働者ですが，実は男性もパートタイマーは増加傾向にあり19.4％を占めています。一般的には大学生や高齢者に多いのですが，育児負担を夫婦で平等に分け合うためにパートタイム勤務を選ぶ男性もかなりいるといわれます。日本の男性パートタイム労働者は15％ですが，周知のように多くの場合不本意の選択による非正規雇用者です。

　オランダは雇用を柔軟にする構造改革により，国民のワークライフバランスに対

する満足感と幸福感の高さでも特徴的です。国連が毎年発表する幸福度ランキングでは 2021 年では 6 位となっています。それだけでなくこの構造改革は「オランダの奇跡」と呼ばれる経済的な成長という点でも非常に効果がありました。2020 年の統計によれば，OECD 加盟国 38ヶ国中の国民 1 人当たり GDP は 7 位（日本 23 位），就業者 1 人当たりの労働生産性は 10 位（日本 28 位），1 時間当たりの労働生産性は 11 位（日本 23 位）という安定した状況となっています（日本生産性本部, 2021）。労働者の平均勤務時間は週 20 時間程度といわれていますから，短時間で効率よく働いているということになります。日本では逆に，効率悪く長時間働いていることが推測されます。

（2）クオータ制の導入

クオータ制はポジティブ・アクションの 1 つであり，性別を基準に一定の人数や比率を割り当てる手法のことです。そもそもポジティブ・アクションとは，一般的に社会的・構造的な差別によって不利益を被っている者に対して，一定の範囲で特別の機会を提供することなどにより，実質的な機会均等を実現することを目的として講じる暫定的な措置といわれています。ポジティブ・アクションに対しては賛否が分かれるところですが，ポジティブ・アクションは単純に女性を優遇する制度ではなく，女性の活躍にとって障害となっているものを取り除く制度として理解すべきです。

クオータ制に関しても，女性の管理職や役員を数の上で増やすことに対する抵抗はかなり強いものがありますが，クオータ制の導入により多面的な効果が見込まれます。川口（2008）によれば，ポジティブ・アクションの効果は，男性中心の職場風土や女性にとって働き難い職場環境の改善，透明性の高い人事評価への改善などを通して，男女の労働意欲が向上するということも明らかにされています。

［**図終-7**］に示したように，現在では欧州を中心に多くの国が企業での管理職や役員に対するクオータ制を導入しています。また，内閣府（2016）は，「女性リーダー育成に向けた諸外国の取り組みに関する調査研究（女性役員登用の閣議決定目標「2020 年 10%」達成に向けて）」の中で，［**表終-1**］に示したようにジェンダーバランス改善に関する諸外国の取組を紹介しています。

女性役員の割合が最も多いノルウェーは最も早くクオータ制を導入したことでも有名ですが，女性役員の割合は，2011 年時点で既に 38.7％となっています。この図中では英国と米国以外の国がクオータ制を導入しており，導入後に大きく女性役員が増加しました。同時期の日本では，上場企業のなかで女性役員のいる企業の割合は，2011 年の 1.4％から 2015 年には 2.8％に増加しましたが依然として非常に少ない状況です（内閣府, 2018）。

　欧州委員会は 2012 年 11 月に社外取締役における男女いずれか少数の割合を 2020 年までに 40％に引き上げることを含む EU 指令案（上場企業の社外取締役におけるジェンダーバランスの改善に関する EU 指令案）を採択しました。その後，2015 年に修正案が提出されたものの同指令案は 2021 年時点，EU 理事会で審議中となっています。各国における取組の概要は［表終-1］に示したとおりです。政治分野におけるクオータ制の導入はさらに多くの国で進んでおり，世界 196 の国と

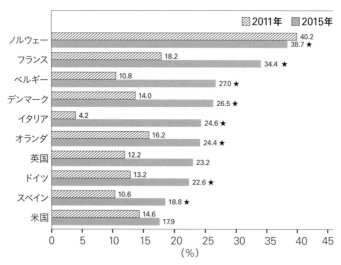

注：★は上場企業役員にクオータ制等を導入している国。
出典：内閣府（2016）。

[**図終-7**]　諸外国における女性役員の割合

[**表終-1**] ジェンダーバランス改善に関する諸外国の取組

国名	制定年	対象	割当の内容	遵守されない場合の措置
ノルウェー	2003	【クオータ制】 国営企業・地方公共団体が所有する企業	取締役の人数に応じて異なる割合を設定。	裁判所命令により企業の解散を命じることが可能。
スペイン	2007	【クオータ制】 従業員250人以上の上場企業	2015年までに男女それぞれ40％以上。	なし（起業への「平等のラベル」の授与や公共契約の手続きで考慮される）。
アイスランド	2010	【クオータ制】 従業員51人以上かつ取締役4人以上の国営企業と株式会社	2013年までに男女それぞれ40％以上。	なし
イタリア	2011	【クオータ制】 ・国営企業 ・上場企業	2015年までに男女それぞれを3分の1以上。	クオータ制導入に応じない場合，警告が段階的に行われる。
オランダ	2011	【クオータ制】 25人以上の労働者を要する国有企業及び大手民間企業	2016年までに男女それぞれ30％以上。	なし（企業の年次報告において，基準が達成できなかった理由等の説明が求められる）。
フランス	2011	【クオータ制】 ・上場企業 ・3会計年度連続500人以上，5,000万ユーロ以上の総売上高／資産の非上場企業 ・一部の国有企業	2014年までに男女それぞれ20％以上，2017年までに男女それぞれ40％以上。 ※非上場企業は2017年1月1日以降に適用。	・役員指名の結果が無効とされる。 ・役員報酬給付を一時的に中止することも想定されている。
ベルギー	2011	【クオータ制】 ・国営企業 ・上場企業	2019年までに男女それぞれを3分の1以上。 ※国営企業は2012年までに達成が求められる。	・役員に空席が生じた場合，少ない性に属する人を任命することが義務付けられる。これに反する任命は無効。 ・上場企業の場合，取締役への財政上その他の優遇を一時中止。

デンマーク	2012	【クオータ制】 上場企業や大規模の財団，国営の公開有限会社等のほか，年商や従業員数等の3要件のうち2用件を満たすもの	ジェンダー・ダイバーシティに関する目標設定と取組方針の策定を義務付け。	性別割合に関する目標を設定しない場合には罰金（目標を設定したが達成できない場合の制裁措置はなし）。
ドイツ	2015	【クオータ制】 ・大手企業108社 ・上場企業 ・従業員500人超の共同決定義務のある企業 ・連邦直属の公的機関 ・公的企業	・監査役員の女性比率を30%以上。 ・監査役会，取締役会及び管理職の女性比率を高めるための目標設定や具体的取組内容の設定。 ・行政機関，裁判所，連邦直属の公的機関及び公的企業に対し，女性管理職の割合の目標値を階層ごとに設定。	女性が選出されなければ空席のままとなる（定員以下の場合でも監査役会の決定は有効）。
英国	2010 設立	【クオータ制ではなく企業の自主的取組】 ・FTSE100構成企業 ・FTSE350構成企業　※取組に賛同する上場企業	2020年までに以下を達成する。 FTSE100構成企業の執行役員会の女性比率を30%。 FTSE350構成企業の取締役女性比率を30%。	―
EU	理事会審議中	【クオータ制】 上場企業 （中小企業を除く）	①非業務執行取締役における男女いずれか少数の性別の割合を2020年までに40%に引き上げ。 ②業務執行取締役については自主的な目標設定と年次報告における情報開示。	行政罰または非業務執行取締役の任命や選挙の無効・取消し等を含む，加盟国が定めた制裁措置を適用。

豪州	2011 設立	【クオータ制ではなく企業の自主的取組】 ・「Male Champions of Change」を設立。 ・大手CEOや国防軍参謀等が参加。	・賛同メンバーが3つのグループでそれぞれ取り組み，女性役員の登用等の啓発を含む成果をまとめて参加者の署名入りの発信レポートを作成している。	―
米国	2011 設立	【クオータ制ではなく機関投資家等による自主的取組】 ・女性組織等で構成される「The Thirty Percent Coalition」が，女性役員30%の目標を掲げ，構成員の機関投資家が投資先企業(上場企業)への働き掛けを行うなど。	・上場企業における女性役員を，2016年までに30%とする。	―

出典：内閣府(2016)より筆者作成。

地域のうち118の国と地域で，クオータ制が国政レベルで導入されています（内閣府, 2020b)。つまり世界では60%の国・地域がクオータ制を導入しており，そのほぼ半数が政党による自発的クオータ制を採用しています。

　地域別にみると，欧州での導入率が73%を超えている一方で，アジア地域では44%となっています（内閣府, 2020)。諸外国では，議席割当制（議席のうち一定数を女性に割り当てることを憲法又は法律のいずれかにおいて定めている）を実施している国は26ヶ国，法的候補者クオータ制（議員の候補者の一定割合を女性又は男女に割り当てることを憲法又は法律のいずれかにおいて定めている）を実施している国は60ヶ国です（内閣府, 2020)。

（3）教育分野の改革

　日本では，大学生の専攻分野に大きな偏りがあり，この点は OECD（2017）からも指摘を受けています。［**図終-8**］は，専攻分野別にみた学生（学部）の男女割合を示したものです。工学，理学で女性が非常に少なく，家政，薬学・看護学，芸術，人文科学では女性が多くなっています（文部科学省，2019）。

　大学での専攻は当然その後の職業分野にも影響し，第4章で取り上げたように男女の職種や職域を分離する結果を招いています。国際機関や海外の大学では教育のジェンダー格差を解消するために，女性が STEM 分野を学ぶことを奨励しています。日本でも女子中高生の自然科学に対する興味を高める動きはありますが，目覚ましい効果が現れるまでに至っていません。子どもたちのステレオタイプが依然として固定的であることが指摘されており，ステレオタイプ解消のためには早

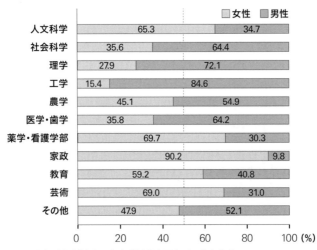

出典：文部科学省「令和元年度学校基本調査」より筆者作成。

［**図終-8**］　専攻分野別にみた学生（学部）の男女割合

期からの教育が必要です。そのためにはまず教員がステレオタイプ的な考えや行動を変えていかねばなりません。

　また，人生 100 年時代といわれる今日の社会で，女性に限らず幼少期から長期的な視点をもって主体的に人生を設計し，充実した人生を歩むための教育が家庭と学校の双方で行われることが求められます。気候変動をはじめとする危機的な時代にあっては，逞しさやレジリエンス（回復力，立ち直る力）を身につけることも欠かせません。ポジティブ心理学では，自分の可能性を最大限に開花させる**フラリッシュ**という概念が提唱されていますが，心身共に健やかに自分の人生を最大限に生き抜くためには，男女ともに自分の強みに気づき，自尊心や自己効力感を高めるための教育的働きかけもますます重要になると思われます。

（4）日本社会が目指すべき女性活躍の姿とは

　なぜ女性活躍が必要かという疑問に対して，しばしば以下の 3 つの理由があげられます。1 つは公平性の観点から，男女が平等にリーダー地位を分担すべきだという理由です。2 つ目は経済性の観点から，女性活躍を推進することで企業や国の生産性が向上するからという理由です。そして 3 つ目は女性活躍がすべての人々の働き方や生き方をより良い方向へ変化させるからという理由です。

　筆者は，3 つ目の理由が重要であると考えています。もし女性活躍が公平性や経済性を向上させたとしても，女性自身にとってメリットがなければ意味がないのではないでしょうか。もし働く人々が真に幸福感や満足感を得られないのであれば，女性活躍は誰のためにあるのか疑問です。

　ここで日本人の幸福感と生活満足感の現状を OECD のデータからみてみましょう。OECD は，①所得と富，②雇用と仕事の質，③住宅，④健康状態，⑤知識と技能，⑥環境の質，⑦主観的幸福，⑧安全，⑨仕事と生活のバランス，⑩社会的つながり，⑪市民参画という 11 の側面から幸福を測定する枠組みを開発しています。幸福度の測定だけでなく，不平等と将来の幸福を形成する資源とリスク要因についても考察しています。［**図終-9**］は OECD 加盟国と比べた場合の相対的な日本の幸福度です。線が長い項目ほど他国より幸福度が高く，線が短いほど幸福

度が低いことを示しています。不平等（上位層と下位層のギャップや集団間の差異，非常に水準の低い人々がいる場合）はストライプで表示され，白はデータがないものです。

　この図によれば，日本人の幸福度が他国と比較して顕著に低い項目は，「性別による賃金の差」，「休暇」，「社会的交流」であり，これらは他国と比べて最下位に近い状態です。日本人の働き方や人間関係のあり方は相対的に悪い状態であり，そのことによって幸福度が低くなっていると推測されます。労働環境が悪いことは過労死や自殺者，うつ病患者の多さとも関係しており，労働者の心身の健康状

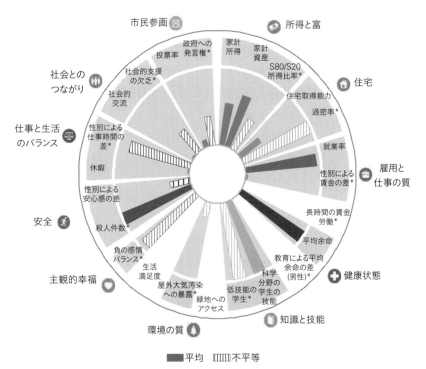

注：＊のつくネガティブな項目は，反転スコア。
出典：OECD（2020）。

[図終-9]　日本の幸福度

態を脅かしています。こうした状況を反映して日本は 20 位となっていますが，ランキングが高いのはどのような国でしょうか。ランキング上位 3 国は，アイスランド，ノルウェー，スウェーデンと北欧が占めており，これらの国はジェンダーギャップの低さでも上位国（アイスランド 1 位，ノルウェー2 位，スウェーデン 4 位）です。アイスランドの 2022 年時点での首相カトリン・ヤコブスドッティルは，「幸福の経済学」という考え方を支持し，「経済成長が達成されても，格差社会が広がったり，生活満足度が低かったり，人々が幸福を感じないような社会は成功とはいえないだろう」と述べ，幸福な社会実現にむけてジェンダー平等の重要性を主張しています（南，2020）。

　ジェンダー平等は社会全体の平等を実現するための，最初の一歩です。女性活躍が進むことで，不平等や不公平のない社会に近づくと同時に，女性に限らず社会のあらゆる分野で誰もが主体的な選択のもとに，能力・個性が尊重され十全にいかされ，幸福感や満足感をもてる社会になることをこころから望みます。

KEYWORDS

労働時間調整法　Wet aanpassing arbeidsduur
オランダで 2000 年に制定された法律。労働者が時間当たり賃金を維持したままで，労働時間を短縮・延長できる権利を保障した法律。

労働時間差別禁止法　Wet onderscheid arbeidsduur
オランダで 1996 年に制定された法律。賃金・手当・福利厚生・企業年金など，労働条件のすべてにおいて，パートタイム労働者もフルタイム労働者と同等の権利が保障されるようになった。

フレキシブル・ワーク法　Wet flexibel werken
労働時間調整法は 2015 年にフレキシブル・ワーク法に名称が改められた（2016年施行）。この法律により，労働者は従来の「労働時間数」の他，「勤務時間帯」及び「就業場所」の変更を申請する権利も認められた。

クオータ制　quota system
性別を基準に一定の人数や比率を割り当てる手法。ポジティブ・アクションの典型的な取組の 1 つであり，海外では多くの国で政治・企業分野ともに導入されているが，日本では導入されていない。

フラリッシュ　flourish

ポジティブ心理学の主要概念の１つであり，繁栄度などと訳される。人間や組織が
持続性をもって心理的に繁栄していく状態を表すことば。

LBDQ（Leader Behavior Description Questionnaire）
（リーダー行動記述質問紙）

Aさんの行動は，以下の項目にどの程度当てはまりますか。当てはまる番号に○をつけてください。

	全くあてはまらない	ややあてはまらない	どちらともいえない	ややあてはまる	非常にあてはまる
1) 彼は自分のチームの代表者として行動する。	1	2	3	4	5
2) 彼は複雑な問題を能率的に処理する。	1	2	3	4	5
3) 彼は新しい方法を採用するときは，結果を心配する。*	1	2	3	4	5
4) 彼は部下を激励するために演説する。	1	2	3	4	5
5) 彼は部下に，期待されていることがらを知らせてくれる。	1	2	3	4	5
6) 彼は部下に，自らの判断で問題を解決することを許す。	1	2	3	4	5
7) 彼はリーダーとして必要な行動をとることを怠っている。*	1	2	3	4	5
8) 彼は友好的で近づきやすい。	1	2	3	4	5
9) 彼は競争相手の集団を追い抜くことを強調する。	1	2	3	4	5
10) 彼は正確な決定をくだす。	1	2	3	4	5
11) 彼は自分の集団が一つのチームとして，まとまって働くよう保っていく。	1	2	3	4	5
12) 彼は上役とうまくやっている。	1	2	3	4	5
13) 彼はチームの活動を宣伝する。	1	2	3	4	5
14) 彼はささいなことでゆきづまってしまう。*	1	2	3	4	5
15) 彼は太っ腹に失敗を受け入れる。	1	2	3	4	5
16) 彼の議論は人を納得させる。	1	2	3	4	5
17) 彼は部下に対して，自分の態度を明らかにしておく。	1	2	3	4	5
18) 彼は部下が自主的に物ごとを行うことを奨励する。	1	2	3	4	5
19) 彼は名前の上でだけのリーダーである。*	1	2	3	4	5
20) 彼は部下たちが課の一員として楽しく感じるように，ちょっとした心づかいをする。	1	2	3	4	5
21) 彼は生産性の向上を要求する。	1	2	3	4	5

22) 彼は次に何がやってくるのか予測できるようである。	1	2	3	4	5
23) 彼は自分のチームにもめごとが生じたとき，それをしずめる。	1	2	3	4	5
24) 彼は昇進のために一生懸命働いている。	1	2	3	4	5
25) 彼は自分のチームを代表して話す。	1	2	3	4	5
26) 彼はものごとをすべてこじれさせてしまう。*	1	2	3	4	5
27) 彼は新しい事態が始まるときは不安になる。*	1	2	3	4	5
28) 彼は自分の考えを説得的に論ずる。	1	2	3	4	5
29) 彼は何がどのようになされるべきかを決定する。	1	2	3	4	5
30) 彼は部下が自ら最良と思う方法で，仕事をすることを許す。	1	2	3	4	5
31) 彼は自分がしっかりふんばるべきとき，尻ごみしてしまう。*	1	2	3	4	5
32) 彼は部下全員を，自分と対等なものとして扱う。	1	2	3	4	5
33) 彼は部下に，よりがんばって働くことを求める。	1	2	3	4	5
34) 物事はふつう，彼の予測どおりになる。	1	2	3	4	5
35) 彼はチームの仕事が，十分調整されているか気をくばる。	1	2	3	4	5
36) 彼の上役は，彼の提案のほとんどを好意的に受け入れる。	1	2	3	4	5
37) 彼は訪問者に対して，チームを代表して話す。	1	2	3	4	5
38) 彼は混乱した状況に体系と秩序を回復することができる。	1	2	3	4	5
39) 彼は延期や曖昧さを，がまんできない。*	1	2	3	4	5
40) 彼は人を納得させるような話し方はできない。*	1	2	3	4	5
41) 彼は部下を各々の仕事に割り当てる。	1	2	3	4	5
42) 彼は部下に，どんな行動の自由を許すのもいやがる。*	1	2	3	4	5
43) 彼は緊急事態が発生したとき，全責任をとる。	1	2	3	4	5
44) 彼は部下の個人的な幸せを考えた，気くばりを行っている。	1	2	3	4	5
45) 彼は部下が，仕事の上で気楽にやることを許可している。*	1	2	3	4	5
46) 彼は事のなりゆきを正確に予測できる。	1	2	3	4	5
47) 彼はチーム・メンバーの意見がくい違うときは，うまくまとめる	1	2	3	4	5
48) 彼は自分に与えられている特権を楽しんでいる。	1	2	3	4	5
49) 彼は外部の会議ではチームを代表する。	1	2	3	4	5
50) 彼は自分にあまり多くの要求がなされるとき，混乱してしまう。	1	2	3	4	5
51) 彼は次に何がおこるかはっきりしない時にも，冷静を保つ。	1	2	3	4	5
52) 彼は確信に満ちた口調で語りかける。	1	2	3	4	5
53) 彼は部下が規則や統制に従うことを求める。	1	2	3	4	5
54) 彼は部下に，自己のペースを設定することを許可する。	1	2	3	4	5
55) 彼は疑いなくリーダーとして認められている。	1	2	3	4	5
56) 彼は部下たちと相談せずに行動する。*	1	2	3	4	5

57) 彼は部下たちに能力いっぱいはたらかせる。　　　　　1　2　3　4　5
58) 彼は問題を予想し，それに対して計画を立てる。　　　1　2　3　4　5
59) 彼は団結の固い集団を維持している。　　　　　　　　1　2　3　4　5
60) 彼は自分がトップになることを求めて働いている。　　1　2　3　4　5

注：項目に*印があるものは，逆転項目（下位尺度と逆の意味）である。質問紙を実施する際には，*を削除しておくこと。リーダーが女性の場合は，「彼」を「彼女」に変える。場合によっては，「彼（彼女）」とする。下位尺度と項目の関係は以下のとおりである。

項　　目	下位尺度				
代表性	1	13	25	37	49
調停力	2	14	26	38	50
不確実耐性	3	15	27	39	51
説得力	4	16	28	40	52
構造づくり	5	17	29	41	53
自由許容度	6	18	30	42	54
役割遂行	7	19	31	43	55
配慮	8	20	32	44	56
生産強調	9	21	33	45	57
予測の正確性	10	22	34	46	58
統率力	11	23	35	47	59
出世志向	12	24	36	48	60

出典：若林・宗方（1986）。

WAMS（Women as Managers Scale）
（女性管理職尺度）

　以下に，女性管理職に関連するいくつかの意見があげられています。それぞれの意見は，AとBの2つの考え方で表現されていますが，あなたはAとBのどちらの考え方により賛成しますか。あなたの気持ちに一致するところの番号を選び，それを○で囲んでください。

(1)採用や昇進において　　A　男性と女性は，平等の待遇を受けるべきだ。
　　　　　　　　　　　　　B　男性は女性より優遇されるべきだ。

1	2	3	4	5
Aの意見に賛成	Aの意見に少し賛成	ABどちらともいえない	Bの意見に少し賛成	Bの意見に賛成

(2)女性は，リーダーとして成功するために必要な　A　人を支配する能力をそなえている。
　　　　　　　　　　　　　　　　　　　　　　　　B　人を支配する能力をそなえていない。

1	2	3	4	5
Aの意見に賛成	Aの意見に少し賛成	ABどちらともいえない	Bの意見に少し賛成	Bの意見に賛成

(3)自分の仕事に興味がもてるということは　A　女性より男性にとってより重要なことだ。
　　　　　　　　　　　　　　　　　　　　　B　男性同様，女性にとっても重要なことだ。

1	2	3	4	5
Aの意見に賛成	Aの意見に少し賛成	ABどちらともいえない	Bの意見に少し賛成	Bの意見に賛成

(4)管理職としての行動において　A　女性は男性よりも，自分の感情に支配されやすい。
　　　　　　　　　　　　　　　　B　女性は男性同様，自分の感情に支配されることはない。

1	2	3	4	5
Aの意見に賛成	Aの意見に少し賛成	ABどちらともいえない	Bの意見に少し賛成	Bの意見に賛成

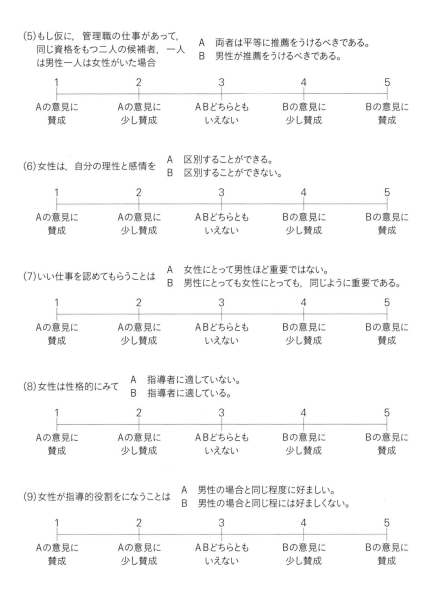

(5) もし仮に，管理職の仕事があって，同じ資格をもつ二人の候補者，一人は男性一人は女性がいた場合
　A　両者は平等に推薦をうけるべきである。
　B　男性が推薦をうけるべきである。

1	2	3	4	5
Aの意見に賛成	Aの意見に少し賛成	ABどちらともいえない	Bの意見に少し賛成	Bの意見に賛成

(6) 女性は，自分の理性と感情を
　A　区別することができる。
　B　区別することができない。

1	2	3	4	5
Aの意見に賛成	Aの意見に少し賛成	ABどちらともいえない	Bの意見に少し賛成	Bの意見に賛成

(7) いい仕事を認めてもらうことは
　A　女性にとって男性ほど重要ではない。
　B　男性にとっても女性にとっても，同じように重要である。

1	2	3	4	5
Aの意見に賛成	Aの意見に少し賛成	ABどちらともいえない	Bの意見に少し賛成	Bの意見に賛成

(8) 女性は性格的にみて
　A　指導者に適していない。
　B　指導者に適している。

1	2	3	4	5
Aの意見に賛成	Aの意見に少し賛成	ABどちらともいえない	Bの意見に少し賛成	Bの意見に賛成

(9) 女性が指導的役割をになうことは
　A　男性の場合と同じ程度に好ましい。
　B　男性の場合と同じ程には好ましくない。

1	2	3	4	5
Aの意見に賛成	Aの意見に少し賛成	ABどちらともいえない	Bの意見に少し賛成	Bの意見に賛成

(10) 女性は，仕事の状況を適切に判断するのに必要な 　A　客観性をそなえている。
　　　　　　　　　　　　　　　　　　　　　　　　　 　B　客観性を欠いている。

1	2	3	4	5
Aの意見に 賛成	Aの意見に 少し賛成	ABどちらとも いえない	Bの意見に 少し賛成	Bの意見に 賛成

(11) 男性が女性管理職の指図を受け，不愉快を感ずることには 　A　正当な理由がある。
　　　　　　　　　　　　　　　　　　　　　　　　　　　　　　 　B　正当な理由はなにもない。

1	2	3	4	5
Aの意見に 賛成	Aの意見に 少し賛成	ABどちらとも いえない	Bの意見に 少し賛成	Bの意見に 賛成

(12) 女性は優れた管理職となるために必要な 　A　いろいろな技能を獲得する能力を欠いている。
　　　　　　　　　　　　　　　　　　　　　 　B　いろいろな技能を獲得する能力をもっている。

1	2	3	4	5
Aの意見に 賛成	Aの意見に 少し賛成	ABどちらとも いえない	Bの意見に 少し賛成	Bの意見に 賛成

　　　　　　　　　　　　　　　　　　　　　　　　　　　　 　A　女性を受け入れていくべきだ。
(13) ビジネスの世界では，今後主要管理職のポジションに 　B　女性を受け入れていくべきでは
　　　　　　　　　　　　　　　　　　　　　　　　　　　　　 　　ない。

1	2	3	4	5
Aの意見に 賛成	Aの意見に 少し賛成	ABどちらとも いえない	Bの意見に 少し賛成	Bの意見に 賛成

　　　　　　　　　　　　　　　　　　　　　 　A　職業人としてあまり望ましくないということ
(14) 妊娠の可能性があるので，女性は男性に比べ 　　はできない。
　　　　　　　　　　　　　　　　　　　　　 　B　職業人としてあまり望ましくない。

1	2	3	4	5
Aの意見に 賛成	Aの意見に 少し賛成	ABどちらとも いえない	Bの意見に 少し賛成	Bの意見に 賛成

(15)所属や昇進の際　A　男性は女性より優遇されるべきだ。
　　　　　　　　　　B　女性は男性と平等な取り扱いを受けるべきだ。

1	2	3	4	5
Aの意見に 賛成	Aの意見に 少し賛成	ＡＢどちらとも いえない	Bの意見に 少し賛成	Bの意見に 賛成

(16)　A　生理の問題があるので，女性は男性に比べ職業人としての好ましさが劣ると見るべきだ。
　　　B　生理の問題があっても，女性は男性に比べ職業人としての好ましさが劣ると見るべきではない。

1	2	3	4	5
Aの意見に 賛成	Aの意見に 少し賛成	ＡＢどちらとも いえない	Bの意見に 少し賛成	Bの意見に 賛成

(17)すべての点を考慮してみると　A　男性と女性は知的には同等である。
　　　　　　　　　　　　　　　　B　男性は女性に比べて知的に優れている。

1	2	3	4	5
Aの意見に 賛成	Aの意見に 少し賛成	ＡＢどちらとも いえない	Bの意見に 少し賛成	Bの意見に 賛成

(18)　A　働く女性は，家庭と仕事の両方に，同等の責任を持つことができる。
　　　B　働く女性の第一の責任は，家庭にあり仕事ではない。

1	2	3	4	5
Aの意見に 賛成	Aの意見に 少し賛成	ＡＢどちらとも いえない	Bの意見に 少し賛成	Bの意見に 賛成

(19)同一の仕事に対し　A　男性管理職と女性管理職が同一の給与を受け取ることは，まったく正
　　　　　　　　　　　　当である。
　　　　　　　　　　B　男性管理職が女性管理職より多くの給与を受け取ることは，まったく
　　　　　　　　　　　　正当である。

1	2	3	4	5
Aの意見に 賛成	Aの意見に 少し賛成	ＡＢどちらとも いえない	Bの意見に 少し賛成	Bの意見に 賛成

注)下位尺度と質問項目の対応は，以下のとおりである。

下位尺度	質問項目									
職場における男女平等	1	3	5	7	9	11	13	15	17	19
管理職としての女性の適性	2	4	6	8	10	12	14	16	18	

出典：若林・宗方（1985）。

ATWoM（Attitudes Towards Women Managers）
（女性管理職に対する態度）

　以下の項目について，あなたの考える「女性管理職」にどれくらいあてはまるかを，1〜7のいずれかの数字に○をつけてください。

		全くあてはまらない	あまりあてはまらない	どちらかといえばあてはまらない	どちらともいえない	どちらかといえばあてはまる	かなりあてはまる	非常にあてはまる

概して，女性管理職は，

1)	課題を克服するのに苦労する。*	1	2	3	4	5	6	7
2)	問題に直面して，喜んで部下を助ける。	1	2	3	4	5	6	7
3)	部下の問題を予測し，援助する。	1	2	3	4	5	6	7
4)	仕事上の出来事に客観的に取り掛かることができない。*	1	2	3	4	5	6	7
5)	部下の気持ちに共感し，それに応じて振る舞う。	1	2	3	4	5	6	7
6)	細部にとらわれて，グローバルな視点から物事を見ることができない。*	1	2	3	4	5	6	7
7)	一生懸命に働く。	1	2	3	4	5	6	7
8)	仕事以外の責任のために，仕事に集中できないことがよくある。*	1	か	3	4	5	6	7
9)	部下の問題を理解している。	1	2	3	4	5	6	7
10)	問題に直面して，積極的な姿勢をとらず，消極的なままである。*	1	2	3	4	5	6	7
11)	感情的に決断する。*	1	2	3	4	5	6	7
12)	どのように部下と話すべきかわかっている。	1	2	3	4	5	6	7
13)	人と付き合う時，プロとして振る舞えないことがよくある。*	1	2	3	4	5	6	7
14)	個人の生活を犠牲にして，仕事に従事する。	1	2	3	4	5	6	7
15)	規律正しく，しっかりしている。	1	2	3	4	5	6	7
16)	期待されていない時に遠慮してしまう。*	1	2	3	4	5	6	7
17)	細部を気にし過ぎて，結果を出すのに手間取る。*	1	2	3	4	5	6	7

18)	家庭の責任のため仕事生活を優先できない。*	1 2 3 4 5 6 7
19)	コミュニケーションを取りやすい。	1 2 3 4 5 6 7
20)	部下の問題と要求をタイミング良く理解する。	1 2 3 4 5 6 7
21)	決定を急ぎ過ぎる。*	1 2 3 4 5 6 7
22)	社会的能力が高い。	1 2 3 4 5 6 7
23)	人に仕事を任せることがなかなか出来ない。*	1 2 3 4 5 6 7
24)	物事が順調にいくように，部下を監督，指導する。	1 2 3 4 5 6 7
25)	必要に応じて完璧であることに苦労する。*	1 2 3 4 5 6 7
26)	自己中心的な興味や目標を追求するために，職場で駆け引きをする。*	1 2 3 4 5 6 7
27)	プロ意識を高める感情の繊細さを備えている。	1 2 3 4 5 6 7

注：項目に*印があるものは逆転項目（下位尺度と逆の意味）である。質問紙を実施する際には，*を削除しておくこと。下位尺度と質問項目の対応は，以下のとおりである。

下位尺度	質問項目
課題役割行動	1　4　6　8　10　11　13　16　17　18　21　23　25　26
関係役割行動	2　3　5　9　12　19　20　22　27
管理職倫理	7　14　15　24

出典：宗方・鶴田(2017)。

引 用 文 献
(最終閲覧日：2023 年 1 月 25 日)

AAUW. (2016). Barriers and bias: The status of women in leadership. *American Association of University Women (AAUW)*, 1-66.

阿部正浩 （2007）. ポジティブ・アクション，ワーク・ライフ・バランスと生産性　季刊・社会保障研究 *43*, 184-196.

Allport, G. W. (1954), *The nature of prejudice. Reading*. MA: Addison-Wesley. (オルポート, G. W. 原谷達夫・野村　昭（共訳）(1968). 偏見の心理　培風館)

Allport, G. W., & Postman, L. J. (1945). Section of psychology. *The New York Academy of Sciences, 46*, 61-81.

Allport, G. W., & Postman, L. J. (1947). *The psychology of rumor*. New York: Henry Holt. (オルポート, G. W. ポストマン, L. 南　博（訳）(1952). デマの心理学　岩波書店)

Ashmore, R. D. (2015). Sex stereotypes and implicit personality theory. In D. L. Hamilton (Ed.), *Cognitive processes in stereotyping and intergroup behavior* (pp. 37-82). Psychology Press.

Aycan, Z., Bayazit, M., Berkman, Y., & Boratav, H. B. (2011). Attitudes towards women managers: Development and validation of a new measure with Turkish samples. *European Journal of Work and Organizational Psychology, 21*, 425-455.

東清和 (1991). 心理的両性具有-2―BSRI 日本語版の検討. 早稲田大学教育学部学術研究（教育・社会教育・教育心理・体育学編）40, 61-71.

培風館 (2013). APA 心理学大辞典　培風館

Banaji, M. R., & Greenwald, A, G. (2013). *Blindspot: Hidden biases of good people*. New York: Delacorte Press.

Bass, B. M. (1960). *Leadership, psychology, and organizational behavior*. New York: Harper.

Bass, B. M. (1985). *Leadership and performance beyond expectations.* New York: Free Press.

Bass, B. M. (2008). *The Bass handbook of leadership: Theory, research, & managerial applications (4th ed.).* New York: Free Press.

Bass, B. M., & Avolio, B. J. (1994). Shatter the glass ceiling: Women may make better managers. *Human Resource Management, 33,* 549–560.

Beilock, S. L., & McConnell, A. R. (2004). Stereotype threat and sport: Can athletic performance be threatened? *Journal of Sport & Exercise Psychology, 26,* 597e609.

Bem, S. L. (1974). The measurement of psychological androgyny. *Journal of Consulting and Clinical Psychology, 42,* 155–162.

Bem, S. L. (1977). On the utility of alternative procedures for assessing psychological androgyny. *Journal of Consulting and Clinical Psychology, 45,* 196–205.

Bem, S. L. (1993). *The lenses of gender: Transforming the debate on sexual inequality.* New Haven, CT: Yale University Press. (ベム, S. L. 福富 護 (訳) (1999). ジェンダーのレンズ――性の不平等と人間性発達―― 川島書店)

Bergeron, D. M., Block, C. J., & Echtenkamp, A. (2006). Disabling the able: Stereotype threat and women's work performance. *Human Performance, 19,* 133–158.

Blaker, N. M., Rompa, I., Dessing, I. H., Vriend, A. F., Herschberg, C., & van Vugt, M. (2013). The height leadership advantage in men and women: Testing evolutionary psychology predictions about the perceptions of tall leaders. *Group Processes & Intergroup Relations, 16,* 17–27.

Booth, A., Francesconi, M. & Frank, J. (2003), A sticky floors model of promotion, pay, and gender. *European Economic Review, 47,* 295–322.

Bowers, D. G., & Seashore, S. E. (1966). Predicting organizational effectiveness with a four-factor theory of leadership. *Administrative Science Quarterly, 11,* 238–263.

Bruner, J.S., & Tagiuri, R. (1954). The perception of people. In G. Lindzey (Ed.), *Handbook of social psychology.* Cambridge: Addison-Wesley.

Budig, M. (2002). Male advantage and the gender composition of jobs: Who rides the glass escalator?. *Social Problems, 49*, 258-277.

Burgess, D., & Borgida, E. (1999). Who women are, who women should be: descriptive and prescriptive gender stereotyping in sex discrimination. *Psychology, Public, Policy, and Law, 5*, 665-692.

Burns, J. M. (1978). *Leadership*. New York: Harper & Row.

Cotter, D. A., Hermsen, J. M., Ovadia, S. & Vanneman, R. (2001). The glass ceiling effect. *Social Forces, 80*, 655-681.

Dardenne, B., Dumont, M., & Bollier, T, (2007). Insidious dangers of benevolent sexism: Consequences for women's performance. *Journal of Personality and Social Psychology, 93*, 764-779.

Davies, P. G., Spencer, S. J., & Steele, C. M. (2005). Clearing the air: Identity safety moderates the effects of stereotype threat on women's leadership aspirations. *Journal of Personality and Social Psychology, 88*, 276-287.

Del Boca, F. K., & Ashmore, R. D. (1980). Sex stereotypes and implicit personality theory. II. A trait-inference approach to the assessment of sex stereotypes. *Sex Roles, 6*, 519-535.

Diehl, A. B., & Dzubinski, L. M. (2016). Making the invisible visible: A cross-sector analysis of gender-based leadership barriers. *Human Resource Development Quarterly, 27*, 181-206.

Eagly, A. H. (1987). *Sex differences in social behavior: A social-role interpretation*. Hillsdale, NJ: Erlbaum.

Eagly, A. H. (2012). Women as leaders: Progress through the labyrinth. In S. Wiley, G. Philogène, & T. A. Revenson (Eds.), *Social categories in everyday experience*. American Psychological Association.

Eagly, A. H., & Carli, L. L. (2007). *Through the labyrinth: The truth about how women become leaders*. Boston: Harvard University Business School Press.

Eagly, A. H., & Crowley, M. (1986). Gender and helping behavior: A meta-analytic review of the social psychological literature. *Psychological Bulletin, 100*, 283-308.

Eagly, A. H., & Johnson, B. T. (1990). Gender and leadership style: A meta-analysis. *Psychological Bulletin, 108*, 233-256.

Eagly, A. H., & Karau, S. J. (2002). Role congruity theory of prejudice toward female leaders. *Psychological Review, 109*, 573-598.

Eagly, A. H., Karau, S. J., & Makhijani, M. G. (1995). Gender and the Effectiveness of leaders: A meta-analysis. *Psychological Bulletin, 117*, 125-145.

Eagly, A. H., Makhijani, M. G., & Klonsky, B. G. (1992). Gender and the evaluation of leaders: A meta-analysis. *Psychological Bulletin, 111*, 3-22.

Eagly, A. H., Johannesen-Schmidt, M. C., & Engen M. L. (2003). Transformational, transactional, and laissez-faire leadership styles: A meta-analysis comparing women and men. *Psychological Bulletin, 129*, 569-591.

Eagly, A. H., Nater, C., Miller, D. I., Kaufmann, M., & Sczesny, S. (2020). Gender stereotypes have changed: A cross-temporal meta-analysis of U.S. public opinion polls from 1946 to 2018. *American Psychologist, 75*, 301-315.

Ely, R. J., Ibarra, H., & Kolb, D. (2011). Taking gender into account: Theory and design for women's leadership development programs. *Faculty & Research Working Paper, 10*, 1-51.

Ely, R. J., & Padavic, I. (2020) What's really holding women back? It's not what most people think. *Harvard Business Review, 98*, 58-67.

Equality and Human Rights Commission (2018). Unconscious bias training: Assessment of the evidence for effectiveness. *Research report 113*. https://www.equalityhumanrights.com/sites/default/files/research-report-113-unconcious-bais-training-an-assessment-of-the-evidence-for-effectiveness-pdf.pdf

Fiedler, F. E. A. (1967). *Theory of leadership effectiveness*. New York: McGraw-Hill.

Gallup. (2017). Americans no longer prefer male boss to female boss, Workplace 16. https://news.gallup.com/poll/222425/americans-no-longer-prefer-male-boss-female-boss.aspx

Gilligan, C. (1982). *In a different voice: Psychological theory and women's development*. Cambridge: Harvard University Press. (ギリガン, C. 岩男寿美子 (監訳) (1986). もうひとつの声——男女の道徳観のちがいと女性のアイデンティティ—— 川島書店)

Gino, F., & Coffman, K. (2021) Unconscious bias training that works. *Harvard*

Business Review 99, 5, 114-123.

Glick, P., & Fiske, S. T. (1996). The ambivalent sexism inventory: Differentiating hostile and benevolent sexism. *Journal of Personality and Social Psychology, 70*, 491-512.

Glick, P., Zion, C., & Nelson, C. (1988). What mediates sex discrimination in hiring decisions? *Journal of Personality and Social Psychology, 55*, 178-186.

Goethals, G. R., & Hoyt, C. L. (Eds.) (2017). *Women and leadership: history, theories, and case studies.* Great Barrington, MA: Berkshire Publishing Group LLC.

Goldberg, P. (1968). Are women prejudiced against women?. *Transaction, 5*, 28-30.

Greenleaf, R. (1970). *The servant as leader.* Indianapolis, IN: The Robert Greenleaf Center.

Greenwald, A. G., & Banaji, M. R. (1995). Implicit social cognition: Attitudes, self-esteem, and stereotypes. *Psychological Review, 102*, 4-27.

Gupta, V. K., Turban, D., & Bhawe, N. (2008). The effect of gender stereotype activation on entrepreneurial intentions. *Journal of Applied Psychology, 93*, 1053-1061.

Guy, M.E., & Newman, M.A. (2004). Women's jobs, men's jobs: Sex segregation and emotional labor. *Public Administration Review, 64*, 289-298.

Hara, H. (2016). Glass ceilings or sticky floors? An analysis of the gender wage gap across the wage distribution in Japan. *RIETI Discussion Paper Series* 16-E-099.

Heilman, M. E. (2001). Description and prescription: How genderstereotypes prevent women's ascent up the organizational ladder. *Journal of Social Issues, 57*, 657-674.

Hentschel, T., Heilman, M. E., & Peus, C. V. (2019). The multiple dimensions of gender stereotypes: A current look at men's and women's characterizations of others and themselves. In A. H. Eagly (Ed.), *Frontiers in Psychology, 10*, 1-19.

Hewlett, S., Peraino, K., Sherbin, L., & Sumberg. K. (2010). *The sponsor effect: Breaking through the last glass ceiling. Harvard Business Review Research Report*

2010. Boston, MA: Harvard Business School Publishing

House, R. J. (1971). A path goal theory of leader effectiveness. *Administrative Science Quarterly, 16,* 321-339.

House, R. J. & Mitchell, T. R. (1975). Path-goal theory of leadership. *Journal of Contemporary Business, 3,* 81-97.

Howe, L. K. (1977). *Pink collar workers: Inside the world of women's work.* NY: G. P. Putnam's Sons.

Hoyt, C. L., Johnson, S. K., Murphy, S. E., & Skinnell, K. H. (2010). The impact of blatant stereotype activation and group sex-composition on female leaders. *The Leadership Quarterly, 21,* 716-732.

Hoyt, C. L., & Murphy, S. E. (2016). Managing to clear the air: Stereotype threat, women, and leadership. *The Leadership Quarterly, 27,* 387-399.

Hoyt, C. L., & Simon, S. (2017). Social psychological approaches to women and leadership theory. In S. Madsen (Ed.), *Handbook of research on gender and leadership.* Northampton, MA: Edward Elgar Publishing.

Hyde, J. S., (2005). The gender similarities hypothesis. *American Psychologist, 60,* 581-592.

Hyde, J. S., Fennema, E., & Lamon, S. J. (1990). Gender differences in mathematics performance: A meta-analysis. *Psychological Bulletin, 107,* 139-155.

Hyde, J. S., & Linn, M. C. (1988). Gender differences in verbal ability: A meta-analysis. *Psychological Bulletin, 104,* 53-69.

Hymowitz, C., & Schellhardt T. C. (1986). The glass ceiling: Why women can't seem to break the invisible barrier that blocks them from the top jobs. *The Wall Street Journal,* March 24.

Ibarra H., Carter N.M., & Silva, C. (2010). Why men still get more promotions than women, *Harvard Business Review, 88* (9), 80-85.

Ibarra, H. & R. Barbulescu (2010). Identity as narrative: Prevalence, effectiveness, and consequences of narrative identity work in macro work role transitions. *Academy of Management Review, 35,* 135-154.

Ibarra, H., Ely, R. J., & Kolb, D. M. (2013). Women rising: The unseen barriers. *Harvard Business Review, 91* (9), 61-66.

ILO (2019a). Women in business and management: Overcoming gender segregation.

ILO. (2019b). Women in business and management: The business case for change.

Issac, C., Lee, B., & Carnes, M. (2009). Interventions that affect gender bias in hiring: A systematic review. *Academic Medicine, 84*, 1440-1446.

JOICEF (2021).「ジェンダー・ギャップ指数」2020 が発表　日本は 156 カ国中 120 位. https://www.joicfp.or.jp/jpn/column/

Kanter, R. M. (1977). *Men and women of the corporation.* New York: Basic Books.

Kanter, R. M. (1993). *Men and women of the corporation.* (2nd) New York: Basic Books.（カンター, R.M. 高井葉子（訳）(1995). 企業のなかの男と女――女性が増えれば職場が変わる――生産性出版）

川口章 (2008). ポジティブ・アクションは有効に機能しているのか　日本労働研究雑誌 *573*, 24-27.

川口章 (2012). 昇進意欲の男女比較　日本労働研究雑誌 *620*, 42-57,

Khanna, S. (2012). Gender wage discrimination in India: Glass ceiling or sticky floors? Delhi: *Centre for Development Economics (CDE).*

Kling, K. C., Hyde, J. S., Showers, C. J., & Buswell, B. N. (1999). Gender differences in self-esteem: A meta-analysis. *Psychological Bulletin, 125*, 470-500.

厚生労働省 (1998). 平成 10 年度版厚生白書　https://www.mhlw.go.jp/toukei_ha kusho/hakusho/kousei/1998/

厚生労働省 (2021). 令和 2 年度雇用均等基本調査　企業調査　https://www.mhlw. go.jp/toukei/list/dl/71-r02/02.pdf

Koening, A. M., Eagly, A. H., Mitchell, A. A., & Ristikari, T. (2011). Are leader stereotypes masculine? A meta-analysis of three research paradigms. *Psychological Bulletin, 137*, 616-642.

Konrad, A. M., Ritchie, J. E., Lieb, P., & Corrigall, E. (2000). Sex differences and similarities in job attribute preferences: A meta-analysis. *Psychological Bulletin, 126*, 593-641.

Kray, L. J., Locke, C. C., & Haselhuhn,M. P. (2010). In the words of Larry Summers: Gender stereotypes and implicit beliefs in negotiations. In A. A.

Stanton,M. Day, & I. M. Welpe (Eds.), *Neuroeconomics and the firm*. Chelten-ham, UK: Edward Elgar Publishing.

Kumra, S. (2017). Reflections on glass: second wave feminist theorizing in a third wave feminist age? Madesen, S. (Ed.) *Handbook of research on gender and leadership*. MA: Edward Elgar Publishing.

Lalanne, M., & Seabright, P. (2011). The old boy network: Gender differences in the impact of social networks on remuneration in top executive jobs. *CEPR Discussion Paper* No. DP8623, 2011.

Lindberg, S. M., Hyde, J. S., Petersen, J. L., & Linn, M. C. (2010). New trends in gender and mathematics performance: A meta-analysis. *Psychological Bulletin, 136*, 1123-1135.

Lippman, W. (1922). *Public opinion*. New York: Harcourt, Brace and Company.

労働省(1980). 昭和55年労働経済の分析 https://www.mhlw.go.jp/toukei_haku sho/hakusho/roudou/1980/dl/06.pdf

Lord, R. G., De Vader, C. L., & Alliger G. M. (1986). A meta-analysis of the re-lation between personality traits and leadership perceptions: An application of validity generalization procedures. *Journal of Applied Psychology, 71*, 402-410.

Maccoby, E., & Jacklin, C. (1974). *The psychology of sex differences*. Stanford, CA: Stanford University Press.

Madsen, S. (Ed.) (2017) *Handbook of research on gender and leadership*. MA: Ed-ward Elgar Publishing.

Madsen, S.R. & Andrade, M.S. (2018). Unconscious gender bias: Implications for women's leadership development. *Journal of Leadership Studies, 12*, 62-67.

Major, B., Barr, L., Zubek, J., & Babey, S. H. (1999). Gender and self-esteem: A meta-analysis. In W. B. Swann, J. H. Langlois, & L. A. Gilbert (Eds.) *Sexism and stereotypes in modern society: The gender science of Janet Taylor Spence*. Wash-ington, DC: American Psychological Association.

Mann, R. D., (1959). A review of the relationships between personality and performance in small groups. *Psychological Bulletin, 56*, 241-270.

Merton, R. K. (1948) The Self-Fulfilling Prophecy. *The Antioch Review, 8*, 193-

210.

南コニー（2022）．アイスランドにおけるジェンダー平等の取り組みと日本の課題　金沢大学国際機構紀要 4, 61-73.

三隅二不二（1964）．教育と産業におけるリーダーシップの構造──機能に関する研究　教育心理学年報 4, 83-106.

文部科学省（2019）．令和元年度学校基本調査（確定値）の公表について　https://www.mext.go.jp/content/20191220-mxt_chousa01-000003400_1.pdf

森永康子・坂田桐子・北梶陽子・大池真知子・福留広大（2020）．働く女性に対する好意的性差別主義尺度の作成　広島大学心理学研究, *20*, 11-22.

Morris, R. T. & Seeman, M. (1950). The problem of leadership: An interdisciplinary approach, *American Journal of Sociology*, *56*, 149-155.

宗方比佐子（1996）．社会心理学と女性　宗方比佐子・佐野幸子・金井篤子（編）女性が学ぶ社会心理学　福村出版

宗方比佐子・鶴田美保子（2017）．大学生は女性管理職の能力をどのように評価するか　金城学院大学論集人文科学編, *13*, 68-79.

宗方比佐子・若林満（1987）．女性リーダーに対する態度──二重の偏見──　経営行動科学, *2*, 15-22.

Murphy, S. E. (1992). The contribution of leadership experience and self-efficacy to group performance under evaluation apprehension. ProQuest Dissertations & Theses Global. (304005264).

内閣府（2001）．女性議員の推移　https://www.gender.go.jp/research/kenkyu/sankakujokyo/2001/1-1-2.html

内閣府（2016）．平成28年度 女性リーダー育成に向けた諸外国の取組に関する調査研究　https://www.gender.go.jp/research/kenkyu/gaikoku02_research.html

内閣府（2018）．共同参画平成30年10月号．https://www.gender.go.jp/public/kyodosankaku/2018/201810/201810_05.html

内閣府（2020）．共同参画令和2年6月号　https://www.gender.go.jp/public/kyodosankaku/2020/202006/202006_06.html

内閣府（2021）．令和3年度男女共同参画白書　勝美印刷

内閣府（2022）．男女共同参画局　ポジティブ・アクション　https://www.gender.go.jp/policy/positive_act/index.html

中山敬介（2016）．日本の企業組織に有効なサーバント・リーダーシップ特性の特定化　近畿大学商学論究　*15*, 55-73.

日本生産性本部（2021）．労働生産性の国際比較 2021.　https://www.jpc-net.jp/research/detail/005625.html

Noland, M., Moran, T., & Kotschwar, B. R. (2016). Is gender diversity profitable? Evidence from a global survey. *Peterson Institute for International Economics, Working Paper* 16-3.

野中 らいら，武村 雪絵，佐々木 美奈子，菅田 勝也 （2009）．看護師長のリーダーシップに対するスタッフナースのとらえ方と仕事への意欲の関連──変革型リーダーシップに注目して──　日本看護管理学会誌 *13*, 66-72.

Northouse, P. G. (Ed.) (2021) *Leadership: Theory and practice.* California: Sage Publications Inc.

Nosek, B. A., Banaji, M. R., & Greenwald, A. G. (2002). Harvesting implicit group attitudes and beliefs from a demonstration web site. *Group Dynamics*, *6*, 101-115.

OECD (2017). *The pursuit of gender equality: an uphill battle.* https://www.oecd.org/publications/the-pursuit-of-gender-equality-9789264281318-en.htm

OECD (2019). *Health at a glance 2019.*　https://www.oecd.org/health/health-systems/Health-at-a-Glance-2019-Chartset.pdf

OECD (2020). How's life in Japan?　https://www.oecd.org/statistics/Better-Life-Initiative-country-note-Japan-in-Japanese.pdf

OECD (2021a). *Education at a glance 2021.*

OECD (2021b). *Employment outlook 2021.*

OECD (2022), Research and development statistics: R-D personnel by sector of employment and qualification, *OECD Science, Technology and R & D Statistics (database)*, https://doi.org/10.1787/19fc7ea3-en.

大湾秀雄（2017）働き方改革と女性活躍支援における課題─人事経済学の視点から　RIETI Discussion Paper Series 17-P-006

Parks-Stamm, E. J., Heilman, M. E., & Hearns, K. A. (2008). Motivated to penalize: women's strategic rejection of successful women. *Personality and Social Psychology Bulletin*, *34*, 237-247.

Peters, L. F., Terborg, J. R., & Taynor, J. (1974). Women as managers scale: A measure of attitudes toward women in management positions. *JSAS Catalog of Selected Documents in Psychology*, MS 585.

Pinquart, M., & Sörensen, S. (2001). Gender differences in self-concept and psychological well-being in old age: A meta-analysis. *Journal of Gerontology: Psychological Sciences, 56B*, 195-213.

Player, A., Randsley de Moura, G., Leite, A. C., Abrams, D., & Tresh, F. (2019) Overlooked leadership potential: The preference for leadership potential in job candidates who are men vs. women. https://www.frontiersin.org/journals/psychology#editorial-board.

Powell, G. N., & Butterfield, D. A. (1984). If "good managers" are masculine, what are "bad managers"?. *Sex Roles, 10*, 477-484.

Powell, G. N., & Butterfield, D. A. (2015). Correspondence between self- and good-manager descriptions: Examining stability and change over four decades. *Journal of Management, 41*, 1745-1773.

Rhode, D. L. (2017). *Women and Leadership.* Oxford University Press.

Rosenthal, R., & Jacobson, L. (1968). Pygmalion in the classroom. *The Urban Review, 3*, 16-20.

Rost, J. C. (1991) *Leadership for the twenty-first century.* Westport, CT: Praeger Publishers.

Rush, M.C., Thomas, J.C., & Lord, R.G. (1977). Implicit leadership theory: A potential threat to the validity of leader behavior questionnaires. *Organizational Behavior and Human Performance, 20*, 93-110.

Ryan, M. K., & Haslam, S. A. (2005). The glass cliff: Evidence that women are over-represented in precarious leadership positions. *British Journal of Management, 16*, 81-90.

Ryan, M. K., & Haslam, S. A. (2007). The glass cliff: Exploring the dynamics surrounding the appointment of woman to precarious leadership positions. *Academy of Management Review, 32*, 549-572.

Sandberg, S. (2013) *Lean in: Women, work, and the will to lead.* WH Allen. (サンドバーク, S. 川本裕子・井村章子 (訳) (2013). LEAN IN (リーン・イン) 女性,

仕事，リーダーへの意欲　日本経済新聞出版）

佐藤博樹・武石恵美子（2010）．職場のワーク・ライフ・バランス　日本経済新聞出版

佐藤淑子（2015）．ワーク・ライフ・バランスと乳幼児を持つ父母の育児行動と育児感情
　　——日本とオランダの比較——教育心理学研究，63, 345-358

Schein, V. E. (1973). The relationship between sex role stereotypes and requi-
site management characteristics. *Journal of Applied Psychology, 57*, 95-100.

Schein, V. E. (1975). Relationship between sex role stereotypes and requisite
management characteristics among female managers. *Journal of Applied Psy-
chology, 60*, 340-344.

Schein, V. E. & Mueller, R. (1992). Sex role stereotyping and requisite manage-
ment characteristics: A cross cultural look. *Journal of Organizational Behavior,
13*, 439-447.

Schein, V.E. , Mueller, R., & Jacobson, C. (1989). The relationship between sex
role stereotypes and requisite management characteristics among college
students, *Sex roles, 20*, 103-110.

Schein, V. E., Mueller, R., Lituchy, T., & Liu, J. (1996). Think manager-think
male: A global phenomenon?. *Journal of Organizational Behavior, 17*, 33-41.

Sendén, M. G., Klysing, A., Lindqvist, A., & Renstrom, E. A. (2019). The (not
so) changing man: Dynamic gender stereotypes in sweden. In M. Weick
(Ed.), *Frontiers in Psychology, 10*, 1-17.

島直子（2019）．女性新入社員の管理職志向を低下させる要因：パネルデータを用いた検
証　大原社会問題研究所雑誌，727, 55-69.

島直子（2021）．女性の管理職志向の低さとその要因——「男女の初期キャリア形成と活
躍推進に関する調査研究」による知見　NWEC 実践研究，203-219.

Small, D., Gelfand, M., Babcock, L., & Gettman, H. (2007). Who goes to the
bargaining table? The influence of gender and framing on the initiation of
negotiation. *Journal of Personality and Social Psychology, 93*, 600-613.

総務省統計局（2010）平成 22 年国勢調査　https://www.stat.go.jp/data/kokus
ei/2010/

総務省（2015）平成 27 年国勢調査　https://www.stat.go.jp/data/kokusei/2015/

Spencer, S. J., Steele, C. M., & Quinn, D. M. (1999). Stereotype threat and women's math performance. *Journal of Experimental Social Psychology, 35*, 4-28.

Steele, C. M. & Aronson, J. (1995). Stereotype threat and the intellectual test performance of African Americans. *Journal of Personality and Social Psychology, 69*, 797-811.

Still, L. V. (1997). *Glass ceilings and sticky floors: Barriers to the careers of women in the Australian finance industry* (A report prepared for the Human Rights and Equal Opportunity Commission and Westpac). Commonwealth of Australia.

Stogdill, R. M. (1948). Personal factors associated with leadership: A survey of the literature. *Journal of Psychology, 25*, 35-71

Stogdill, R.M., & Coons, A.E. (1957). *Leader behavior: Its description and measurement.* Columbus: Ohio State University, Bureau of Business.

Sturm, S. (2001). Second generation employment discrimination: A structural approach. *Columbia Law Review, 101*, 458-568

Tamres, L. K., Janicki, D., & Helgeson, V. S. (2002). Sex differences in coping behavior: A meta-analytic review and an examination of relative coping. *Personality and Social Psychology Review, 6*, 2-30.

Tichy, N. M., & Devanna, M. A. (1986). The transformational leader. *Training & Development Journal, 40* (7), 27-32.

Tinsley, C. H., & Ely, R. J. (2018) What most people get wrong about men and women. *Harvard Business Review 96* (3), 114-121. (ティンズリー，C. H.・イーリー，R. J. ハーバードビジネスレビュー編集部　（訳）（2018）．職場の男女格差はどのように生まれるのか　ハーバードビジネスレビュー，43（11），4-16.）

Twenge, J. M., & Nolen-Hoeksema, S. (2002). Age, gender, race, socioeconomic status, and birth cohort differences on the Children's Depression Inventory: A meta-analysis. *Journal of Abnormal Psychology, 111*, 578-588.

薄葉祐子　（2020）．女性が活躍できる「職場」―職場の多様化が女性の昇進意欲に及ぼす影響―　博士学位論文　東北大学

Vial, A. C. & Napier, J. L. (2018). Unnecessary frills: Communality as a nice (but expendable) trait in leaders. *In S. Sczasny (Ed.), Frontiers in Psychology, 9*,

1-15.

若林満・宗方比佐子 （1985）. 女性管理職に対する態度（WAMS）の研究——日本語版WAMS開発の試み—— 名古屋大学教育学部紀要教育心理学科, *32*, 257-285.

若林満・宗方比佐子（1986）. 女性管理職に対する態度（WAMS）と女性リーダーシップの評価に関する研究 名古屋大学教育学部紀要教育心理学科, *33*, 229-246.

Whitley, B. E. (1997). Gender differences in computer-related attitudes and behavior: A meta-analysis. *Computers in Human Behavior, 13*, 1-22.

Wood, W., Rhodes, N., & Whelan, M. (1989). Sex differences in positive well-being: A consideration of emotional style and marital status. *Psychological Bulletin, 106*, 249-264.

山極清子 （2020）. 企業における女性活躍の阻害要因とその解決への道筋 社会デザイン学会 学会誌 *12*, 12-23.

山口一男 （2008）. 男女の賃金格差解消への道筋——統計的差別の経済的不合理の理論的・実証的根拠 日本労働研究雑誌 *574*, 40-68.

山口一男 （2014）. ホワイトカラー正社員の管理職割合の男女格差の決定要因——女性であることの不当な社会的不利益と，その解消施策について RIETI Discussion Paper Series 13-J-069

山口一男 （2017）. 働き方の男女不平等——理論と実証分析 日本経済新聞出版

山本勲 （2014）. 上場企業における女性活用状況と企業業績との関係—企業パネルデータを用いた検証— RIETI Discussion Paper Series 14-J-016

Zell, E., Krizan, Z., & Teeter, S. R. (2015). Evaluating gender similarities and differences using metasynthesis. *American Psychologist, 70*, 10-20.

人 名 索 引

事 項 索 引

《著者紹介》

宗方比佐子（むねかた・ひさこ）

1975年，横浜国立大学教育学部卒業。1985年，名古屋大学大学院教育学研究科教育心理学専攻博士後期課程修了。現在，金城学院大学名誉教授，宗方比佐子キャリア心理学ラボ代表，名古屋銀行社外取締役。『女性が学ぶ社会心理学』（共編著，福村出版，1996年），『キャリア発達の心理学』（共編著，川島書店，2002年），『新女性のためのライフサイクル心理学』（共著，福村出版，2002年），『経営組織心理学』（共著，ナカニシヤ出版，2008年），『産業組織心理学ハンドブック』（共著，丸善，2009年），『キャリアカウンセリングの理論』（共著，日本キャリア開発協会，2011年），『社会構成主義キャリア・カウンセリングの理論と実践』（共著，福村出版，2015年），『大学生のための「キャリア開発の教科書」』（共著，ミネルヴァ書房，2022年）ほか。

キャリア心理学から読み解く
女性とリーダーシップ

2023年4月20日　初版第1刷発行　　　　　　　　　〈検印省略〉

定価はカバーに
表示しています

著　　者　　宗　方　比佐子
発　行　者　　杉　田　啓　三
印　刷　者　　藤　森　英　夫

発行所　株式会社　ミネルヴァ書房
607-8494 京都市山科区日ノ岡堤谷町1
電話代表　（075）581-5191
振替口座　01020-0-8076

ISBN978-4-623-09351-9
Printed in Japan

大学生のための「キャリア開発の教科書」　宗方比佐子　鶴田美保子　著　B5判一二八頁　本体二二〇〇円

女性の働きかた　武石恵美子　編著　A5判三二〇頁　本体三五〇〇円

ライフキャリアを考えるための論点10　吉田あけみ　編著　A5判一九二頁　本体二六〇〇円

よくわかるジェンダー・スタディーズ　木村涼子　伊田久美子　熊安貴美江　編著　B5判二四二頁　本体二六〇〇円

――――― ミネルヴァ書房 ―――――

https://www.minervashobo.co.jp/